빅데이터는
어떻게 마케팅의
무기가 되는가

빅데이터는
어떻게 마케팅의
무기가 되는가

윤미정 지음

클라우드나인

빅데이터, 가치 있는 활용에 집중할 때다
-함유근, 건국대 경영학과 교수 겸 한국빅데이터학회 회장

이미 빅데이터가 국내에서 화두가 된 지 벌써 10년이 지나고 있다. 그동안 인공지능과 4차 산업혁명이라고 불리는 디지털 트랜스포메이션이 기업의 핵심 경쟁력으로 대두되었다. 게다가 2020년의 코로나 팬데믹은 오프라인의 모든 비즈니스에 언택트 혁명을 요구하고 있다. 언택트 혁명은 기술이 아니라 변화하는 소비자에 맞추어 기업의 비즈니스와 고객 접점의 프로세스를 바꾸어야 하는 일이다. 무엇보다 고객의 구매 경험을 디지털 관점에서 어떻게 설계해야 할지가 중요하다. 결국 언택트 혁명도 변하는 환경에 맞추어 고객의 마음을 얻고 고객의 구매 행동을 이끌어내기 위한 수단이기 때문이다.

2020년은 한국 빅데이터 산업에 매우 중요한 분기점이다. 4차 산업혁명 시대의 핵심 자원이 빅데이터라는 것은 누구나 알고 있지만, 실제 국내에서 수집하고 활용하는 빅데이터는 글로벌 선진사들에 비해 많이 부족한 것이 사실이다. 다행히 데이터 거래 활성화가 본격적으로 시작되는 2020년은 빅데이터 영역에서도 새로운 기회를 만들어내고 있다.

빅데이터를 이해하는 능력과 처리하는 능력, 가치를 뽑아내는 능력,

그리고 이를 활용해 기업의 혁신으로 연결하는 능력은 모두 중요하다. 특히 현재와 같이 디지털 혁신이 가속화되는 시기에 기업의 입장에서는 빅데이터를 제대로 이해하고 각 기업에 맞는 방식으로 활용하는 것이 매우 중요하다.

엄청난 데이터를 보유하고도 제대로 활용하지 못하는 기업이 너무 많다. 데이터와 기술에만 초점을 맞추다 보니 인프라 구축과 전문 인력 확보를 우선시하는 곳도 많다. 가진 데이터가 얼마이든 활용해야 실질적인 가치를 만들어낼 수 있고, 추가적인 데이터를 확보했을 때 그만큼의 경쟁력 확대로 이어질 수 있다. 그런 면에서 저자의 책은 고객 전략을 수립하고 실행하는 마케팅 측면에서 고객의 경험을 설계하고 고객의 행동을 끌어내어 충성 고객을 만들어내기 위해 다양한 형태의 빅데이터를 어떻게 제대로 활용해야 할지에 대해 매우 구체적인 사례를 통해 인사이트를 제공해준다.

디지털 혁신을 통해 다양한 데이터의 수집과 활용이 가능해진 지금 시점이야말로 다양한 종류의 데이터 결합과 연결을 통해 실질적인 기업의 가치를 확대할 수 있는 최적의 타이밍이다. 고객이 모든 것을 결정하는 마켓 4.0 시대에 고객의 마음을 이해하고 고객의 행동을 끌어내는 수단으로서의 빅데이터 분석과 활용에 대해 구체적이고도 실질적으로 풀어낸 책이 출판된 것을 매우 반갑게 생각한다. 고객의 마음을 얻고 기업의 경쟁력을 올리기 위한 빅데이터 기획력과 실행력을 높이고자 하는 모든 기업의 경영자와 실무자들의 일독을 권한다.

빅데이터, 마케팅의 무기가 되어 혁신하다!

–한근태, 한스컨설팅 대표

많은 사람들이 넷플릭스를 본다. 나도 열심히 본다. 근데 왜 넷플릭스를 볼까? 좋은 콘텐츠가 많기 때문이다. 콘텐츠 왕국 넷플릭스의 가입자를 움직이고 주가를 올리는 건 소수의 히트작이다. 넷플릭스의 경우 「하우스 오브 카드」가 대표적이다. 2013년 공개 후 3개월 만에 신규 가입자 300만을 끌어 모으고 투자액 대부분을 회수했다. 2018년 말 시즌 6을 공개한 이후 세상은 이를 본 사람과 보지 않은 사람으로 구분할 정도다. 이 드라마는 유통사가 제작사로의 변신을 한 첫 작품이다. 그들은 제작 이후 아무런 시장조사를 하지 않았고 평론가들 얘기조차 듣지 않았다.

하지만 그들은 성공을 예상했다. 바로 고객을 철저히 조사해 무엇을 원하는지 알았기 때문이다. 고객이 가장 좋아하는 배우, 장르, 이벤트 등을 철저히 드라마 속에 삽입했다. 가입자에 대한 데이터, 적절한 질문과 확률에 대한 지식, 거기서 나온 답 덕분이다. 미래는 고객을 잘 아는 조직, 고객을 세분화해서 볼 수 있는 조직, 그들이 원하는 상품과 서비스를 그때그때 만들 수 있는 조직이 성공한다. 이 책의 저자 윤미정 상무는 그걸 가장 잘하는 사람이다. 고객의 데이터를 가장 잘 분석하고 이를 바탕으로 서비스를 제공하는 사람이다.

그는 삼성전자에서 애니콜 마케팅을 시작으로 홈플러스와 CJ를 거치면서 평생 고객만을 연구한 사람이다. 고객의 데이터를 분석하고 고객 접점에서의 경쟁력을 높이기 위해 애를 썼다. 난 그녀를 CJ 임원 시절 코치로서 처음 만났다. 신임 경력 임원의 소프트랜딩을 위해 회사에서 배려해 코칭의 기회를 준 것이다. 난 코치로서 만났지만 그녀가 하는 일에 많은 관심이 갔다. 정말 가치 있는 일이고 미래 지향적인 일이라 생각했다. '고객이 이렇게 중요하다.' 하는 깨달음을 줬다.

근데 그녀가 2019년 12월 31일 퇴임한다는 소식을 알려 왔고 만나자고 했다. 난 만사 제치고 만났다. 내 조언은 한 가지였다. "이유를 불문하고 그동안 배운 지식을 책으로 만들어보라." 그래서 내가 운영하는 글사세(글쓰는 사람이 세상을 바꾼다)에 들어왔고 3개월 만에 이 책을 썼다. 놀라운 일이다. 일반인 대상 글은 처음인데 어떻게 3개월 만에 일필휘지할 수 있었을까? 그만큼 전문성이 있기 때문이다. 늘 거기에 대해 생각하고 실행하면서 많은 암묵적 지식이 머릿속에 있었기 때문이다.

이 책의 내용은 세 가지다. 첫째, 고객 가치와 고객 경험이다. 아마존과 넷플릭스가 왜 승승장구할까? 바로 모든 고객의 취향에 맞는 개인화된 맞춤형 큐레이션 덕분이다. 인공지능 스타일리스트에 의해 선별된 상품을 받고 입어보고 구매하는 방식의 스티치픽스도 마찬가지다. 비즈니스에서 가장 중요한 것은 고객 관점에서 고객의 가치를 알아주고 고객의 취향에 맞추는 것이다.

둘째, 빅데이터의 통합과 활용이다. 세포라는 온라인과 오프라인을 각각의 판매 채널로 운영하는 것이 아니라 각각 데이터를 수집하는 창구로 활용한다. 온라인 정보를 오프라인에서 활용하고 오프라인에서 체험을 통해 수집한 데이터를 다시 온라인에 저장해 고객의 쇼핑을 돕는 동시에 기업의 데이터 자산을 확장한다. 디즈니도 그렇다. 이들은 매직밴드를 통해 입장권이 놀이동산 내의 여정을 편리하고 흥미롭게 만들면서 동시에 고객의 모든 동선과 결제 데이터를 연결해 새로운 데이터 가치를 창출한다. 빅데이터는 얼마나 가지고 있는지 보다 얼마나 활용하는 지가 중요한 자산이다. 개별로 갖고 있을 때보다 고객을 기준으로 연결되고 통합되었을 때 가치는 더욱 커진다.

셋째, 실행력이다. 데이터는 존재 그 자체로는 아무것도 아니다. 데이터를 활용해 뭔가 고객에게 도움을 줄 수 있어야 한다. 구체적으로 고객 접점에서 이를 활용할 수 있어야 한다.

최근 카카오를 다니다 대기업으로 자리를 옮긴 사람과 얘기를 나눌 기회가 있었다. 그는 대기업이 카카오나 네이버 같은 회사를 이기기는 쉽지 않을 것이란 얘기를 했다. 이유를 물었더니 고객에 대한 무지 때문이라는 것이다. 그러면서 이런 얘기를 했다. "대기업은 20대가 쓰는 서비스를 30대가 기획하고 40대가 의사결정한다. 말로는 고객 얘기를 하지만 회의 때 고객에 대한 생각보다는 상사가 어떻게 생각할지 더 많이 고민한다. 당연히 그런 서비스는 시장에서 작동하지 않는다." 한마디로 자신의 고객을 알지도 못하고 알려고 하지 않는 기업이 매일 밥 먹고 고객만을 생각하는 조직을 이길 수 없다는 것이다.

내 스승은 피터 드러커다. 난 평생 그분의 책을 읽고 그분을 닮으려 노력했다. 그가 생각하는 사업의 출발점은 바로 고객이다. 고객이 누구이고 무엇을 원하는지를 끊임없이 파악하고 고객의 니즈를 충족시키라는 것이다. 이 책이 바로 그런 고객에 대한 책이다. 일독을 권한다.

사랑받는 브랜드, 판타스틱한 고객 경험이 답이다

　톨스토이는 소설 『안나 카레니나』에서 "모든 행복한 가정은 비슷한 이유로 행복하다. 하지만 불행한 가정은 각기 저마다의 이유로 불행하다."라고 말했다. 기업도 마찬가지다. 성공하는 기업은 고객의 사랑을 받고 충성도가 높다는 공통점이 있다. 고객을 열렬한 팬으로 만든다. 고객의 충성도는 브랜드가 얼마나 고객 지향적인지와 관련이 있다. 고객이 원하는 것을 고객보다 먼저 알아채고 고객의 기대 수준을 넘어서는 구매 경험을 제공한다. 고객에게 잊을 수 없는 브랜드 경험을 주어 반복적으로 구매하고 다른 사람에게 추천하고 싶게 만든다.

　모든 비즈니스의 중심에 고객을 놓고 고객에게 초점을 맞추며 일하는 것은 사무실에 걸어두는 선언문이 아니라 기업 내부의 모든 조직이 일관되게 일하는 방식과 문화여야 한다. 아날로그 시대의 고객 지향이 고객 응대 서비스에 많이 치우쳐 있었다면 디지털 시대의 고객 지향은 고객이 남긴 행동과 생각이 그대로 드러난 빅데이터를 해석하고 활용하는 데서 시작한다. 상품과 서비스를 준비해 고객에게 전달하는 기업의 모든 가치사슬과 고객이 브랜드를 만나는 모든 접점에서 빅데이터를 활용해 고객의 필요와 니즈를 충족시켜야 한다.

빅데이터와 인공지능에 의한 디지털 혁신이 이루어지면서 세계적인 플랫폼 기업들뿐 아니라 제조, 유통, 온라인, 자동차, 금융 등 모든 업종에서 빅데이터가 업무의 핵심이 되고 있다. 하지만 한국데이터산업진흥원의 2018년 조사결과에 따르면 매출 1,000억 원 이상 기업의 85%가 아직 빅데이터를 제대로 활용하지 못하고 있다고 한다. 활용하지 못하는 기업들은 대부분 빅데이터 기술자와 데이터가 없어서라고 답했고 작은 기업 규모로는 시작하기 어렵다고 생각하고 있다. 데이터와 기술자를 자체적으로 보유해야 데이터 활용이 가능하다고 보는 것이다. 빅데이터 용어 자체에 집중하면 할수록 부족한 기술과 데이터밖에는 보이지 않는다. 하지만 기술적인 역량과 데이터를 모두 확보한 후 시작하고자 하면 출발할 수가 없다. 그리고 막상 빅데이터 인프라를 구축하고 데이터를 확보해도 결과적으로 고객과 비즈니스 관점에서 변화를 이끌어내기란 쉽지 않다.

데이터가 의미하는 본질은 고객의 마음과 변화다. 빅데이터는 고객이 남긴 흔적이다. 빅데이터가 귀중한 이유는 고객의 마음을 읽고 해석할 수 있는 수단이기 때문이다. 그렇다면 '어떤 데이터를 가지고 있는가?'에 집중할 것이 아니라 전체 비즈니스를 놓고 '우리의 고객과 시장은 어떻게 변하고 있는가?'의 질문이 먼저 이루어져야 한다. 고객 관점에서 의사결정하고 당면한 문제와 해결책을 고객과 그 고객이 남긴 데이터에서 찾아야 한다. 그리고 고객 접점에서 실행으로 옮겨야 한다.

세븐일레븐, 세이부 백화점, 소고 백화점 등을 보유한 일본 최대 유통 그룹의 회장인 스즈키 도시후미Suzuki Toshifumi는 『경영자가 가져야 할 단 한 가지 습관』이라는 책에서 이렇게 말했다. "나의 습관은 '세상의 변화를 읽는 것'이다. 변화를 읽어냈다면 그 속에서 다음을 '예측' 하고 그에 대한 '대응' 방법까지 생각해내 '실행'으로 연결했을 때 비로소 새로운 비즈니스의 싹이 돋는 것이다." "물건이 팔리지 않고 장사가 안 되는 이유는 딱 한 가지다. 시대의 변화와 소비자 니즈의 변화에 대응하며 일해오지 않았기 때문이다."

스마트폰으로 모든 것이 이루어지는 디지털 시대다. 2020년 코로나 팬데믹 이후, 아예 오프라인도 비대면을 지향하는 언택트untact 시대로 전환 중이다. 고객들은 스마트 기기와 소셜 미디어를 통해 디지털 세상 안에서 연결되어 있다. 그 안에서 생성되는 정보의 공유와 추천으로 기업, 브랜드, 상품의 흥망성쇠가 결정되는 시대다. 고객을 팬으로 만들면 팬들이 자발적으로 브랜드를 홍보하고 안티 고객에 대응한다. 고객을 열렬한 팬으로 만들고 지속적인 재구매와 추천을 얻기 위해서는 편리함, 만족감, 그리고 감동을 주어야 한다. 그 모든 과정에서 빅데이터의 활용은 필수가 되었다. 고객의 페인 포인트Pain point를 찾아내고 유쾌하고 편리한 경험을 만들어내기 위해서는 고객의 소리에 귀기울이고 고객이 남긴 발자취를 쫓아가며 문제를 해결해야 한다. 기업이 가진 모든 고객 접점과 모든 업무 조직에서 고객의 니즈에 대응하기 위해 데이터를 수집하고 분석해 활용하는 노력을 기울여야 한다.

아마존은 고객에 집착했고 고객에 집착하는 방법으로 고객의 데이터에 집중했다. 아마존에서는 데이터가 왕이다. 개인화된 추천부터 가격 정책, 물류, 상품 소싱 등 알고리즘의 성능이 검증되고 나면 그동안의 경험과 직관보다 데이터에 의한 결과를 신뢰했다. 고객들이 최대한 많은 데이터를 남기도록 유도했고 고객들의 구매 경험 향상에 활용했다. 아마존의 성공 비결은 상품을 판매한 것이 아니라 고객 경험을 판 결과이다. 현재 아마존이 내는 수익의 대부분은 온라인 쇼핑 비즈니스 자체보다는 그 비즈니스를 수행하기 위해 개발하고 발전시킨 고객 경험 솔루션, 인프라, 그리고 고객들이 남긴 데이터를 통해 발생한다. 하지만 아마존이 가장 집중하는 것은 여전히 아마존 쇼핑몰을 통해 고객들이 원하는 믿을 만한 상품을 가장 저렴한 가격에 구매하게 하는 것이다. 아마존은 비즈니스 핵심에서의 고객 경험을 개선하고자 끊임없이 노력한 결과로 선순환 모델의 확산 가운데 수익을 창출한다.

고객 경험의 혁신은 고객의 만족, 재구매, 그리고 기업과 브랜드에 대한 충성도를 끌어낸다. 충성심이 높아진 고객은 더 많은 매출을 가져다준다. 매출 확대는 구매 경쟁력과 원가 구조의 개선을 만든다. 기업은 이런 경쟁력을 통해 경쟁사 대비 낮은 가격과 더 좋은 고객 경험을 만들어내는 선순환을 통해 성장한다. 그와 동시에 더 많은 양질의 고객 데이터가 지속해서 쌓이며 자산이 된다. 이런 선순환 구조는 한 번 만들어지면 자체적으로 계속 확대되는 효과를 발휘한다.

필자는 지난 27년간 삼성전자, 홈플러스, CJ를 거치며 다양한 비즈니스 영역에서 마케팅, 고객 멤버십 운영과 고객 관리를 통해 고객의 브랜드 경험을 개선하는 일을 했다. 특히 지난 10년간은 고객 멤버십을 운영하며 고객 최접점에서 다양한 빅데이터를 수집하고 활용하여 개인화 마케팅과 디지털 마케팅을 진행했다. 그 과정에서 스마트폰 시대에 맞는 고객 경험 개선을 위해 많은 디지털 혁신을 수행했다. 이는 항상 브랜드 이미지, 고객의 로열티, 그리고 매출 성과의 개선으로 이어졌다. 그 과정에 필자가 배운 것도 역시 철저하게 '고객이 답'이라는 것이다. 10년간 멤버십 플랫폼을 담당하면서 다양한 빅데이터를 활용했고 수많은 솔루션을 도입했고 디지털화를 추진했으나 데이터를 기술 관점에서만 본 적이 없다. 데이터는 기술로만 접근하면 답이 나오지 않는다. 기술은 데이터를 이해하고 해석하고 고객에게 좋은 고객 경험을 전달하기 위한 수단이다. 실제 어떤 고객 경험을 어떤 방식으로 줄 것인가에 대한 고객 관점에서의 전략과 서비스 기획이 가장 중요하다. 그리고 목적에 맞는 최적의 솔루션을 도입하고 적절한 데이터를 활용해 고객 접점에서 변화를 만들어야 한다. 도입 후에도 지속적으로 고객 관점에서 리뷰하고 개선하며 더 나은 서비스를 위해 노력하면 어느새 고객이 만족하고 자주 이용하게 된다. 결국 알고리즘도 고객이 원하는 것을 찾고 고객의 행동을 이끌어내기 위한 답을 데이터를 통해 논리적으로 해석하고 기술적으로 풀어낸 것이다. 데이터 분석의 출발은 '고객이 가진 불편함을 어떻게 해소할 것인가?'에서 시작해야 한다. 그리고 데이터 활용은 '고객이 기대하는 것을 어떻게 뛰어넘을 것인가?'하는 목적을 달성하기 위한 실행 과정이다.

빅데이터의 활용과 고객 경험 개선의 목표는 분명하다. 고객의 반복 구매를 넘어 고객의 충성도를 만들어내고 그래서 고객이 브랜드의 팬이 되게 하는 것이다. 고객 접점을 디지털 방식으로 구현하는 자체가 목적이 아니라는 것이다. 그런 의미에서 고객 경험은 한 번의 실행이 아닌 고객과의 상호작용과 지속적인 개선으로 이어져야 한다. 한두 번의 고객 경험이 만족과 재구매로 연결되고, 고객 충성도가 추천으로 연결되고, 또 다른 충성 고객을 만들어내는 연결고리가 되어야 한다. 그러려면 상품, 개발, 가격, 브랜딩, 커뮤니케이션, 물류 등 모든 업무가 고객 중심으로 일관성 있게 추진되어야 한다. 고객이 감정적으로 만족을 느끼게 해야 한다.

이 책은 디지털 시대에 고객의 사랑을 받고 지속 성장하는 다양한 브랜드들이 비즈니스 전략과 고객 접점에서 어떻게 빅데이터를 활용해 고객 경험을 개선하고 고객의 마음을 얻었는지를 담고 있다. 그리고 현업에서 일한 경험을 바탕으로 기업이 성공적인 빅데이터 활용과 고객 경험 설계를 실행하는 과정에서 실패하지 않기 위해 명심해야 할 사항들을 정리했다. '무엇'을 해야 하는지뿐 아니라 '왜?' 해야 하고 '어떻게' 해야 하는지를 실용적으로 전달하고자 노력했다. 그런 의미에서 고객의 마음을 얻기 위해 노력하는 모든 규모의 비즈니스 경영자와 마케팅과 상품·온라인 플랫폼 운영 실무자들을 위한 책이다. 그리고 그런 경영자 및 실무자와 함께 기술과 솔루션을 구현해야 하는 빅데이터와 IT 기술자를 위한 책이기도 하다. '왜?' 이 일을 하는지를 이해해야 제대로 구현할 수 있기 때문이다.

 1장은 사랑받는 브랜드, 지속 성장하는 브랜드가 되기 위해 고객 경험을 혁신해야 하는 이유를 담았다. 고객에게 사랑받는 기업들이 고객의 재방문과 충성도를 만들어낸 비결을 통해 왜 고객 경험이 중요한지에 대해 중점적으로 얘기한다. 그리고 고객의 충성도가 성과로 어떻게 연결이 되는지에 대해 정리했다.

 2장은 디지털 시대에 고객이 남긴 흔적인 빅데이터에 어떤 종류가 있고 어떻게 생성이 되는지를 살펴본다. 그럼으로써 각 데이터가 고객의 행동과 관심사를 어떻게 대변하는지를 확인하고, 각 기업이 활용할 수 있는 그리고 활용해야만 하는 다양한 빅데이터의 종류를 이해하기 쉽게 정리했다.

 3장은 모든 비즈니스 조직에서 필수인 제품 전략, 가격과 프로모션 전략, 채널 전략, 고객 커뮤니케이션 전략, 그리고 오프라인과 온라인을 연결하는 O2O에 이르기까지 필수적인 고객과 마케팅 전략에서 빅데이터를 통해 고객 경험을 혁신한 사례들을 정리했다. 고객을 사로잡은 고객 경험 혁신과 각 고객 경험을 만들어내기 위해 활용된 빅데이터의 종류, 수집, 활용 방식에 대해 인사이트를 주고자 노력했다.

4장은 성공적인 고객 경험을 만들어내기 위한 실행 전략에 관한 내용이다. 빅데이터가 답이라는 것은 알지만 시작을 못한 기업, 시작했지만 지속하지 못하는 기업, 성과로 연결되지 않은 기업은 이유가 있다. 4장은 실무자뿐 아니라 CEO와 경영진께 드리는 부탁의 말씀일 수도 있겠다. 톱 다운 방식의 추진력과 실행력이 담보되어야 성공하는 것이 빅데이터와 디지털 혁신이다.

우리는 아마존, 구글, 애플처럼 혁신적인 고객 경험을 선사하고 전 세계적으로 높은 브랜드 충성도를 가진 브랜드들과 국경 없이 경쟁하고 있다. 소비자와 고객으로서의 우리의 눈은 아마존, 구글, 애플, 넷플릭스가 선사하는 고객 경험에 익숙해져 있다. 그런데 기업으로서 우리 브랜드가 제공하는 고객 경험과 빅데이터 활용 역량은 아직 미흡한 수준이다. 이것이 우리 기업의 딜레마다. 고객이 경험하는 고객 경험과 기업이 제공하는 고객 경험의 역량 사이에 아직 갈 길이 멀다.

필자는 그 차이가 '고객'의 중요성에 대한 기업 내부의 인식 차이와 그에 따라 필요한 혁신의 '실행력' 차이라고 본다. 그리고 '고객'과 '실행력' 이 두 가지 역량 차이를 만들어내는 근본 원인이자 해결 방법은 기업이 빅데이터를 얼마나 적극적으로 그리고 목적에 맞는 스마트한 방식으로 활용하는지에 달려 있다고 생각한다. 사랑받는 글로벌 브랜드는 이미 20년 이상의 고객 중심적인 혁신 문화를 실현하기 위해 자본과 시간 투자를 해왔다. 내부적인 성공과 실패의 경험을 통해 역량을 축적했다. 최근 시작하는 글로벌 플랫폼 업체들은 빅데이터와 디지털 역량을 기본으로 다양한 산업군의 비즈니스를 잠식해가고 있다. 그 속에서 살아남고 지속성장하는 브랜드는 고객의 니즈를 대응하기 위해 빅데이터와 디지털 신기술을 활용해 각 개인의 취향에 대응하고 차별화를 추진해 나가는 브랜드다. 더 많은 우리 기업이 디지털 시대 고객의 눈높이에 맞는 혁신과 고객 경험을 통해 세계인의 사랑을 받는 브랜드로 성장하기를 기대한다. 무엇보다 우리는 핵심을 잘 배우고 배운 것을 더 발전시켜 우리만의 고유 역량으로 만드는 데 뛰어난 국민이 아닌가.

끝으로 그동안의 마케팅, 고객 관리, 그리고 디지털 혁신 업무 경험을 통해 얻은 지혜를 세상에 공유할 수 있게 책쓰기를 제안해주신 한근태 교수님과 원고를 읽고 첫 번째 팬이 되어 책을 출판해주신 클라우드나인 안현주 대표님께 감사드린다. 그리고 집필하는 동안 물심양면 응원해주신 소중한 분들과 늘 든든한 지원군이 되어주는 남편과 딸 소율이에게 사랑과 감사의 마음을 전한다.

2020년 9월
윤미정

▌차례▌

 1장 왜 마케팅이 고객 경험 혁신에 집중하는가 • 25

2장 왜 빅데이터는 고객 경험의 무기가 되는가 • 93

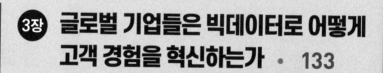

3장 글로벌 기업들은 빅데이터로 어떻게 고객 경험을 혁신하는가 • 133

4장 실전! 어떻게 빅데이터를 활용하고
고객 경험을 설계할 것인가 • 297

1장

왜 마케팅이 고객 경험
혁신에 집중하는가

BIG
DATA

1

어떻게 고객을 충성 고객으로
만들 것인가

'애플, 아마존, 스타벅스, 디즈니, 넷플릭스.'

이 글로벌 브랜드들의 공통점은 무엇인가? 열혈 팬을 많이 보유한 기업이다. 위의 다섯 개 기업뿐이겠는가? 열혈 팬이 많은 것은 우리가 오랫동안 기억하고 사랑하는 브랜드들의 공통된 특징이다. 충성도 높은 브랜드는 고객들이 스스로 팬이 되길 자처한다. 그리고 다른 경쟁 브랜드가 있음에도 불구하고 해당 브랜드를 선호하고 반복적인 구매 활동을 유지한다.

충성도 높은 고객은 어떤 고객인가? 예전 말로는 단골이다. 장사하고 사업하는 사람이라면 그 규모 여하를 막론하고 단골의 중요성을 잘 안다. 단골이 있는 것과 없는 것은 큰 차이가 있다. 성수기, 비수기를 막론하고 단골은 자주 방문해 매출을 일으켜준다. 이런저런 상품이나 행사에 대한 의견도 들려주고 바뀐 매장에 대해 칭찬하거나 불편한 점을 자연스럽게 얘기해준다. 가족이나 이웃 등 다른 사람들에게 우리 매장을 추천하고 데려오기도 한다. 그렇게 단골에 의해 추천된 사람은 또 다른 단골이 될 가능성이 크다. 이미 긍정적 감정을 가지고 왔기 때문이다.

장사가 잘되는 점포는 단골이 많다. 왜 고객들은 단골이 되었을까? 어떤 사람은 집 옆이어서, 어떤 사람은 상품이 많고 신선해서, 어떤 사람은 점포 주인이 친절하고 서비스가 좋아서, 또 다른 어떤 사람은 믿을 만해서라고 할 수도 있다. 이러한 생각은 해당 매장을 이용하면서 갖게 된 고객의 인식 또는 느낌이다. 고객이 사전 정보 탐색을 할 때부터 점포에 가서 상품과 서비스를 이용하는 순간은 물론이고 집에 돌아와서 느끼는 감상까지 모든 순간이 고객 경험의 연속이다. 그 경험의 순간에 고객은 특별한 만족감이나 불만족을 경험하게 된다. 고객 경험 만족이 반복되면서 해당 점포에 대해 주관적인 평가를 강화하게 된다. 고객 경험 만족이 반복되면 해당 점포의 단골이 되고 점차 점포의 충성 고객으로 진화하게 된다.

비단 동네의 슈퍼나 과일가게나 미용실만 단골이 중요한 것이 아니다. 대형 유통이나 프랜차이즈처럼 오프라인 기반의 유통은 말할 것도 없다. 제조 브랜드도, 온라인도, 플랫폼도 반복적으로 방문하는 단골을 많이 보유하고 다른 사람들에게 적극적으로 추천하는 고객을 많이 보유할수록 안정적인 성장을 지속할 수 있다. 따라서 충성 고객이란 '어떤 브랜드를 구매하고 사용한 경험 후에 해당 브랜드에 만족을 느껴 반복 이용하게 된 고객이다. 심지어 경쟁 브랜드가 더 편한 위치에서 혹은 더 낮은 가격에 상품을 판매하더라도 경쟁사로 옮기지 않고 구매를 유지하며 주변의 지인들에게도 해당 브랜드의 이용을 추천하는 고객이다.'라고 정의할 수 있다.

디지털 시대에 고객 경험은 점점 더 중요해지고 있다. 왜 그럴까?

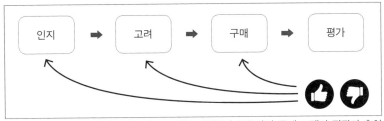

고객은 본인의 구매 경험을 적극적으로 다른 사람들과 공유하며 구매 고객의 평판과 추천
은 구매 과정에 가장 큰 영향을 미친다.

디지털 세대 소비자들은 일상의 경험을 온라인에 남기고 다른 사람들
과 공유하는 데 매우 적극적이다. 좋은 경험을 공유하는 것은 물론이
고, 나쁜 경험에 대해서도 적극적으로 알려 잘못을 바로잡고자 하는
사명감까지 가지고 있다. 즉 한 번의 만족스러운 고객 경험이 충성 고
객을 만들어낼 수도 있다. 반대로 한 번의 불쾌한 고객 경험이 안티 고
객을 만들어낼 수도 있다. 예전에는 불만족스러운 일이 있을 때 주변
의 가족이나 친구 등 두세 명에게 얘기했다. 하지만 오늘날은 불쾌한
일을 당하면 블로그나 페이스북 등 소셜 네트워크나 인터넷의 사용
후기를 통해 불편했던 경험을 토로한다. 이는 주변 사람뿐 아니라 온
라인상의 낯선 이들에게까지 퍼져 나간다.

그럼 고객을 충성 고객으로 만들려면 어떻게 해야 할까? 고객이 원
하는 것을 경험할 수 있도록 해야 한다. 그러기 위해서 가장 먼저 할
일은 고객을 제대로 이해하고 알아주는 것이다. 마케팅은 연애와 같
다. 연애를 잘하려면 상대방의 마음을 얻어야 한다. 상대방의 마음을
얻으려면 어떻게 해야 하나? 정답은 상대방이 원하는 것을 주어야 한
다는 것이다. 사람은 모두 다르다. 70억 인구 모두 비슷해 보여도 다른
취향과 다른 성격과 다른 가치관을 가지고 있다. 그래서 연애를 잘하
려면 내가 원하는 것이 아니라 상대방이 원하는 것을 해주어야 한다.

연애를 정확히 이해한다면 마케팅도 잘할 가능성이 크다. 다만 연애는 한 사람의 마음만 사로잡으면 되지만 마케팅은 불특정 다수의 마음을 사로잡아야 한다. 한 사람의 마음을 이해하는 것도 어려운데 불특정 다수의 고객을 이해한다는 것이 쉬운 일은 아니다. 게다가 고객별로 원하는 것을 해주기는 더욱 쉽지 않다. 고객마다 원하는 것과 중요하게 생각하는 것이 같지 않기 때문이다. 설사 각 고객이 원하는 것을 알아낸다고 하더라도 각자가 원하는 대로 해주는 것은 실제 어려운 일이다.

다행히 디지털 세상이 되면서 예전과 달리 고객들의 생각과 관심과 행동이 데이터로 남아 있다. 데이터 분석과 활용을 통해 고객도 모르는 고객의 마음을 이해할 수 있고 고객이 원하는 것을 경험하게 해줄 수 있다. 고객을 이해하는 것과 고객이 원하는 것을 주는 것. 이 두 가지가 동시에 이루어져야 가장 만족스러운 고객 경험을 디자인할 수 있다.

아마존, 넷플릭스, 그리고 유튜브는 각 서비스 분야에서 가장 많은 이용자를 가진 동시에 충성도 높은 고객을 보유한 플랫폼이다. 공통된 비결은 사용자별 차별화된 큐레이션 서비스에 있다. 이들 플랫폼 기업들은 고객별로 아예 메인 페이지의 콘텐츠를 다르게 구성한다. 모든 고객이 다르다는 사실을 명확히 이해하고 가장 최근의 관심사, 구매 내역, 시청 내역, 관심 카테고리 등을 반영해 사고 싶은 것과 보고 싶은 것을 쉽게 볼 수 있게 구성했다. 사용자별로 방문 첫 페이지부터 마지막 나갈 때까지 모든 행동을 로그Log로 남기고, 그 로그 데이터를 분석해 개인화가 가능하도록 다양한 추천 알고리즘을 개발해서 적용했다. 그리고 지금도 지속적으로 개선해나가고 있다.

이런 글로벌 선도 플랫폼 기업들의 영향으로 최근에 론칭하는 많은 디지털 플랫폼과 커머스 사이트들은 웹 페이지나 앱 방문자의 로그 데이터를 수집하는 툴과 큐레이션 기능을 도입해서 고객에게 개인화된 서비스를 제공하려고 노력하고 있다.

아마존은 고객 불편 해소에 집착해 고객 경험을 개선했다

글로벌 유통 혁신의 아이콘인 아마존은 '고객에게 집착하라'는 원칙 하에 사업을 운영한다. 『아마존 웨이』를 지은 존 로스만John Rossman에 의하면 아마존의 CEO 제프 베조스는 고객 서비스에 관한 두 가지 진실을 명확히 이해하고 직원들과 공유한다. 두 가지 진실은 다음과 같다. 첫째, 어떤 회사와 관련해 불쾌한 경험을 겪은 고객이라면 단지 몇 명의 주변 친구들뿐 아니라 상상할 수 없을 만큼 많은 사람들에게 자신의 경험을 퍼트릴 것이다. 둘째, 아무 서비스를 제공하지 않는 것이야말로 최고의 고객 서비스다. 고객은 도움을 요청할 필요가 전혀 없을 때 가장 좋은 경험을 하기 때문이다.[1]

아마존이 최고의 브랜드로 고객에게 사랑받는 이유는 두 가지 진실을 명확히 이해하고 비즈니스의 모든 단계에서 해당 원칙을 기반으로 고객 경험 프로세스를 설계했기 때문이다. 첫 번째 원칙인 불만 고객들의 행동에 대해서는 대부분 경영자가 알고 있다. 하지만 실제 회사의 프로세스에 적용하는 부분에서는 미흡한 점이 많다. 불만 고객을 해결하는 부서나 서비스 센터가 있지만 형식적인 것에 그치는 경우가 많다. 전사 차원에서 불편 해소를 위한 솔루션을 적극적으로 논의하고 실행하는 곳은 생각보다 많지 않다. 하지만 아마존은 '고객에게 집착하라'는 경영 원칙에 따라 고객의 불편 해소에 초점을 맞추고 있다. 그런 이

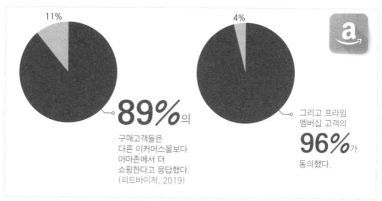

11%

4%

89%의

구매고객들은
다른 이커머스몰보다
아마존에서 더
쇼핑한다고 응답했다.
(피드바이저, 2019)

그리고 프라임
멤버십 고객의
96%가
동의했다.

아마존은 고객의 쇼핑을 불편하게 만드는 것이 무엇인지와 어떻게 해결할 수 있는지를 끊임없이 고민해 그 해결책을 적극적으로 도입했다.

유로 아마존은 고객들로부터 받는 온라인 피드백 감시 시스템 구축과 고객의 마음을 확인하고 모니터링하는 일에는 아낌없이 투자했다.

아마존이 더욱 뛰어난 혁신 기업이 된 것은 두 번째 진실인 '고객 서비스가 필요 없게 만드는 것'과 관련이 있다. 고객이 원하는 상품을 쇼핑하는 동안 누군가의 도움이 필요 없는 만족스러운 고객 경험을 만들어내기 위해 신기술을 적극적으로 도입했다. 수억 명의 고객이 찾는 상품의 데이터를 수집하고 활용해 고객 경험을 개인별 맞춤형으로 제공하는 데 투자를 아끼지 않았다. 맞춤형 상품 추천과 개인화된 사용자 인터페이스UI, 간편 원클릭 결제, 무료 배송 및 2일 배송 정책 등은 고객의 불편을 사전에 파악해 적극적으로 추진한 것들이다.

아마존은 고객의 쇼핑을 불편하게 만드는 것이 무엇이고 어떻게 해결할지를 끊임없이 고민했고 그 해결책을 적극적으로 도입했다. 고객의 상품 경험 후기 작성에 공을 들인 것도 같은 맥락이다. 어떤 판매자Seller의 상품을 구매했든 아마존에서 구매한 상품은 아마존의 브랜드 경험에 영향을 준다. 따라서 상품 후기는 고객의 구매 만족도를 확인하는 방법이자 다른 고객들이 구매로 연결할 수 있도록 도와주는 가장 실질적이고 세부적인 판매 보조 역할을 한다. 그리고 아마존은 해당 상품과 판매자Seller에 대한 고객의 평가를 기반으로 상품 구색 확대를 결정하고 판매자의 서비스 수준을 관리한다.

아마존과 스타벅스 같은 고객 충성도가 높은 브랜드들은 하루아침에 만들어진 것이 아니다. 현재 정상에 있는 성공한 기업과 브랜드도 그 출발은 미미하고 어설펐다. 하지만 고객을 모으고 한 명 한 명 고객의 소리에 귀기울이고 고객과의 관계를 형성했다. 브랜드에 대한 고객 경험이 신규 고객을 충성 고객으로 점점 진화시켜 나갔다. 그리고 이런 고객 경험이 브랜드의 성장 곡선과 함께 열성적인 팬의 수를 증가시켰다.

스타벅스는 개인 맞춤형 고객 경험을 선사했다

디지털 시대에 오프라인 매장을 운영하면서도 특별한 고객 경험을 제공하며 전 세계적으로 사랑받는 브랜드가 있다. 바로 스타벅스다. 스타벅스는 커피 제조 자격증이 있는 바리스타가 신선하고 질 좋은 원두로 커피를 추출해 서비스한다. 커피 재료와 제조 방식의 품질Quality을 높였을 뿐 아니라 고객 서비스 방식도 완전히 차별화했다. 스타벅스는 고객 맞춤형Personalization 커피를 주문받은 최초 브랜드다.

아메리카노를 진하게 마시고 싶으면 에스프레소 샷 추가를 선택할 수 있고 라떼도 일반 우유 대신 저지방 우유 또는 두유로 대체해 선택할 수 있다. 시럽 맛도 선택할 수 있고 시럽의 펌핑 횟수도 조절할 수 있다. 커피 사이즈도 스몰Small, 톨Tall, 그란데Grande, 벤티Venti에 이르기까지 총 4가지로 구분하여 커피의 취향뿐 아니라 마시는 양도 조절이

스타벅스가 제공하는 맞춤형 고객 경험은 고객들이 계속해서 스타벅스를 재방문할 수 있는 유대감을 만들어낸다.

가능하다. 그럼으로써 스타벅스는 고객의 경험을 매우 특별하게 만들어주었고 각 고객은 본인의 취향이 대우받았다고 느꼈다.

　스타벅스는 오프라인 커피 전문점으로 고객들의 취향을 알 방법이 없었다. 그래서 고객이 주문하는 순간 본인이 원하는 커피 스타일을 말하게 했다. 익숙하지 않은 방식이었지만 어느새 고객들은 편하게 본인만의 커피를 주문했다. 스타벅스는 정해진 레시피가 아닌 고객이 주문하는 대로 커피를 제조했다. 스타벅스가 이러한 주문 방식을 선택한 것은 고객을 이해하고 진정으로 원하는 것을 주고 싶어했기 때문이다. 아직 모바일 앱도 없고 당연히 사이렌 오더도 없던 시절, 매일 아침 점포별로 몇백 명이 방문하는 상황에서 각 고객의 취향에 맞춰 커피를 제공하는 것은 당연히 말도 안 된다. 불가능하다. 스타벅스 이전의 모든 커피숍은 다 그렇게 생각했다. 그런데 스타벅스는 그 어려운 것을 해냈다. 어떻게? 고객이 본인 입으로 직접 말하게 한 것이다.

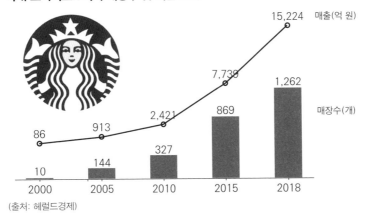

국내 스타벅스코리아 매장수 및 매출 변화

매출(억 원) 15,224

7,730

2,421

913

86

10

144

327

869

매장수(개) 1,262

2000   2005   2010   2015   2018

(출처: 헤럴드경제)

 스타벅스 본사는 고객들이 원하는 대로 직원들이 주문을 받을 수 있게 프로세스와 시스템을 만들었다. 직원들은 고객들의 주문 내용을 포스에 입력 후 컵에 글자로 표시해 바리스타가 커피를 제조하면서 놓치지 않게 했다. 그리고 고객별로 주문형 커피의 제조가 완료되었을 때 고객의 이름을 부르며 커피를 건넸다. 1999년 스타벅스가 대한민국에 처음 오픈했을 때는 IMF 직후로 저가 소비가 유행하고 있었다. 소비 위축 시대에 스타벅스가 밥값보다 비싼 커피값임에도 불구하고 점차 고객들의 마음을 사로잡은 비결이다.

 스타벅스는 고객이 원하는 방식의 커피 제조 외에도 고객이 편안하게 머물 수 있는 매장 환경을 조성했다. 혼자 오는 고객들이 눈치 보지 않고 편하게 매장에 머물 수 있게 했다. 혼자 오는 고객들을 위해 노트북 전원 연결이 가능하게 테이블 구성을 꾸몄다. 대학가에서 오피스 거리에서 스타벅스에 앉아 공부하거나 노트북으로 일하는 모습은 자연스러운 모습이 되었다. 카공족(카페에서 공부하는 사람)의 출발도 스타벅스 아닌가. 고객에게 좋은 일은 스타벅스에도 좋은 일이 된다. 상호 윈윈Win-Win이 되는 것이다. 그 외 테이크아웃Take Out 문화를 만들어냈다. 기존에는 매장 자리가 부족하면 판매를 못 했다. 그런데 테이크아웃 문화를 만들고 나니 문제가 되지 않았다. 출근시간에도 스타벅스 매장 앞에는 항상 사람들이 줄을 길게 섰다. 그렇게 회사원들은 스타벅스 컵을 들고 출근했다.

이런 테이크아웃 문화는 금방 다른 커피 브랜드들이 따라 했다. 하지만 고객이 원하는 대로 제조하는 커피 주문 방식은 쉽게 따라 하지 못했다. 하다못해 커피 컵 사이즈도 스타벅스만큼 다양하게 제공하는 곳이 아직 별로 없다. 그리고 그렇게 다른 커피 전문점들이 스타벅스의 성공 비결을 눈앞에서 보고도 고객 서비스보다는 점포수 확대에만 집중했다. 그러는 사이에 스타벅스는 우리나라 젊은 층의 커피 입맛을 맞춰버렸다. 스타벅스는 신규매장을 열 때마다 그만큼의 고객을 팬으로 만들며 양적인 고객 확보와 질적인 만족도 모두 다 이루어냈다.

스타벅스가 성공한 것은 고객들에게 만족스러운 경험을 제공하며 감성적인 연결고리Emotional Connection를 만들어갔기 때문이다. 스타벅스의 직원들(스타벅스에서는 직원들을 파트너라고 부른다)은 매일 고객을 직접 만나는 순간 기존의 브랜드가 만들어내지 못한 따뜻한 환대와 독특한 경험을 선사한다. 그들은 이것을 '메이크 유어 데이Make your Day'라고 한다. 매일매일 직원들이 스스로 자신들의 즐거운 날을 만들어간다. 그리고 고객들도 즐거운 날을 만들어갈 수 있게 돕는다. 이러한 맞춤형 고객 경험은 고객들이 계속해서 스타벅스를 재방문할 수 있는 유대감을 만들어낸다. 스타벅스가 커피가 아닌 감동을 파는 곳이 된 이유다.[2]

지금 우리나라 커피 전문점에서의 매출 1위는 당연 스타벅스다. 하지만 가장 많은 점포수를 가진 브랜드는 이디야 커피로 2018년 말 기준 2,399개이다. 그다음으로 투썸플레이스 1,001개, 요거프레소 705개, 커피에반하다 589개, 빽다방 571개점이다. 스타벅스는 2018년 1,262개로 매장수 기준으로는 이디야의 반 정도다. 투썸플레이스보다 약간 많은 수준이다. 그런데 매출액에서는 스타벅스가 단연 압도적인 지위를 강력하게 구축하고 있다. 2018년 스타벅스 매출액은 1조 5,223억 원이었다. 2018년 기준으로 국내 가맹점수 상위 5개 커피전문점의 매출을 합산한 것보다 많았다. 스타벅스의 매장 평균 매출액은 약 12억 원으로 경쟁 브랜드의 매장당 평균 매출을 3배 이상 앞선다.[3]

스타벅스가 훨씬 적은 매장수에도 불구하고 압도적인 매출을 일으키는 비결은 무엇인가? 한 명 한 명의 고객을 팬으로 만들어 지속적인 재방문과 구매를 만들어낸 것이다. 다른 브랜드가 주변에 있어도 스타벅스에서 커피를 마시게 만들었다. 고객의 취향과 이용 패턴을 알아주고 고객이 원하는 방식으로 서비스를 제공하고 고객 관점에서 불편 사항을 파악해서 줄여주거나 제거해주는 것이 성공 요인이다. 나만의 커피, 테이크아웃 문화, 혼자 와도 불편하지 않게 만드는 커피숍, 편하게 오랫동안 노트북 사용을 할 수 있게 해주는 콘센트 배치 등은 처음 나왔을 때 고객을 감동시켰다. 지금도 여전히 스타벅스를 사랑하게 만드는 서비스들이다.

고객이 브랜드에 스스로 원하는 것을 말하게 하자. 기업 입장에서는 고객과의 관계를 형성하고 고객의 마음을 사로잡을 수 있는 엄청난 자산이다. 고객이 말하지 않은 것도 이해하자. 그건 고객에 대한 호기심을 가지고 지속적으로 데이터를 살펴보고 고객을 관찰하는 것을 통해서만 알 수 있다. 그렇게 알게 된 것을 그대로 고객에게 되돌려주자.

주요 커피 브랜드 매장수와 추정 매출액 (2018년)

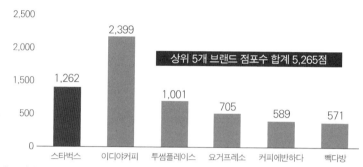

(점포수)

상위 5개 브랜드 점포수 합계 5,265점

	스타벅스	이디야커피	투썸플레이스	요거프레소	커피에반하다	빽다방
	1,262	2,399	1,001	705	589	571

(출처: 스타벅스 코리아 및 공정거래위원회 정보공개서 등록자료)

(매출액)

상위 5개 브랜드 추정 매출액 합계 13,547억 원

	스타벅스	이디야커피	투썸플레이스	요거프레소	커피에반하다	빽다방
	15,225	5,147	5,549	752	645	1,675

(출처: 금융감독원, 공정거래위원회, 시사저널)
주: 추정매출액=가맹점수×가맹점당 평균매출액

고객이 가장 중요하게 생각하는 가치를 고객에게 제공해주는 것, 브랜드가 고객의 마음을 얻기 위해 해야 하는 일이다.

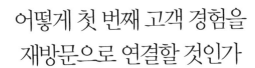

2

어떻게 첫 번째 고객 경험을
재방문으로 연결할 것인가

비즈니스에서 신규 고객을 모집하는 것은 씨앗을 뿌리는 것과 같다. 일단 다수의 잠재 고객에게 홍보를 통해 브랜드를 알리는 씨앗을 뿌리고 그중에 일부 고객이 방문하고 브랜드를 경험하고 구매로 전환이 되면서 비즈니스가 시작된다.

보통 신규 고객 유입 캠페인을 할 때 해당 캠페인 기간의 고객 확보와 매출 전환만을 생각하게 된다. 하지만 중요한 것은 캠페인을 통해 한 번 브랜드를 인지하고 방문하거나 구매한 고객과 그 이후에도 지속적인 관계를 만들어가는 것이다. 매번 신규 고객만 모으다가 기껏 모아놓은 고객들이 모래처럼 빠져나가면 그야말로 밑 빠진 독에 물 붓는 격이 아닌가. 신규 고객 확보에서 중요한 것은 첫 거래 때 만족스러운 경험을 제공해 그 이후 재방문을 자연스럽게 연결해주는 것이다. 실제 기업의 수익은 고객의 재방문을 통해 나오게 된다.

마케터라면 온라인이든 오프라인이든 신규 고객 한 명을 모으는 게 얼마나 어려운지 잘 안다. 일반적으로 브랜드를 이용해보지 않은 고객을 대상으로 쿠폰을 뿌리거나 플랫폼 배너 노출을 통해 방문과 구매를 유도할 때 구매로 연결될 확률은 1%가 안 된다. 실제로는 아무리 타깃팅을 해도 구매이력이 없는 고객 1만 명을 대상으로 쿠폰을 주었을 때 30~50명만 구매로 연결되는 사례가 허다하다. 구매 전환율 0.3~0.5%다. 첫 거래를 만들어내기가 그만큼 어렵다.

비즈니스 초창기에는 신규 고객을 많이 모을수록 힘이 되고 그에 비례해 비즈니스가 성장한다. 초기에는 인지도를 쌓고 브랜드 경험을 많이 하게 만드는 것이 중요하다. 고객의 절대 숫자가 많아야 매출이 증가하고, 매출이 커진다는 것은 단순히 매출이 증가하는 것 이상의 비즈니스 효과를 준다. 예를 들면 전체 고객이 늘어나서 상품 판매량이 증가하면 해당 상품 브랜드와의 협상력이 향상되어 매입 원가를 낮출 수 있다. 물류사와의 협상력도 커져서 배송비도 절감할 수 있다. 다시 말해 규모의 경제가 작동한다. 따라서 고객을 확장하는 차원에서의 신규 고객 확대는 비즈니스 단계의 어디에서는 필요한 전략 중하나다. 그래서 많은 기업은 매출을 늘려야 할 때 잠재적인 신규 고객을 확보하기 위해 투자 차원에서 큰 비용을 집행한다. 오프라인 점포 비즈니스라면 신규 매장을 출점해서 지역별 접근성을 높이고 고객 절대 수를 증대시켜 전체 매출을 키우기 위해 노력한다.

하지만 무작정 많은 투자를 집행한다고 모두 효과를 보는 것은 아니다. 그만큼 고객을 모은다는 것은 어려운 일이다. 어렵게 모은 고객을 재방문하게 해 충성 고객으로까지 이끌어가기 위해서는 지속적인 노력이 필요하다. 고객의 로열티 순환Customer Loyalty Cycle에서 이탈하지 않고 우리의 고객으로 계속 유지하며 반복적인 구매를 유도하고 싶다면 신규 고객을 확보하기 위한 마케팅 못지않게 이미 구매가 일

어난 고객에게 적극적인 관심을 표명하고 고객과의 호의적인 관계를 형성하기 위해 노력해야 한다.

첫 방문에서 만족해야 재방문을 한다

홈플러스는 신규 점포를 열 때 매출 외에 중요한 세 가지 핵심 지표를 설정했다. 첫 번째는 멤버십카드인 패밀리카드(지금은 마이 홈플러스로 변경되었다) 신규 가입 회원수이다. 두 번째는 해당 지역 가구수 대비 패밀리카드를 가입한 가구의 비율이다. 세 번째는 점포에 처음 방문한 고객들이 짧은 기간 안에 해당 점포에 세 번 방문하게 하는 것이었다. 즉 처음부터 신규고객 확보뿐 아니라 재방문율까지 핵심성과지표KPI, Key performance Index로 관리한 것이다.

일단 인근 거주 고객의 회원가입을 통해 고객을 확보하고 장기적으로 관계를 형성할 수 있는 커뮤니케이션 수단을 확보해놓는 것이 매우 중요하다. 고객 회원 정보를 통해 고객이 어느 아파트에서 왔는지, 어느 아파트의 고객이 경쟁사로 더 많이 가는지, 어느 지역의 고객들이 자주 방문하는지 등을 파악해서 해당 점포만의 지역 마케팅 전략 수립을 한다.

지역별 아파트와 빌라 등의 가구수 대비 회원가입 비중이 낮다면 이유를 파악해서 점포 방문에 장애가 되는 것을 없애거나 특별한 쿠폰 메일이나 전단 배포를 통해 방문을 독려한다. 심지어 차량의 주차장 진입로, 교차로에서의 유턴 가능 여부, 그리고 정류장 위치도 고객의 점포 접근성에 영향을 주기 때문에 살펴야 한다. 모두 집객 확대를 위한 전략이자 점포 방문을 위한 고객의 접근성을 개선하는 일이다. 처음 고객이 와서 첫 거래를 하게 되면 1~2개월 내에 세 번 이상의 반복구매를 통해 점포에 익숙해지도록 만든다. 고객의 쇼핑 습관을 변경해 기존 경쟁 점포에서 우리 점포로 방문하게 만드는 것을 목표로 삼는 것이다.

　　대형마트의 특성상 기존에 이미 이용하는 경쟁 점포가 있을 가능성이 크다. 신규 점포는 기존 점포 대비 고객들에게 익숙하지 않기 때문에 오픈 기간에 방문하더라도 곧 기존에 방문하던 다른 점포로 되돌아갈 가능성이 많다. 그래서 재방문 유도를 통해 두 달 안에 세 번 이상 방문하게 해 오픈 매장이 익숙해지도록 한다. 그러면 해당 점포에 지속적으로 방문할 확률이 50% 이상으로 높아진다. 모든 비즈니스에는 '오픈 효과'가 있다. 특히 오픈 효과란 신규 점포를 열었을 때 행사와 사은품 제공 등의 다양한 이벤트와 광고로 주변 지역의 사람들이 일단 호기심을 갖고 방문하게 만드는 것이다. 초기의 가장 큰 행사에도 안 와본 고객이라면 그 이후 방문할 가능성이 매우 떨어진다고 본다. 그리고 오픈 시에 방문한 고객을 회원으로 유도하고 지속적인 방문을 유도해야만 그 이후에 매출 성과도 안정적으로 확보할 수 있다.

　　신규점 오픈 행사의 최종 목적은 장기적인 재구매고객, 지속방문고객의 모수를 확보하는 것이다. 그래서 오픈 행사는 집객 확대뿐 아니라 상품, 가격, 서비스, 이벤트 등의 측면에서 고객의 만족도를 높이기 위해 노력해야 한다. 첫 방문에서 만족해야 재방문을 이끌어내기 때문이다.

당장의 매출보다 좋은 고객 경험이 중요하다

기존의 오픈 효과에 대해 정반대의 관점에서 의견을 낸 사람이 있다. 요리 연구가 백종원 대표이다. 예전 어떤 프로그램에서 백종원 대표가 했던 말에 무릎을 쳤다. 핵심은 이렇다. 식당을 한다는 것은 단순히 맛있는 음식을 만들 수 있다는 것과는 다르다. 맛있는 음식은 기본이지만 실제 식당에서 고객을 응대하는 모든 프로세스가 순조롭게 이루어져야 한다. 예를 들면 손님을 맞이하는 방식, 주문받는 방식, 음식을 시간 내에 조리하고 서빙하는 역량 등이다. 백종원 대표의 조언은 오픈 당일과 그 이후 며칠은 테이블과 의자 수를 70% 정도만 채워놓고 시작하라는 것이다. 그래야 고객 응대와 음식 조리와 서빙에 문제가 생기지 않는다.

오픈 당일 식당이 너무 붐벼 음식 맛을 못 보고 돌아간 고객은 다음에 다시 방문한다. 하지만 식당이 너무 붐벼 제대로 된 대접을 못 받고 돌아간 고객은 다시 방문하지 않는다. 심지어 다른 고객들에게 불쾌한 경험을 공유할 수도 있다. 식당의 입장에서는 오픈 일이라 실수가 많을 수밖에 없다. 하지만 고객의 입장에서는 식당의 사정을 이해해줄 의무가 없다. 사장이나 요리사나 종업원이나 할 것 없이 실제 고객을 처음 맞이해보기 때문에 익숙하지 않고 초기의 고객 경험을 좋게 만들기 어렵다. 따라서 식당과 같은 제한된 공간과 시간 안에서 최선의 고객 경험을 만들어내기 위해서는 운영 역량을 고려해야 한다. 그래서 일부러 비즈니스 규모를 축소해서 여유롭게 운영해야 한다는 것이다. 결국 백종원 대표 조언의 핵심도 당장의 매출을 늘리는 것보다는 좋은 고객 경험을 통한 재방문 유도가 중요하다는 것이다.

많은 브랜드가 사업 초기뿐 아니라 어느 정도 비즈니스가 성장한 이후에도 신규 고객 확보와 점포수 확장에 집중하는 경향이 있다. 기존 고객이나 기존 점포에서의 매출 확대에는 한계가 있다. 추가적인 투자를 통해 점포를 늘리면 전체 매출은 당연히 증가한다. 점진적인 외형 확장은 당연히 중요하다. 하지만 양적 성장에만 초점을 맞춘 급속도의 점포 확장은 장기적인 손익 악화의 원인이 되기도 한다.

특히 동일 상권 내에서 출점이 계속되면 매출이 분산되면서 신규 점포 인근의 기존 점포 매출이 하락한다. 게다가 경쟁사도 추가적인 출점을 계속하기 때문에 점포의 매출 하락은 더욱 확대된다. 그렇지만 매출이 감소한다고 해서 이미 집행한 출점 비용이나 개별 점포 운영비가 줄어들지는 않는다. 결국 회사 전체 기준으로 매출 증가보다 투자와 운영 비용 증가가 더 커지면서 점포별 매출과 이익이 줄어들고 회사 전체의 매출과 이익 증가 폭도 줄어든다. 이런 추세가 지속되면 어느 순간 점포가 늘어나면서 회사 매출은 증가하지만 이익은 증가하지 않는 현상이 일어난다. 외형은 출점과 함께 성장하지만 과다한 투자와 점포별 매출 대비 운영 비용의 증가로 내실 측면에서는 이익 구조가 나빠지는 것이다.

기존고객이 이탈하면 밑 빠진 독에 물 붓기다

점포 확장에 따른 대표적인 실패 사례가 커피 프랜차이즈 'C' 전문점이다. 2008년 11월 설립해 2013년에 가맹점을 포함한 매장수를

1,000개까지 확장했다. 1998년 설립한 스타벅스가 18년이 지난 2016년이 되서야 1,000개 매장을 돌파한 것에 비해 'C' 전문점은 5년 만에 1,000개까지 매장을 확대한 것이다. 'C'사는 빠르게 성장한 브랜드로 하버드 경영대학원 웹사이트에 성공 사례가 소개되기도 했다. 그렇게 무리한 점포 확장을 한 데에는 초창기의 빠른 성장에 따른 믿음도 있었다. 또한 가맹점 중심의 사업 확장이라는 것도 외형 확장 중심 전략의 이유가 되었다. 회사 매출과 이익에 가맹점 확대에 따른 매장 인테리어와 로열티 수익이 상당히 도움이 되었기 때문이다.

심지어 'C' 전문점의 매출은 고객에게 커피 판매를 통해 일어난 매출보다 가맹점 신규 출점에 따른 인테리어와 가맹비 매출이 더 컸다고 한다. 하지만 고객에게 제공하는 제품과 서비스 품질에 대한 안정적인 관리와 개선 없이 출점 중심으로 외형을 확장하던 'C' 전문점은 2014년 매출이 하락세로 전환했고 손익도 적자로 돌아서게 됐다. 점포 확장에도 불구하고 점포당 매출은 하락하는 반면 임대료나 인건비 등은 지속 증가하면서 기존 가맹점들의 폐점이 속출하기 시작했고 본사도 최종 1만 개 점포까지의 확장을 염두에 두고 무리한 공장 투자와 해외 점포 확장에 나서면서 내우외환에 시달린 이유다.[4]

브랜드가 초기 성장 단계에서 성장 말기 또는 성숙기에 들어서면 신규로 유입되는 고객보다 이탈하는 기존 고객이 많아지게 된다. 신규 고객을 모으더라도 기존 고객이 빠져나간다면 비즈니스를 성장시키는 데 큰 도움이 되지 않는다. 오히려 신규 고객 세 명을 모으는 것보다 기존 고객의 재방문을 유도하는 것이 비즈니스 성장에 더 큰 도움이 된다. 그 이유는 세 가지다. 첫째는 신규 고객 한 명이 일으키는 이익보다 신규 고객 한 명을 모으기 위해 들어간 비용이 더 크다. 그만큼 신규 고객 한 명을 확보하기 위해 엄청난 비용이 집행되어야 한다. 둘째는 기존에 구매 경험이 있는 고객이 신규 고객보다 평균적으로 더 큰 매출을 일으킨다. 객단가 높은 고객이 기업에 더 도움이 되는 것이다. 마지막 셋째는 신규 고객의 재구매율보다 기존 고객의 재구매율이 더 높다. 구매 경험이 많아질수록 재구매율도 지속 증가한다.

이런 복합적인 이유로 기존 고객 한 사람의 매출 가치는 신규 고객 서너 명의 매출 가치와 비슷하다. 절대적인 비용 대비 이익으로 보나, 상대적으로 기존 고객과의 구매 가치로 보나, 기존 고객을 잃었을 때의 기회비용이 신규 고객을 얻었을 때의 기회 이익보다 훨씬 크다. 따라서 기업이 더 집중해야 하는 것은 기존 고객의 재방문을 끌어내는 것이다. 고객 자체를 모으는 것보다 고객의 한 번의 경험이 재방문으로 이어질 수 있도록 하는 데 초점을 두고 마케팅을 진행해야 한다. 재방문 고객이 지속 방문 고객이 되도록 매번 고객의 경험을 관리해야 한다. 신규 고객 확보에만 초점을 맞추고 광고와 이벤트를 하다 보면 어느새 신규 고객은 늘어나는데 전체 고객수가 정체되는 것을 알게 된다. 신규 고객이 들어온 만큼 기존 고객이 나가고 있다는 신호다. '밑 빠진 독에 물 붓기'다. 어렵게 모은 신규 고객들이 재방문하게 만드는 데 더 적극적으로 노력해야 하는 이유다.

3

—

어떻게 고객의 쇼핑을
습관으로 만들 것인가

쇼핑은 습관이다. 브랜드는 고객이 습관처럼 방문하도록 해야 한다. 그러기 위해 브랜드가 초점을 맞추어야 하는 것은 각각의 거래에서 만족을 주어 지속적인 재방문과 재구매로 연결하는 것이다. 한 번 두 번 재구매가 반복되면 곧 습관이 된다. 브랜드 이용이 늘어난다는 것은 브랜드에 친숙해지는 것이다. 유통이나 서비스 업종 측면에서 봤을 때는 고객이 해당 쇼핑 환경에 익숙하고 편안해진다는 것이다. 동시에 어떤 마일리지나 포인트 프로그램이 있다면 그 포인트와 마일리지를 쌓는 것에 더 신경 쓰게 된다는 것이다.

일반적으로 고객들이 3회 구매할 때까지는 재구매율이 거의 동일한 비율로 늘어난다. 즉 첫 번째 구매를 일으킨 고객이 그 제품의 구매주기 안에 재구매할 확률이 평균적으로 20%라면 두 번째의 구매를 일으킨 고객은 세 번째 구매를 일으킬 확률이 40%로 늘어난다. 세 번째까지 구매를 일으킨 고객은 네 번째 구매를 일으킬 확률이 50~60%로 증가한다. 열 번의 구매 경험을 가진 고객들은 다섯 번의

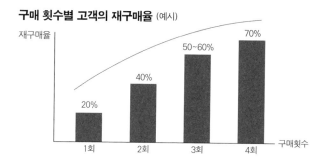

구매 횟수별 고객의 재구매율 (예시)

재구매율

70%
50~60%
40%
20%

구매횟수
1회 2회 3회 4회

구매 경험을 가진 고객들보다 좀 더 큰 재구매율을 보인다.

구매 경험이 늘어날수록 반복구매할 확률이 비례해 높아지는 것이다. 물론 재구매율에도 한계효용 체감의 법칙은 존재한다. 즉 횟수가 늘어날수록 증가하는 재구매율 증가 폭은 그만큼 줄어들고 어느 시점에는 큰 차이가 없어진다. 그 시점은 이미 해당 브랜드의 구매가 습관처럼 이루어지고 기업 입장에서의 우수고객이 된 시점이다. 기업이 마케팅을 했을 때 나오는 고객의 반응도 구매 횟수가 많은 고객일수록 더 크게 나온다. 1회 구매 고객군과 3회 구매 고객군에게 동일한 쿠폰을 주었을 때 효과는 어떨까? 3회 구매한 고객이 쿠폰에 반응해 구매로 전환될 확률이 높다. 브랜드에 더 친숙하기 때문에 마케팅 활동에 대한 반응도 더 커지는 것이다. 재구매 횟수가 높을수록 투입한 비용 대비 더 큰 마케팅 효과를 볼 수 있다.

아마존은 유료 회원제 프로그램으로 우수고객을 잡는다

유료 회원제는 잠재적인 우수 고객을 타겟으로 하는 프로그램이다. 아마존의 아마존 프라임, 쿠팡의 로켓와우, 그리고 중국 스타벅스의 유료 멤버십 등이 대표적이다. 아마존 프라임은 연회원 가입 시 119달러이고 월회원으로 가입 시 12.99달러다. 프라임 회원은 해당 기간 동안 일정 금액 이상 구매 시 무료 배송 서비스를 받게 되고 영화, 드라마, 음악 스트리밍 서비스를 받을 수 있으며 일부 행사 상품에 대해 프라임 회원 특가로 구매할 수 있다. 아마존 프라임 서비스는 2005년 출시되어 2018년 1억 명을 돌파했고 2019년 말 1억 5,000만 명의 가입자를 확보했다.

아마존 프라임을 벤치마킹한 쿠팡의 로켓와우는 월회비 2,900원이다. 로켓 배송 상품을 하나만 사도 배송비가 무료다. 그리고 로켓 배송 상품의 무료 반품 기간을 30일까지 연장해준다. 온라인 유통의 가장 큰 고민인 배송비를 무료로 해줌으로서, 1~2회의 구매로 회비 납입에 대한 혜택을 받고 그 이후 추가 구매는 무료 배송을 받게 되면서 더 많은 구매를 하는 고객일수록 더 큰 혜택을 받게 되는 프로그램이다. 고객으로서는 최소한의 회비만 내면 배송비 부담 없이 쇼핑할 수 있기 때문에 해당 쇼핑몰로 구매를 집중하게 만든다. 온라인 쇼핑 습관을 형성하는 것이다. 쇼핑몰 입장에서는 유료 회원의 구매가 반복될수록 매출액이 커지기 때문에 이익이 된다. 더욱 중요한 것은 다른 쇼핑몰에 방문할 이유를 원천적으로 없앤다. 다른 쇼핑몰에서는 배송비를 따로 내야 하는데 굳이 갈 이유가 없기 때문이다. 고객 록인Lock-in 효과가 매우 커진다.

스타벅스는 리워드 프로그램으로 재방문을 유도한다

고객의 재방문을 유도할 때 효과적인 프로그램 중 하나는 스티커 마일리지 프로그램이다. 정해진 기간의 구매 횟수와 금액에 따라 스티커를 모아서 일정한 목표를 달성하면 무료 사은품 등의 혜택을 지급하는 방식이다.

스타벅스는 초창기부터 지금까지 상시 '별' 모으기 프로그램인 마이 스타벅스 리워드를 운영하고 있다. 영수증 한 건당 별을 1개씩 지급하는데 별을 10개 모으면 무료 음료 쿠폰을 한 장 준다. 이 무료 쿠폰은 본인이 써도 되고 선물도 가능하다. 이와 별개로 매년 연말이면 1.5개월에서 2개월 동안 새해 스타벅스 다이어리를 주는 또 다른 스티커 프로그램을 운영한다. 이 기간에는 상시 '별' 프로그램과 다르게 20개가 넘는 스티커를 모아야 한다. 대신 음료 한 잔당 한 개의 스티커를 지급한다. 커피의 특성상 많이 마시는 경우 하루에 2~3번 마시기도 하고 또 일행과 함께 마시면 20~30개에 달하는 다이어리 별을 생각보다 금방 모으게 된다. 이런 프로모션은 미션을 달성했을 때의 보상이 매력적일수록 방문을 집중하게 하는 효과를 가져온다. 심지어 어떤 경우 미션을 달성하기 위해 불필요한 소비를 하면서까지 노력하게 만든다.

스타벅스는 거의 10년에 걸쳐 연말 다이어리 프로모션을 진행 중이다. 연말에 고객의 반복구매를 유도하는 동시에 다음해 1년 동안 스타벅스 브랜드 다이어리를 사용하게 만드는 감성적인 프로그램이다. 그만큼 고객의 재구매와 반복구매의 습관 형성에 도움이 된다는 말이다. 사실 고객으로서는 소비 조장 측면에서 경계해야 할 프로모션이지만 그 미션을 통해서만 얻을 수 있는 브랜드 한정 상품이라 소비를 자제할 수 없게 된다.

2020년 5월부터 7월까지 진행된 스타벅스의 서머e프리퀀시 이벤트는 미션음료 3잔 포함해서 총 17잔의 음료를 구매하면 서머체어 또는 서머레디백을 주는 행사다. 행사 시작일 서머레디백을 받고 싶은 고객이 하루에 에스프레소 300잔을 구매했다는 뉴스기사까지 났다.

이 고객은 서머레디백 17개를 한 번에 받아갔다. 스타벅스의 시즌 이벤트는 스타벅스 MD를 모으는 충성 고객들이 더욱 열광적으로 매장을 방문하게 만든다.

스타벅스는 중국에서 한국과 달리 유료 회원제 리워드 프로그램을 운영 중이다. 처음 가입할 때 중국 화폐로 98위안(약 1만 7,000 원)을 내고 스타벅스 회원카드를 구입해야 한다. 선불 충전카드를 기본으로 하는 한국과는 가입 구조가 다르다. 회원카드 구입 즉시 무료 커피 쿠폰 1장, 1+1 쿠폰 3장, 그리고 사이즈 업그레이드 쿠폰을 준다. 쿠폰 가치를 합치면 회원 가입 비용을 이미 넘는다. 영리한 마케팅이다. 일단, 회원카드를 구매한 고객은 3번 정도는 방문하게 된다. 1+1 쿠폰을 쓰려면 혼자가 아닌 친구나 가족 등 동반인과 함께 가야 한다. 가입 후, 누적 250위안 정도를 구매하면(커피를 5번 정도 마시게 되면) 그린 레벨로 올라가고 회원의 특혜가 주어지기 시작한다. 3+1 쿠폰 무제한 사용이다. 동시에 3잔을 사면 1잔을 무료로 준다. 혼자 갈 때는 그리 도움이 되지 않지만 4명 이상이 모일 때는 굳이 다른 데 가는 것보다 스타벅스로 가는 것이 낫다. 자연스럽게 추천이 되고 객단가도 높여준다.

누적 약 1,250위안을 구매하면 가장 높은 골드 레벨이 된다. 골드 레벨은 그린 레벨의 3+1 쿠폰 혜택 외에도 커피를 누적으로 10잔 마실 때마다 무료 커피 쿠폰을 1장씩 받을 수 있다. 또한 특별한 디자인의 골드 카드를 발급하여 집으로 보내준다. 이런 재방문 중심의 리워드 프로그램은 회원카드에 가입하는 순간 그 사람을 로열티 사이클Loyalty Cycle 안으로 끌어들인다. 유료회원제 리워드 프로그램은 2019년 기준 4,000개의 매장을 돌파한 스타벅스가 차를 마시는 중국 문화를 커피 마시는 문화로 바꾸게 만든 주요 성공 요인이다.

스타벅스는 매장 안팎에서의 편리한 고객 경험 혁신뿐 아니라 고객의 재방문을 유도하는 흥미로운 리워드 프로그램도 강력하고 일관성 있게 운영한다. 감성적인 측면과 행동적인 측면 모두에서 고객의 쇼핑 습관과 충성도를 끌어내는 이유다.

멤버십 프로그램으로 고객관리를 하고 재방문을 유도하자

온라인과 오프라인을 막론하고 구매에 따라 일정 수준의 포인트 또는 마일리지를 제공하는 멤버십 프로그램은 고객 관리의 기본 스킴 scheme이다. 대부분의 B2C 기업은 포인트 프로그램을 가지고 있다. 포인트 멤버십의 목적은 크게 세 가지다. 첫 번째는 고객정보를 얻기 위한 것이다. 특히 오프라인은 방문한 고객이 누구인지, 어디 사는지 등 정보를 얻을 수 없었기 때문에 멤버십 회원이라는 프로세스를 통해 고객의 정보를 얻는다. 두 번째는 포인트 적립을 통한 가입 유도 및 구매 만족도 제고다. 멤버십 회원에게는 구매할 때마다 구매 금액의 일정 비율의 포인트를 제공함으로서 비회원으로 구매 시의 상대적 손실을 회피하게 하는 것이다. 동시에 포인트 적립액만큼의 할인 효과를 주어 가격 만족도에 도움을 준다. 세 번째는 재방문 유도 효과다. 고객은 멤버십 포인트에 가입하고 적립을 시작하면 계속 적립하려 하고 적립된 포인트를 사용하기 위해 다시 방문하게 된다. 포인트 적립과 사용에 익숙해지면서 자연스럽게 재방문을 지속하게 되는 것이다. 포인트 멤버십은 재방문 프로그램의 기본 스킴이다. 포인트 적립과 사용을 위해 고객이 구매를 집중하게 만드는 힘이 있기 때문이다.

그런 이유로 포인트 멤버십에 대해 고객이 가장 중요하게 생각하는

CJ ONE과 해피 포인트

것은 두 가지다. 첫째, 얼마나 많은 적립과 사용처를 가지고 있는지다. 적립처가 다양할수록 빨리 모을 수 있고, 사용처가 다양할수록 본인이 원하는 시기에 원하는 방식으로 사용할 수 있기 때문이다. 둘째, 적립률이다. 적립률이 높을수록 더 빨리 의미 있는 적립액을 모을 수 있다. CJ ONE, 해피포인트, 엘포인트 등 통합 멤버십이 인기 있는 이유는 다양한 곳에서의 적립으로 포인트를 빨리 모으기 때문이다.

만약 포인트 적립 기준이 구매액의 0.5%, 2%, 5% 등 일정률을 적립해준다면 구매액이 많을수록 적립액도 비례해 커진다. 하지만 구매액만큼의 혜택만 받는 것이기 때문에 상대적인 혜택은 방문 횟수나 구매액에 따라 차이가 나지 않는다. 만약 구매 금액이 일정 금액 이상일 때 적립률이 더 커진다면 소비 여력이 높은 고객의 소비를 집중시켜 재방문과 재구매를 유도하는 힘이 더 커진다.

문화센터는 점포 방문을 루틴으로 만들어준다

대부분의 백화점, 대형마트와 복합 쇼핑몰들은 문화센터를 운영한다. 문화센터는 특히 유아, 유치원 자녀를 둔 고객들 사이에 큰 인기를 끌고 지역의 커뮤니티 역할을 하며 고객들의 방문 빈도를 높이는 데 큰 역할을 한다. 문화센터는 보통 일주일에 1~2회의 수강을 하게 된다. 그 얘기는 고객들이 일주일에 1~2회 매장에 오게 된다는 말과 같다.

문화센터는 그 자체로는 수익이 나지 않는 사업이다. 오히려 적자를 보면서 운영한다고 하는 게 맞겠다. 문화센터를 하려면 최소 시간당 몇 개의 강좌가 이루어져야 하고 강좌당 최소 10명 이상의 회원이 강의를 들어야 해서 매장 내에 넓은 공간이 필요하다. 게다가 문화센터 운영을 위한 강사 비용과 운영 비용 등은 고객들로부터 강의료를 받더라도 사실 이익이 나는 구조는 아니다. 따라서 일반적으로 문화센터 자체만 보면 운영할 이유가 없다.

하지만 문화센터 덕분에 매주 고정적으로 매장에 방문하는 고객을 만들고 그렇게 방문하는 고객은 반복적으로 쇼핑하면서 매장에 익숙해진다. 익숙해진 만큼 매장에서의 구매 횟수와 구매 객단가를 키워간다. 문화센터의 강좌를 가족들, 친구들, 지인들에게 추천하면서 신규 고객을 확보하는 홍보 대사 역할도 한다. 그 결과 문화센터 고객의 매출은 일반 고객 대비 더 크다.

대부분의 대형마트, 백화점, 그리고 대형 쇼핑몰들이 문화센터를 아주 적극적으로 운영하는 이유다. 고객의 즐거운 발걸음을 정기적으로 유도하려면 할인 쿠폰이나 가격보다 더 고차원적으로 고객의 숨은 니즈를 찾아내야 하고 대응해줘야 한다. 고객을 오게 하면 매출은 따라온다. 고객은 본인의 니즈를 알아주고 맞춰주는 브랜드에 발걸음을 하고 익숙해지게 되며 익숙한 것에는 늘 애정이 생기게 마련이다.

고객이 익숙해할수록 체류시간과 객단가가 증가한다

브랜드에 익숙해지고 신뢰도가 더 커진 재구매 고객들은 구매하는 상품의 범위를 확장해 나간다. 그래서 재구매도가 높은 고객일수록 고객의 1회 방문당 구매 금액도 더 커지게 마련이다. 특히 유통의 경우 이런 특징이 더 커진다. 편안한 마음으로 쇼핑을 하기 때문에 더 많은 상품을 보게 되고 체류 시간도 더 길어진다. 체류 시간의 길이는 구매하는 상품의 수에 영향을 준다. 최근 오픈하거나 매장을 리뉴얼하는 백화점이나 대형몰들이 실제 상품을 판매하는 매장보다 커피나 식품 판매 또는 문화 공간의 비중을 더욱 확대하는 것도 더 머물게 하기 위해서다.

매장 방문의 미션이 쇼핑에 한정되어 있더라도 쇼핑을 위해 돌아다니다 보면 지치기 마련이다. 하지만 잠깐 휴식을 취하고 나면 다시 쇼핑을 위해 시간을 쓸 힘이 생긴다. 쇼핑 – 푸드 – 쇼핑으로 연결하며 고객의 소비가 커질 수밖에 없다. 아예 반대로 식사나 문화 활동을 위해 매장을 방문하는 경우도 많다. 이런 경우는 쇼핑이 부가적인 목적이 된다. 어떤 목적이든 고객의 방문을 유도하고 방문한 고객이 더 머물며 쇼핑하는 데 매우 큰 역할을 하게 된다.

쇼핑은 습관이기 때문에 어쩔 수 없이 고객은 본능적으로 익숙하고 편안한 브랜드를 찾게 되어 있다. 모든 브랜드가 1등 브랜드가 되려고 하는 이유는 1등 브랜드가 주는 신뢰와 믿음 때문이기도 하지만 그만큼 익숙해지기 때문이다. 어떤 맛, 환경, 그리고 사용법에 익숙해지면 바꾸는 것이 힘들다. 익숙한 것과 신선한 것 사이에서 처음에는 신선함에 끌리지만 점차 익숙한 것에서 편안함을 느끼게 된다. 신선함은 오래가지 않는다. 브랜드가 습관을 통한 익숙함과 편안함을 고객에게 제공하지 못하면 고객은 곧 이탈한다.

4

—

어떻게 고객을 나만의 고객으로 만들 것인가

　고객이 어떤 브랜드를 반복적으로 이용한다고 해서 그 고객이 다른 브랜드를 이용하지 않는 것은 아니다. 고객 입장에서 어떤 브랜드를 더 이용하거나 덜 이용할 수는 있어도 한 브랜드만 고집해서 이용하는 경우는 많지 않다. 특히 선택지가 많다면 더욱 그렇다.

　모든 상품, 가격, 이벤트 정보를 스마트폰으로 쉽게 검색할 수 있는 디지털 시대에는 한곳만 이용하는 일은 거의 없다. 하루가 다르게 고객의 마음을 사로잡는 새로운 플랫폼들이 생겨난다. 특히 최근 생기는 플랫폼들은 론칭 초기부터 빅데이터 기반의 고객 지향적인 서비스로 출발한다. 10~20대일수록 트렌드에 민감하게 반응하며 추천을 통해 상품과 서비스를 편리하게 이용하게 해주는 쇼핑몰에 더 적극적으로 반응한다.

소셜 커머스와 오픈마켓 고객은 같은 고객이다

모바일 앱 데이터를 분석하는 IGA 웍스의 모바일인덱스HD 트렌드

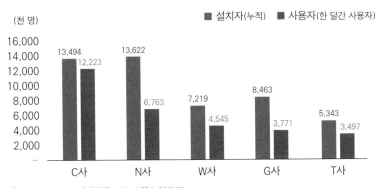

오픈마켓 앱 누적다운 및 월 사용자 (2019년 8월 기준)

(천 명)

■ 설치자(누적) ■ 사용자(한 달간 사용자)

- C사: 13,494 / 12,223
- N사: 13,622 / 6,763
- W사: 7,219 / 4,545
- G사: 8,463 / 3,771
- T사: 5,343 / 3,497

(출처: IGA 웍스, 모바일인덱스HD 트렌드 리포트)

리포트에 의하면 2019년 8월 기준으로 우리나라에서 모바일 쇼핑 앱을 사용하는 고객수는 2,200만 명이다. 주로 30대와 40대의 여성들이 가장 많이 사용한다. 1인당 평균 5.64개의 쇼핑 앱을 설치하고 있고 한 달에 사용하는 쇼핑 앱의 개수는 3.66개라고 한다. 즉 평균 1.98개의 쇼핑 앱은 고객이 스마트폰에 설치하긴 했지만 한 달 내내 접속하지 않은 것이다.

그중에 고객들이 가장 많이 이용하는 소셜 커머스와 오픈마켓 앱 기준으로 설치자와 사용자를 보면 쇼핑 앱별 다운로드 고객과 실사용자의 차이가 얼마나 큰지 알 수 있다. 위 그래프에서 볼 수 있듯이 가장 많은 고객이 설치한 앱은 C사와 N사의 앱으로 1,300만 명이 넘는 고객이 다운받아 사용 중이다. 그 뒤를 이어 G사가 846만 명이고 W사가 722만 명으로 설치 기준 3, 4위를 기록하고 있다. 하지만 2019년 8월 한 달간 사용자MAU, Monthly Active User를 기준으로 보면 C사는 다운로드 고객의 91%가 해당 월에 방문했지만 N사의 경우 다운로드 고객의 49%만 실제 방문을 했다. 설치 고객수는 C사와 N사가 비슷한 수준이지만 실제 방문에서는 C사가 거의 두 배 이상 많은 활성 사용자를 가지고 있는 것이다. 다른 쇼핑 앱들도 거의 44~65% 수준의 다운로드 대비 월 실사용자인 것을 감안하면 C사는 다른 쇼핑 앱들보다 압도적인 재방문율을 보인다. 이런 추세는 동 리포트의 일 단위 사용자 분석에서도 동일하게 나타난다.[5]

고객들은 앞서 언급한 발표자료 내용처럼 다수의 쇼핑 앱을 설치해서 사용 중이고 그때그때 가격이나 이벤트에 따라 비교하며 구매한다. 월 활성 사용자 비율과 일 방문자 비율이 월등히 높다는 것은 고객들이 다양한 쇼핑 앱 가운데에서도 유독 C사에 대한 로열티가 높다는 의미이다. 2019년 8월 기준, 오픈마켓 앱들의 단독 이용자 비율이 1.8~6.2% 수준인 데 비해 C사는 단독 이용 고객의 비율이 28.3%로 압도적으로 높았다. 타사에 비하면 월등한 수준이다. 하지만 로열티가 가장 높은 C사도 71.7%의 고객은 다른 오픈마켓 앱을 중복으로 이용한다는 말이다. 그리고 나머지 오픈마켓들은 열심히 고객의 다운로드와 재구매를 유도하지만 안타깝게도 90% 이상의 고객이 타 쇼핑 앱을 중복으로 이용하고 있다.

소셜 커머스와 오픈마켓 앱 단독사용 비율　　　　　　　　　　　(2019년 8월 기준)

	C사	N사	W사	G사	T사
단독 이용률	20.29%	6.17%	3.51%	3.02%	1.81%

(출처: IGA 웍스, 모바일인덱스HD)

왜 C사만 고객의 재방문이 월등히 높은가?

그럼 왜 고객들은 동일한 온라인 쇼핑 앱 중에 유독 C사에 대해 상대적으로 강력한 충성도를 보일까? 결과 데이터는 사실만 보여줄 뿐

모바일 쇼핑 앱 이용 상황

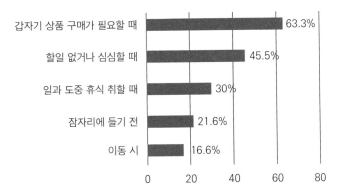

(출처: 오픈 서베이 모바일 쇼핑 소비자 리포트, 2019년 9월)

그 이유는 말해주지 않는다. 모바일 소비자 조사 업체 오픈 서베이가 2019년 9월에 발행한 「모바일 쇼핑 소비자 리포트」에서 일부 인사이트를 얻을 수 있었다. 20대에서 40대까지의 모바일 쇼핑 이용고객 1,000명을 대상으로 조사한 리포트에 의하면, 모바일 쇼핑 앱을 이용하는 주요 상황은 '갑자기 상품 구매가 필요해서(63.3%)'라는 응답이었다. 뒤를 이어 '딱히 할일없어 심심해서(45.5%)'와 '일과 도중 휴식 취할 때(30.0%)' 그리고 '잠자리에 들기 전(21.6%)'이라고 한다. 톱 4의 상황 중 쇼핑 이유가 명확한 것은 응답 1위인 '갑자기 상품 구매가 필요할 때'다. 나머지 2~4위의 응답은 모바일 쇼핑이 고객들에게 시간을 보내는 휴식의 한 방편이라는 것을 보여준다.[6]

같은 리포트에서는 각 쇼핑 앱에서 쇼핑하는 이유에 대해서도 조사했다. 응답자들은 C사를 이용하는 가장 큰 이유를 '빠른 상품 배송'과 '저렴한 가격'이라고 말했다. 다른 오픈마켓 앱들과 달리 C사는 '빠른 배송'이라는 키워드를 독점적으로 선점하고 있었다.

고객들이 모바일로도 쇼핑하는 가장 큰 상황인 '갑자기 필요'에 대해 C사의 '빠른 배송'이 만족스러운 경험을 주는 것이다. 온라인을 이용하는 두 번째 이유인 '저렴한 가격'은 조사결과 대부분의 쇼핑 앱이 공통적으로 가지고 있는 구매 속성이었다.[7] 더 이상 가격으로는 차별화가 어렵다. 그런데 '빠른 배송'은 모바일 쇼핑 고객뿐 아니라 오프라인 고객들도 유입시킬 만한 경쟁력이다. C사의 빠른 배송은 오프라인 매장이 문을 닫는 밤 시간에 쇼핑하면 다음날 바로 받을 수 있게 하는 경쟁력으로 모바일 쇼핑 고객뿐 아니라 오프라인 고객까지도 적극적으로 구매 유도하고 있는 것이다.

모바일 쇼핑 앱 이용자의 72%가 물건을 구매하기 전에 가격 비교 사이트에서 검색 후 구매한다. 이런 트렌드는 20대가 40대보다 더 크다. 즉 젊은 고객일수록 비교를 통해 합리적인 소비를 하려고 노력한다. 가격보다 고객에게 더 중요한 가치를 찾지 못하면 계속적으로 늘어나는 쇼핑 앱들 가운데서 살아남기 어렵다.

대부분 브랜드에서 매출의 60~70%는 상위 약 30% 고객에게서 발생한다. 그리고 하위 40%의 고객은 전체 매출에서 10~20% 정도밖에는 기여하지 못한다. 고객의 대부분은 저렴한 가격과 행사가 있을 때만 방문하고 언제든지 다른 쇼핑몰로 떠날 준비가 되어 있고 언제나 다른 앱을 이용하는 데 주저하지 않는다. 즉 내 고객이지만 나만의 고객은 아니다. 이런 트렌드는 비단 쇼핑 앱만의 문제는 아니다. 모든 브랜드와 플랫폼은 서로 경쟁한다.

시장점유율보다 '시간점유율'이 중요하다

디지털 세상에서 우리는 비단 같은 업종에서만 경쟁하고 있지 않다. 디지털 시대는 '시간점유율Time Share'이 중요한 시대다. 즉 고객이 제한된 시간을 어디서 무엇을 하며 보내는지의 경쟁이다. 앞의 조사결과에서 언급한 것처럼 고객들이 모바일 쇼핑을 하는 상위 2~4위 상황은 심심해서 또는 휴식 시간이나 잠자기 전에 시간을 보내기 위해서다. 이런 경우 누가 더 큰 즐거움이나 편안함이나 유용함을 줄 것인지에 따라 고객들은 시간을 어디서 보낼지를 결정하게 된다.

모든 플랫폼은 고객의 시간을 차지하기 위해 서로 경쟁한다. 고객의 정해진 24시간을 두고 경쟁을 할 때 쇼핑 앱은 유튜브나 인스타그램 또는 틱톡하고도 경쟁해야 한다. 잠자기 전 넷플릭스나 유튜브를 시청하면서 잠이 든다면 그 시간에 모바일 쇼핑을 하지는 않을 것이다. 고객이 브랜드를 만나는 모든 접점에서 최대한 즐겁고 유용한 고객 경험을 주어야 한다. 디지털 시대는 한정된 소비 여력과 제한된 24시간의 시간 내에서 지갑점유율과 시간점유율을 두고 경쟁하는 시대이기 때문이다. 특히 개인의 시간을 스마트폰과 함께 소비하는 디지털 세대에게는 모든 플랫폼이 경쟁 대상이다. 경쟁 브랜드와의 시장점유율 싸움이 아니라 모든 오프라인 공간과 스마트폰에 다운된 모든 앱과의 시간점유율 경쟁이다.

시간점유율 경쟁 사례로 모바일트렌드HD의 「2019년 1분기 업종별 모바일 앱 사용량 분석 리포트」에서 발견한 두 가지 재미있는 사실을 공유하고자 한다.

첫 번째는 OTT 업종에서의 넷플릭스의 선전이다. 넷플릭스 국내 첫 오리지널 드라마 「킹덤」이 2019년 1월 25일부터 방영되면서 가입자가 증가하고 국내 OTT 앱들의 실사용자가 줄어들었다. 넷플릭스 주간 이용자 수가 2018년 12월 31일 주차에 연 58만 수준에서 2019년 2월 4일 주차에 110만 수준까지 거의 2배 수준으로 증가했다. 반면

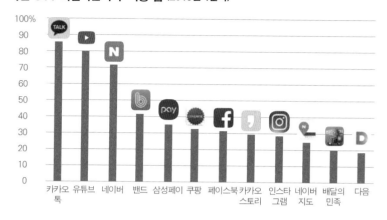

국산 OTT 이탈자들의 주 사용 앱 (2019년 1분기)

(출처: 모바일 HD 리포트)

동 기간 대부분의 국내 OTT 서비스 업체들의 주간 앱 실사용자는 약 10% 감소했다.[8]

그럼 국산 OTT 앱의 이탈자는 모두 넷플릭스로 갔을까? 발표 자료에 의하면 국산 OTT 앱에서 이탈한 고객들이 이용한 톱 5 앱은 카카오톡, 유튜브, 네이버, 밴드, 쿠팡 등의 순이었다. 넷플릭스로 이탈한 고객도 있겠지만 국산 OTT 앱의 이탈자들이 많이 이용한 톱 29개의 앱 이름 중에 넷플릭스는 들어 있지 않았다. OTT 앱 이용 의향이 확실한 고객은 OTT 플랫폼 간에 경쟁하겠지만 넷플릭스와만 경쟁을 하는 것이 아니라는 얘기다.

두 번째 의미있는 사실은 2019년 3월 한 달간 쇼핑 앱을 이용한 전체 고객의 쇼핑 시간점유율을 분석한 결과다. 쇼핑 앱 사용 시간이 많은 상위 20% 고객이 전체 쇼핑 앱 이용 시간의 78.6%를 점유했다고 한다. 그다음 상위 20~40%에 해당하는 고객의 이용 시간점유율은 15.1%였다. 나머지 고객 60%는 전체 이용 시간 중 겨우 6.3%의 시간만을 사용했다.[9] 이 말을 거꾸로 해석하면 모든 쇼핑 앱에서 관리하는 대부분의 우수 고객은 다른 쇼핑 앱에서도 우수 고객이라는 말이다. 그리고 그 우수 고객이 어디에서 시간을 보내는지가 쇼핑 앱의 매출을 결정한다.[9]

고객의 시간을 확보하려면 쉽고 편하고 재미있어야 한다. 굳이 유쾌하지 않은 곳에서 불편한 마음으로 시간을 소비하지는 않는다. 재미없어도 의무감으로 하는 건 학생이 공부하는 것과 직장인이 월급을 받기 위해 이른 아침 출근하는 것뿐이다. 고객들이 진정으로 원하는 고객 경험을 파악해서 제공하지 못하면 고객의 재방문을 유지하지 못한다. 이탈하는 고객의 매출을 커버하기 위해 신규 고객을 오게 하는 행사에 집중한다면 그 브랜드는 결국 헛수고를 하는 것이다. 그렇게 모인 신규 고객은 그때그때 더 저렴한 가격과 즐거움을 찾아서 쉽게 떠나기 때문이다. 다운은 받았지만 방문하지 않는 앱이 되는 것이다.

브랜드가 단순히 가격이나 품질 등의 속성이 아닌 고객 경험에 집중해야 하는 이유는 고객이 브랜드를 만나는 시간의 가치를 얼마나 즐겁고 유쾌하게 만들 것인가가 결국 내 브랜드를 찾게 만드는 원동력이 되기 때문이다. 경쟁사가 무엇을 하는지가 아니라 고객이 무엇을 원하는지를 봐야 하는 이유다.

5

—

어떻게 충성고객을 측정할 것인가

모든 고객은 같지 않다. 기업에 주는 고객의 가치는 고객별로 다르다. 각 브랜드가 우수한 고객에게 더 많은 혜택을 주기 위해 노력하는 이유다.

고객이 구매를 반복하고 습관적으로 쇼핑한다고 해서 모두 충성 고객이 되는 것은 아니다. 하지만 충성 고객은 반복구매를 통해 본인의 충성도를 보여준다. 따라서 고객들의 반복구매 패턴을 구분하는 것은 현재의 그리고 장기적인 고객과의 관계를 지속 유지하는 데 필요한 단계다.

쇼핑과 구매의 차이는 무엇인가

글로벌 컨설팅 업체인 언스트앤영EY에서 2019년 발표한 「디지털 플루이드 2.0」에 의하면 디지털 시대로 전환되고 모바일 쇼핑이 대세가 된 지금 디지털 세대의 쇼핑은 두 가지의 형태로 구분된다고 한다. 진정한 '쇼핑'과 일상적인 '구매'다. 쇼핑과 구매의 차이는 무엇일까?

고객이 그 제품을 사기 위해 무엇을 얼마나 고민하는지, 어떤 방식으로 구매하는지에 따라 나뉜다. 일상적인 생필품의 '구매'는 더 이상 쇼핑의 영역에 들어가지 않는다. 자주 사용하고 품질에 변별력이 크지 않은 제품일수록 친밀하고 낯익은 브랜드 중심으로 낮은 가격에 그냥 사는 것이다.[10]

반면에 '쇼핑'은 브랜드, 기능, 디자인, 평판을 꼼꼼히 따져보고 구입하는 것이다. 한 번 사면 오래도록 사용하고 그 제품이 본인의 신분이나 라이프스타일의 가치를 나타낼 수 있는 고관여 제품인 경우 진정한 의미의 쇼핑을 한다. 명품 패션 및 잡화, 자동차, 노트북, 스마트폰 등 고가 상품 또는 화장품이나 아기용품처럼 성분을 꼼꼼히 점검하는 상품 같은 경우다. 이런 고관여 제품들일수록 고객의 관심과 반복적인 구매는 브랜드 선호를 넘어서 브랜드 충성도에 의해 나타나는 결과다.

전 세계적으로 가장 충성도가 높은 고객 혹은 팬을 가진 브랜드는 애플이다. 애플의 신제품이 출시되는 날은 어김없이 전날부터 구매를 위한 긴 대기 줄이 생긴다. 이런 열광적인 팬들의 반응은 또 다른 이슈를 만들어내고 일반 소비자 사이에서 가지고 싶은 브랜드가 되게 만드는 힘이 있다. 충성 고객은 종종 힙hip한[9] 얼리어댑터의 형태로 나타난다. 얼리어댑터가 사용하는 트렌디한 제품은 대중들도 그 브랜드를 사용하고 싶게 만드는 힘이 있다. 심지어 저게 뭔데 왜 이렇게 비싸냐고 얘기하지만 결국은 구매 행렬에 동참하게 만드는 힘이 브랜드의 힘이고 충성 고객의 힘이다. 이런 브랜드 충성 고객에 의해 매출과 이익이 커지고 시장점유율이 올라간다.

따라서 기업이 비즈니스를 하면서 데이터 분석을 통해 꼭 확인해야 하는 한 가지는 누가 나의 충성 고객인지를 명확히 구분하고 충성 고객에게서 나오는 매출과 이익을 분석하는 것이다. 충성 고객이야말로 기업이 절대 놓치지 말고, 특별한 관심으로 케어하고 관리해야 하는 대상 고객이기 때문이다.

구매 가능성 높은 고객을 선정하자

유통에서는 고객의 기업에 대한 로열티를 측정하는 기준으로 RFM 모델을 많이 사용한다. RFM은 Recency(최근성), Frequency(구매 빈도), Monetary(매출 총액)의 약자이다. 순수하게 고객의 구매가 얼마나 최근에 이루어졌는지와 정해진 기간 내에 얼마나 많이 방문해서 얼마나 많은 금액을 사용했는지에 따라 고객의 등급을 나누고 관리하게 된다. 유통 형태나 주요 취급 품목, 구매 주기 등에 따라 RFM의 활용 형태와 가중치는 다르게 적용된다. 이렇게 RFM 모델을 사용해 구매 가치에 따라 고객의 로열티를 구분하는 이유는 다음의 세 가지 때문이다.

첫째, 누가 로열티가 있는 고객인지를 정확히 아는 것이다. 누가 로열한 고객이고 누가 로열하지 않은 고객인지 명확히 해야 고객군별 명확한 커뮤니케이션 전략을 수립할 수 있다. 구매에 따른 보상이나 혜택을 부여해 지속해서 고객의 충성도를 관리하고 고객이 특별한 혜택을 느낄 수 있도록 해주어야 한다.

둘째, 각 고객이 가져다주는 매출과 이익의 정량 가치를 정확히 이해하는 것이다. 로열티별 고객의 비중과 매출 가치를 알면 그 고객들에게 투자할 수 있는 투자 한도를 설정할 수 있다. 우수 고객 프로그램의 기준을 설정하거나 설정한 기준별로 고객에게 제공할 혜택을 만들

기준	측정 내용	측정 기준
최근성	가장 최근의 쇼핑일	구매가 최근일수록 우수
구매 빈도	일정 기간 내 구매 일수	구매 빈도가 높을수록 우수
구매 금액	일정 기간 내 구매 총액	구매 금액이 클수록 우수

때 사전에 예측하는 것이 가능해진다.

셋째, 각 고객의 구매 패턴과 구매 패턴별 고객의 비중을 측정하고 관리하는 것이다. 동일한 우수 고객이어도 자주 방문하지만 객단가가 낮은 고객과 가끔 방문해서 객단가가 높은 고객들의 비중과 구매 패턴을 나누어봐야 한다.

고객의 구매 패턴을 정확히 알아야 각 고객에게 적정 시점Right Time 에 적정한 오퍼Right Offer를 할 수 있다. 자주 오는 고객들에게는 자주, 가끔 오지만 구매 금액이 큰 고객들에게는 빈도수는 낮추되 대신 고객 혜택을 높게 설정하는 등 각 고객의 구매 패턴의 특성에 맞추어 마케팅 계획scheme을 수립할 수 있다.

마케팅 오퍼는 고객들의 쇼핑 만족도를 높이고 반복구매를 넘어 만족스러운 쇼핑을 지속하게 만들어준다. 그리고 고객군별로 효과적인 마케팅 메시지와 오퍼를 테스트하고 성과가 높은 마케팅 활동을 중심으로 투자를 지속하면 동일한 마케팅 비용으로 최대의 성과를 낼 수 있다.

그룹별로 분포한 고객의 비중을 알면 한 번 쇼핑에 객단가가 높은 고객이 많은지 한 번 쇼핑의 객단가는 낮지만 매우 자주 구매해서 총 금액이 높은 고객이 많은지 등 쇼핑 패턴별 고객 분포 분석이 가능해진다. 자주 오는 고객은 어떤 상품들을 주로 사는지, 가끔 오는 고객은 어떤 상품을 주로 사는지 장바구니 분석을 하면서 각 고객에게 브랜드가 어떻게 소구하는지를 이해하는 것이다.

고객의 전체 쇼핑을 늘리기 위해 객단가를 늘릴 전략을 선택할 것인지, 구매 횟수를 늘릴 전략을 선택할 것인지에 따라 중장기적인 상품 전략, 가격 전략, 프로모션 전략, 고객 콘택트 전략이 달라진다. 그리고 수립한 전략에 맞추어 프로모션이 실행되는 동안 고객 구매 패턴의 변동은 브랜드의 실적과 크게 연동되기 때문에 매출 성과에 대한 원인 분석에 중요한 지표로 사용될 수 있다.

최상위 고객 1명은 하위고객 12명과 같다

RFM 매트릭스가 만들어졌다면 매트릭스의 우상향 고객부터 단계별로 고객군을 묶어 로열티 기준을 수립한다. 로열티를 몇 단계로 구분할 것인가는 고객 전략에 따른 선택이다. 상위 우수 고객만 선정하는 경우도 있다. 하지만 제대로 로열티를 관리하는 기업은 보통 4~6단계로 구분해 고객 관리 전략을 수립한다. 구매 빈도와 금액 기준에 맞춰 고객수와 해당 고객의 매출을 측정해보면 고객수 관점에서는 삼각형 모양이 나오고 매출 관점에서는 역삼각형 모형이 나온다.

일반적으로 기업의 우수 고객은 비중은 적지만 실제 매출 측면에서 회사 매출의 상당 부분에 기여한다. 예를 들면 상위 5% 고객은 약 20% 매출을 점유하게 되고 상위 20% 고객은 매출의 50%를 점유한다. 상위 10% 이내의 고객 1명의 인당 매출은 하위 40%에 해당하는 고객 10~12명의 인당 매출과 같다. 따라서 최상위 10% 고객이 타 유통 채널로 이탈하게 되면 로열티 하위 고객 12명이 이탈하는 것과 같은 결과를 보인다.

1명의 충성 고객을 잃으면 힘들게 모은 12명의 고객을 잃는 것과

RFM에 의한 고객 분포 (예시)

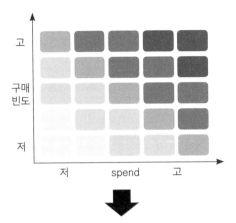

고객과 매출 비중 (예시)

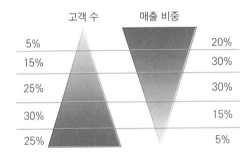

같다는 것이다. 따라서 누가 우리의 매출과 이익에 기여하는 충성 고객인지 구분하고 혹시 이탈할 조짐이 있지는 않은지 데이터를 통해 구매 주기, 구매 금액, 구매 카테고리의 변화를 분석해야 한다. 그래야 고객들이 이탈하지 않고 구매를 지속하도록 관리할 수 있다. 고객의 재방문을 지속 확대하고 유지하는 것이 고객 데이터를 분석하고 활용하는 핵심이 되어야 한다.

브랜드를 이용하는 고객들의 로열티를 측정하는 RFM 매트릭스는 쇼핑 패턴을 이해하고 고객들의 쇼핑 변화를 손쉽게 측정하고 관리할 수 있는 고객 가치 측정 방법이다. 먼저 대상을 정확히 특정해야 대상 고객군별로 어떻게 브랜드 관계를 강화하고 로열티를 강화할 것인지 전략 수립이 가능해진다. 충성 고객을 관리하려면 우선 고객 로열티 기준과 현재 고객의 RFM 매트릭스 현황을 살펴보는 것에서 출발해야 한다.

브랜드 충성도 정기적인 측정이 필요하다

충성 고객은 브랜드에 대한 구매 경험, 반복 구매, 만족을 넘어 다른 고객에게 브랜드를 추천해 이용을 유도하는 고객이다. 디지털 시대가 되면서 기업은 구매액 기준의 로열티 외에 브랜드를 추천하는 고객의 중요성을 잘 알고 있다. 그래서 최근에는 고객들의 충성도를 측정하기 위한 지수로 고객순추천지수NPS, Net Promoter Score라는 지수를 측정한다. 브랜드 추천 지수이며 각 브랜드에 대한 고객의 충성도를 알 수 있는 지표다.

고객순추천지수NPS는 2003년 베인앤컴퍼니의 CEO 프레드 라이켈트Fred Reichheld가 소개한 개념이다. 계산 방식은 간단하다. 고객에게 추천 의향을 0~10점 척도로 응답하게 한 후 9~10점으로 응답한 '추천고객 비율Promoters %'에서 0~6점으로 응답한 '비추천고객 비율Detractors %'을 뺀다. 다른 만족도 조사처럼 긍정으로 응답한 고객의 비율을 측정하는 것이 아니다. 비추천 고객의 비율을 빼서 순수한 추천지수를 측정하는 것이다.

고객이 브랜드를 안다는 것, 브랜드를 이용해봤다는 것, 브랜드에 만족한다는 것, 추천할 수 있다는 것은 모두 다르다. 따라서 최근의 브랜드 조사는 고객순추천지수를 측정하는 질문을 포함해 4단계로 진행

NPS 설문지

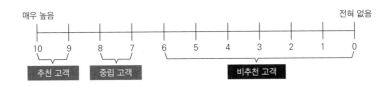

질문: 이용하신 브랜드를 가족이나 지인에게 추천할 의향이 있습니까?

매우 높음   전혀 없음

10   9   8   7   6   5   4   3   2   1   0

추천 고객   중립 고객   비추천 고객

하는 경우가 많다. ① 브랜드를 알고 있는가 ② 브랜드 구매 경험이 있는가 ③ 브랜드에 만족하는가 ④ 다른 사람에게 브랜드 이용을 추천하겠는가의 4단계 질문이다. 질문 단계별로 고객의 비중은 줄어들 수밖에 없다. 가장 중요하게 측정하고자 하는 스코어는 브랜드 추천 의향이다.

단순히 추천 의향만 묻지는 않고 4단계의 질문을 하는 것은 브랜드 인지도와 고객의 이용 경험을 기반으로 전반적인 고객의 인식을 측정하되 고객의 인지, 구매 경험, 추천에 이르기까지 고객의 구매 경험 전반에 걸쳐 실질적으로 브랜드의 문제를 정확하게 진단하게 해주기 때문이다. 단계별로 고객의 비중을 확인하고 트렌드를 추적하면 브랜드 인지도의 문제인지, 구매 만족도의 문제인지, 아니면 사용 후까지를 고려한 전반적인 구매 경험과 충성도의 문제인지를 알 수 있다. 어느 단계에서 경쟁사 대비 우리의 스코어가 낮은지를 확인하면 어떻게 개선해야 할지 전략 수립에 용이하다. 연간 1~2회 지속 조사를 통해 추세를 확인하면 고객 전략의 작동 여부를 모니터링할 수 있다.

브랜드 추천 의향이 높다는 것은 충성도가 매우 높다는 것이다. 따라서 브랜드에서 고객의 만족도와 추천의향을 고객별로 관리하고 싶다면 고객의 구매 여정 마지막 단계에 '다른 사람에게 우리 브랜드를

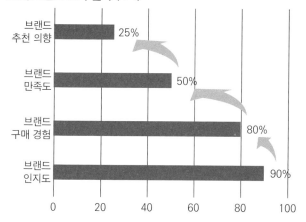

4단계 브랜드 조사 결과 (예시)

브랜드 추천 의향	25%
브랜드 만족도	50%
브랜드 구매 경험	80%
브랜드 인지도	90%

0   20   40   60   80   100

추천하겠습니까?'라는 질문을 하는 것이 좋다. 보통 고객은 나쁘지 않으면 만족한다고 대답한다. 그래서 만족도만 가지고 실질적인 고객의 만족 지수를 측정하는 것은 어렵다. 하지만 다른 사람에게 추천하는 행동은 단순히 나쁘지 않은 감정만으로는 이루어지지 않는다. 조금 더 생각하고 응답하게 되기 때문에 좀 더 정확한 고객 만족도와 함께 고객이 브랜드에 가지는 감정을 평가할 수 있게 해준다.

제조 브랜드도 실사용자 데이터를 확보하자

제조 브랜드가 명확한 실구매 고객이 누구인지 데이터로 보유하고 충성 고객을 확인하는 것은 쉬운 일이 아니다. 자체적인 온라인몰이나 오프라인 매장을 보유하고 있다면 어떤 고객들이 실제 구매하는지 자체 데이터를 가지고 분석할 수도 있다. 하지만 유통 채널이 없더라도 자사 홈페이지에 구매를 등록하고 추가적인 혜택을 주는 방식으로 실구매 고객 정보를 확보하고 고객과의 관계를 관리할 수 있다. 특히 일반 제품이 아닌 스마트 제품이라면 더더욱 고객의 가입과 제품등록은 선택이 아니라 필수로 봐야 한다. 고객을 중심으로 스마트 제품들 간의 연결이 이루어질수록 브랜드의 힘이 강해진다.

고객들이 자발적으로 구매정보를 등록하게 하여 브랜드와 관계를 형성하게 만드는 것은 브랜드에게 자사의 고객을 명확히 하고 고객의 로열티 순환을 관리할 수 있는 툴이 된다. 고객이 상품 구매정보를 등록하는 자체가 브랜드와의 관계 형성에 적극적이라는 의미다. 충성 고객을 만들어낼 수 있는 좋은 출발이다.

누가 충성 고객인지를 아는 것은 기업에도 중요하지만 고객에게도 중요하다. 고객 본인이 브랜드에 중요한 고객이라는 것을 알려주는 것은 지속적인 관계 형성에 매우 긍정적이다. 고객은 본인을 소중하게 생각해주는 브랜드에 대해서는 더욱 그런 고객이 되려고 하기 때문이다. 우수 고객 프로그램을 운영하는 이유는 보상을 통해 고객의 구매를 유지하는 것뿐 아니라 고객 스스로가 우수 고객으로서 브랜드와의 관계를 지속하게 하는 힘도 있다.

6

어떻게 충성고객은 매출에
기여하는가

지속성장하는 기업의 특징은 충성 고객이 많다는 것이다. 충성도가 높은 고객의 매출 비중이 높을수록 해당 브랜드는 견고한 매출을 유지한다. 충성도 높은 고객이 증가하면 비즈니스는 더 큰 성장을 이룬다.

그 이유는 앞에서 본 것처럼 최상위 수준의 고객 1명의 매출은 일반 하위 고객 10~12명에 해당할 만큼 매출의 크기가 클 뿐 아니라 브랜드의 구매 기간이 길어지고 구매 횟수가 늘어날수록 구매 금액이 점점 커지는 속성이 있기 때문이다. 게다가 충성 고객은 다른 고객들에게 자발적인 홍보 대사 역할을 하기 때문에 추천의 힘에 의해 매출은 지속 성장한다.

충성 고객이 매출 성장의 핵심이다

충성 고객이 기업과 브랜드에 실질적인 매출과 수익 가치를 창출하는 방법은 세 가지다. 첫째, 충성 고객은 일반 고객보다 더 많은 제품과 서비스를 구매한다. 더 많은 카테고리를 구매하고 더 자주 방문한다. 반복구매를 통해 일반 고객보다 최소 세 배에서 다섯 배 혹은 그 이상 더 많은 매출과 수익을 창출해준다. 따라서 직접 기여하는 매출이 크다.

둘째, 충성 고객은 제품과 서비스를 판매하기 위해 또는 고객의 쇼핑에 도움을 주기 위해 브랜드가 집행해야 하는 수많은 직간접 비용을 절감하게 해준다. 충성 고객은 브랜드 이용에서 직원의 응대를 덜 필요로 하고 불만이나 문의 사항도 적다.

셋째, 충성 고객은 브랜드의 자발적인 홍보 대사 역할을 한다. 실제 이용한 고객의 입으로 전하는 추천 한 번이 브랜드에서 만든 광고 열 번, 백 번의 노출보다 가치 있을 수 있다. 특히 소셜 네트워크로 움직이는 디지털 세상에서 브랜드의 충성은 고객의 후기와 추천이 모여서 만들어진다고 해도 과언이 아니다. 충성 고객은 긍정적인 광고 효과를 만들어낼 뿐 아니라 부정적인 입소문도 브랜드를 대신해서 막아주는 역할을 한다.

게다가 충성 고객과 브랜드와의 관계가 길어지면 길어질수록 더욱 큰 정량적 효과를 발휘한다. 브랜드와 맺어진 관계가 길어지면서 충성도의 깊이와 가치가 자란다. 고객의 충성도도 더욱 확대되고 구매 금액도 더욱 증가한다.

반복구매 횟수와 금액이 증가하면서 브랜드에 대한 만족도나 브랜드에서 받는 심리적·금전적 혜택이나 보상이 커지게 되면 고객과 브랜드와의 관계는 더욱 견고해진다. 동일한 VIP 고객들이어도 VIP를 지속 유지하는 동안 평균 매출이 지속 증가하게 된다. 1년 차 VIP는 전체 VIP 평균 매출보다는 적다. 하지만 2년 연속 VIP가 되면 첫 VIP에 비해 약 10~30% 더 큰 매출을 달성하고 3년 연속 VIP 고객은 1년

VIP 고객의 유지 기간별 매출 (예시)

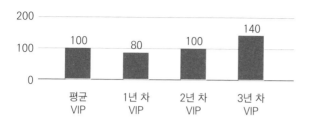

차 대비 50~70% 높은 매출을 일으키는 것이다. 브랜드 기준에서 동일한 VIP에 속하는 고객이라고 하더라도, VIP 유지 기간이 길어질수록 더 많이 더 자주 브랜드를 이용하게 되면서 매출에 더 큰 기여를 하는 것이다. VIP 제도나 우수 고객 관리가 중요한 이유다.

물론 VIP 고객의 매출 증가는 그냥 이루어지는 것이 아니다. 고객들이 지속적으로 브랜드의 충성 고객이 되도록 고객과의 관계를 유지하고 확대하는 프로그램 운영이 필요하다. VIP 프로그램은 금전적인 보상과 함께 고객의 감성적인 만족도를 동시에 충족시켜 주는 것이 아주 중요하다. 그것은 VIP 프로그램일 수도 있고 모든 고객에게 오픈되어 있지만 더 많이 구매할수록 혜택을 받는 프로그램일 수도 있다. 중요한 것은 고객이 쇼핑하면 할수록 더 큰 혜택을 받을 수 있다는 것을 고객 스스로가 명확하게 이해하게 하는 것이다.

CJ ONE은 어떻게 브랜드 록인 효과를 만들었는가?

충성 고객의 중요성을 잘 알고 있는 CJ ONE은 우수 고객이 더 자주 방문하고 더 다양한 브랜드를 이용할수록 더 큰 혜택을 받을 수 있도록 만드는 데 초점을 맞추었다. 첫 번째로 CJ ONE은 제휴 브랜드를 더 많이 이용하면 CJ ONE 포인트를 더 적립받을 수 있게 한다. 2015

년에 리뉴얼된 해당 제도는 매월 4개 이상의 CJ 브랜드를 이용하면 해당 월에 구매를 통해 적립한 포인트의 50%를 추가로 받고 5개 이상의 CJ 브랜드를 이용하면 해당 월 구매 적립 포인트의 100%를 추가로 받을 수 있다. CJ의 약 30개가 되는 제휴 브랜드를 다양하게 이용해서 각 브랜드 간의 시너지를 일으키는 효과와 함께 해당 정책은 고객들이 매월 다양한 카테고리에서 CJ 브랜드를 이용하게 만드는 원동력이 된다.

두 번째, 적립한 CJ ONE 포인트를 매월 1~2일 '원더풀 포인트 데이'에 이용하면 사용한 포인트의 30~50%를 재적립해주는 포인트 사용 가치 확대 프로그램이다. 2016년 론칭한 '원더풀 포인트 데이'에는 대부분의 CJ ONE 제휴 브랜드가 참여해서 사용 포인트 재적립과 추가 적립 이벤트를 진행했다. 핵심은 매월 1~2일이 되면 가지고 있는 포인트를 액면 가치보다 더 높게 사용할 수 있게 해 각 브랜드의 방문과 구매를 유도하고 고객들의 포인트 만족도를 높여주는 것이다. 포인트는 고객이 이미 구매 시점에 받은 혜택이지만 어떻게 사용하게 하느냐에 따라 고객이 느끼는 포인트의 가치는 달라진다. 고객의 포인트 만족도와 제휴 브랜드의 매출이 동시에 증가하는 프로그램이다. 고객들은 포인트가 많을수록 더 큰 혜택을 받을 수 있다. 매월 일관성 있게 행사가 진행되면서 포인트 적립과 사용의 선순환을 만든다.

세 번째는 VIP 고객 중심으로 문화행사 초대를 하는 것이다. 2017년부터 CJ ONE은 제휴한 미술관이나 전시 행사에 CJ ONE 위크CJ ONE Week를 마련해 동반자 포함 무료 입장이나 티켓 가격 할인 행사를 진행한다. 고객에게 금전적인 혜택 외에도 문화 경험을 제공해 만족도가 매우 높은 행사다.

복합적이고 일관성 있는 우수 고객 프로그램의 결과로 고객의 로열티가 대폭 증가했다. 일시적인 행사 효과보다는 매월 최소 4~5개 이상의 제휴 브랜드를 꾸준히 방문하도록 하는 습관을 만들어가는 것이다. 멀티 브랜드 이용과 포인트 사용 프로그램을 통해 포인트 적립·사용의 가치가 선순환 효과를 만들어내며 고객을 자연스럽게 CJ 브랜드 내에서 록인Lock-in하는 효과를 거두었다.

충성 고객은 현재의 충성도를 유지하는 것만으로도 브랜드에 매출 증가 효과를 가져온다. 이미 앞에서 얘기한 것처럼 충성 고객은 브랜드와 관계를 맺는 기간이 길어질수록 더 크게 브랜드 매출에 기여한다. 게다가 신규로 일반 고객에서 우수 고객으로 등급이 상향되는 고객들이 추가되면 브랜드 매출은 지속적인 성장세를 이룰 수 있다. 충성 고객은 이런 정량적 가치 이외에도 브랜드가 새로운 제품과 서비스를 만들어낼 때 중요한 가치를 알려준다. 고객들은 다양한 브랜드를 이용하면서 각 브랜드의 장단점을 누구보다 더 잘 알고 있다. 충성 고객들은 굉장히 호의적인 방법으로 브랜드의 장단점을 가감 없이 지적해줄 수 있는 고객 전문가이자 상품과 서비스 기획자이다.

비즈니스는 기본적으로 전략적 선택의 결과로 만들어지고 성장한다. 전략적 선택이란 기업이 한정된 자원 내에서 최대한의 효과를 내기 위해 가진 돈과 사람과 시간을 어디에 쓸 것인지를 결정하는 것이다. 돈과 사람과 시간이 무제한이라면 선택의 문제는 필요 없다. 필요하다고 생각되는 모든 활동을 다 하면 된다. 하지만 모든 기업이 보유한 자원은 유한하고 제한된 자원 내에서 비즈니스에 최고의 결과를 가져오는 선택을 해야만 한다. 고객 관리의 핵심은 충성 고객을 지속 유지하고 확대해 나가는 것이다. 충성 고객 확대는 비즈니스의 성장을 끌어내는 핵심 전략이다.

크로거는 어떻게 52분기 연속 성장했는가?

크로거는 미국의 슈퍼마켓 체인이다. 현재 미국 35개 주에 걸쳐 2,800 개의 대형 슈퍼마켓, 일부 편의점, 전문점을 가진 유통업체이다. 미국에서 월마트 다음으로 가장 크다. 크로거의 가장 주목할 만한 점은 2005년부터 2016년까지 무려 12년간 미국 슈퍼마켓 시장에서 지속적인 시장점유율 성장세를 보였다는 점과 2004년 1분기부터 2016년 4분기까지 52분기(13년) 연속으로 동일 점포 기준 매출이 성장을 달성했다는 점이다. 신규점에 의한 매출 확대분은 제외하고 기존 점포 기준으로만 계산해도 전년 동일 분기 대비 지속성장을 이루었다. 무려 52분기 동안 말이다.

오프라인 매장을 가진 유통에서는 전년 대비 성장을 분석할 때 두 가지의 지표를 본다. 첫 번째는 모든 기업들이 측정하는 방식인 전년도의 전체 매출과 올해의 전체 매출을 비교해 증감률을 측정하는 것이다. '전년 대비 증감률YoY, Year on Year'이라고 한다. 두 번째는 점포를 가진 유통에서 사용하는 방식으로 '동일 조건 매출 증감률LFL, Like for Like' 또는 '동일 점포 기준 매출 증감률Same Store Sales'이라고 한다. 올해 신규로 출점한 점포는 매출 비교 대상에서 제외하고 계산하는 것이다. 즉 신규 점포 출점에 의해 성장률이 과대하게 측정되는 것을 막고 기존 점포의 매출 증감 여부를 통해 비즈니스의 건전성을 체크하는 것이다.

크로거가 동일 점포 기준으로 52분기 연속 성장한 것은 전 세계적으로 최초의 기록이다. 월마트나 타깃 같은 오프라인 경쟁점뿐 아니라 온라인 쇼핑까지 있는 시대에 거의 불가능에 가까운 성장이다. 다음 페이지의 그래프는 크로거가 공시한 지난 2009년 1분기부

크로거의 가장 주목할 만한 점은 2005년부터 2004년 1분기부터 2016년 4분기까지 52분기(13년) 연속으로 동일 점포 기준 매출 성장을 달성했다는 점이다. 전 세계적으로 최초의 기록이다.

터 2015년 4분기까지의 동일 조건 매출 증감률을 보여준다. 심지어 2011년 이후는 아마존이 온라인 유통을 선도하며 시장을 공격적으로 확대해 나가던 시기여서 온라인 쇼핑의 확장으로 오프라인 매장들이 매출 하락 압박을 받기 시작하던 때다. 아마존이 이미 적극적으로 시장을 확대해가던 시기이며, 동시에 월마트가 온오프라인 양쪽으로 그에 대응하기 위해 전력을 다하던 시기이다. 그 시기에 크로거를 지속 성장시킨 힘은 무엇일까?

크로거의 지속적인 성장 비결은 끊임없이 고객의 니즈에 집중하는 고객 중심 전략이다. 크로거는 고객 로열티 프로그램을 운영하며 고객 데이터를 통해 고객의 쇼핑 행동에 대한 인사이트를 얻고 분석 결과에 맞추어 전체 마케팅 전략 및 타깃 마케팅을 실행했다. 2003년 5월부터 데이터 분석 전문기관 던험비Dunnhumby와 파트너십을 맺고 개인화

크로거의 전년 동일 분기 대비 성장률

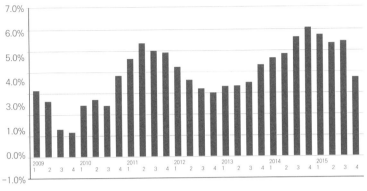

(출처: 크로거 홈페이지)

알고리즘을 통해 로열 고객에게 개인화된 오퍼를 제공했고 가격 투자, 프로모션 상품 선정, 상품 구색 및 진열 등의 마케팅 전략 수립 및 실행에 데이터 분석 결과를 반영했다.

크로거 성장 비결의 핵심은 매출에 가장 중요한 역할을 하는 로열 고객(크로거의 우수 고객)에게 집중하는 것이었다. 로열 고객에게는 고객의 카테고리와 브랜드 구매 성향에 맞추어 개인화된 할인 쿠폰을 제공했다. 고객들은 자주 구매하는 상품을 할인받아 사기 위해 크로거를 계속 방문했다.

2008년까지는 던험비 알고리즘에 의해 개인별로 선정된 쿠폰을 우편으로 발송했다면 2009년부터는 개인별로 선정된 쿠폰 외에도 크로거 홈페이지를 통해 고객이 직접 수백 개의 쿠폰을 보고 사용하고 싶은 것을 선택하는 기능을 추가했다. 또한 그렇게 선정된 쿠폰을 디지털로 멤버십 카드에 탑재해 굳이 종이 쿠폰을 소지하지 않아도 해당 쿠폰 상품 구매 시 혜택받을 수 있게 했다. 쿠폰 선정 과정을 알고리즘으로 진행하지만 고객들의 참여로 더욱 적극적으로 찾아보고 사용할 수 있게 만들면서 만족도와 사용률을 지속 개선했다.

크로거는 로열 고객들이 가장 자주 사는 카테고리와 브랜드를 그 누구보다도 저렴하게 살 수 있게 만들었다. 따라서 한 번 로열 고객이 되면 지속적으로 로열티를 유지하게 되었다. 고객의 니즈에 맞는 오퍼로 고객들이 쇼핑을 계속하게 만들었다. 또한 디지털 미디어 채널이나 이메일 등에서도 고객 맞춤형 행사정보와 메시지가 전달될 수 있도록 일관되게 개인화 전략을 수행했다.

또 하나 크로거의 독특한 로열티 프로그램은 주유 포인트 프로그램Fuel Points Program이다. 크로거에서 쇼핑하면 크로거가 운영하는 주유소에서 기름을 넣을 때 사용할 수 있는 포인트를 적립해주는 것이다. 쇼핑 1달러당 1포인트의 주유 포인트Fuel Point를 얻고 구글이나 스타벅스 같은 브랜드 기프트 카드를 구매하면 1달러당 2포인트를 적립해주었다. 쇼핑을 하면서 구매 금액에 따라 기름값을 할인받을 수 있는 주유 포인트 프로그램은 고객들에게 좋은 평가를 받았다. 이를 통해 쇼핑액이 지속 확대되었다. 그뿐 아니라 크로거가 운영하는 주유소는 자연스럽게 크로거 고객들의 주 이용 주유소로 전환되었다 (앞에서 얘기한 52주 연속 매출 증가 계산 시에는 크로거의 주유 서비스 매출은 제외하고 계산한 것이다).

크로거는 고객 제일 전략Customer 1st Strategy을 비즈니스의 근간으로 삼은 유통회사다. 고객과의 연결을 중요시하고 고객들에게 진정으로 중요한 가치를 전달하는 것에 집중했다. 크로거는 고객이 중요하게 생각하는 핵심적인 네 가지에 투자를 집중했는데 '훌륭한 직원 서비스' '고객이 원하는 상품 구색' '재방문하게 만드는 만족스러운 쇼핑 경험' '좋은 가격'이다. 그 결과 크로거는 52분기 연속적인 매출 성장을 이루

5년 누적 투자수익 비교

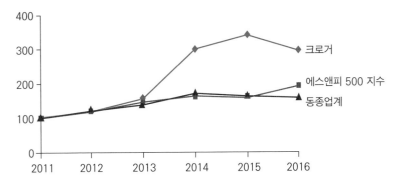

기업명·인덱스	기준 연도	명목 수익(회계 말)				
	2011	2012	2013	2014	2015	2016
크로거	100	117.21	154.38	299.59	340.41	296.50
에스앤피 500 지수	100	117.60	141.61	161.61	160.53	194.03
동종업계	100	120.77	137.32	171.73	160.23	157.59

크로거의 회계연도는 1월 31일과 가장 가까운 토요일에 끝남.

었을 뿐 아니라, 에스앤피S&P 500 지수나 월마트 등 다른 유통회사 대
비 월등한 주식 가치 상승을 이룰 수 있었다.

7

어떻게 고객과 애착관계를
형성할 것인가

    고객의 충성도는 두 가지로 구분할 수 있다. 하나는 고객의 구매 행동과 이용 패턴에 초점을 둔 행동적인 충성도Behavioral Loyalty다. 나머지 하나는 구매 행동보다는 브랜드와의 감성적인 관계에 초점을 둔 감정적인 충성도Emotional Loyalty이다. 전자가 쇼핑 만족도와 반복구매 고객의 구매 행동 중심으로 드러나는 충성도인 데 비해 후자는 브랜드에 대한 깊은 애정과 만족도에 기반을 둔 충성도이기 때문에 구매 행동뿐 아니라 추천 의향과 자발적인 서포터 활동에 대해 전자에 비해 더욱 적극적이다. 감정적인 충성도를 가진 고객은 다르게 말하면 브랜드의 열렬한 팬이라고 이름 부를 수 있다. 레베카 러셀 버넷 교수Re-bekah Russell-Bennett와 차마인 E. J. 하텔Charmine E. J. Hartel 교수가 2009년 발표한 「감정적인 충성도와 인지적인 충성도의 기능」에 의하면 '감정적인 충성도'야말로 고객의 쇼핑 행동에 가장 큰 영향을 미친다.

    행동적인 충성도를 가진 고객은 브랜드를 재구매하거나 지속적으로 이용할 의향이 높다. 그러다 보니 브랜드 구매 패턴을 통해 측정이 가능하고 고객 관리 프로그램을 통해 지속적으로 관리가 가능하다. 이런 행동적인 충성도는 제품이나 서비스의 특정 속성에 대한 만족의 결과와 반복적인 구매 습관에 의해 만들어진다. 따라서 브랜드의 반복적인 재구매가 이루어지고 고객의 로열티 측정 기준인 최근성, 구매 빈도, 구매 금액 측면에서 상위에 있게 된다. 즉 구매 행동에서 우수한 매출을 보이는 고객은 '행동적인 충성 고객'이라고 부를 수 있다.

하지만 행동적인 충성도가 높다는 것이 브랜드에 대한 깊은 애정을 기반으로 한다고 단정지을 수는 없다. 다른 대체 브랜드를 찾지 못했거나 또는 다른 대안의 브랜드를 찾는 노력을 기울이는 것이 불편해서 습관처럼 이용하는 것일 수도 있다는 말이다. 다시 말하면 행동적인 충성도를 가진 고객은 지금 비록 재구매를 반복하며 브랜드에 높은 충성도를 보이더라도 언제든 고객의 구매 성향을 충족시키는 더 좋은 브랜드를 찾게 되면 이동할 가능성이 있다.

반면에 감정적인 충성도는 브랜드에 대한 긍정적인 인식을 기반으로 브랜드를 반복구매하게 만드는 심리적 경향으로 감정적인 애착 관계로 정의할 수 있다. 감정적 충성도를 가진 고객들은 브랜드에 기꺼이 돈을 쓰고 심지어 객관적으로 가격이나 품질 등의 속성 측면에서 경쟁 우위를 가진 대체 브랜드가 있더라도 감정적으로 애착을 가진 브랜드에 대한 소비를 지속한다. 갤럽 조사에 의하면 한 유통회사에 강한 감정적인 연결고리를 가진 고객은 감성적 유대감을 가지고 있지 않은 고객에 비해 32% 더 자주 방문하고 46% 더 많은 소비를 한다고 한다. 즉 행동적인 충성도를 가진 고객이 감정적인 충성도를 가졌다고 볼 수는 없지만, 감정적인 충성도를 가진 고객은 행동적인 충성도를 그 안에 내포하고 있다.[11]

고객의 자아 니즈를 충족시키면 애착관계가 만들어진다

브랜드의 어떤 마케팅이 행동적인 충성도를 만들어내고 어떤 마케팅이 감정적인 충성도를 만들어내는 걸까? 기본적으로 고객의 구매행동을 유도하는 마케팅 활동 중 가격, 할인, 쿠폰, 멤버십 포인트 등의 마케팅 활동은 행동적인 충성도에 깊은 연관이 있다. 즉 이런 마케팅 활동으로 고객의 반복적인 구매 행동을 끌어내는 것은 가능하다. 그리고 이것 또한 매우 중요한 마케팅 활동이다. 그런데 브랜드와의 심리적인 애착까지 연결시키기 위해서는 좀 더 다른 접근이 필요하다.

레베카 러셀 버넷 교수와 차마인 하텔 교수의 연구에 의하면 감정적 충성도는 자아 방어 기능Ego-Defensive function에 더 연관이 되어 있다고 한다. 따라서 감정적인 충성도를 얻고 싶은 브랜드 매니저라면 자신의 브랜드가 고객들이 가진 자아의 니즈를 어떻게 충족시켜 줄 수 있는지를 고객에게 인식시켜 주는 것이 중요하다. 즉 자아의 니즈를 만족시키고 공감을 불러일으켜야 한다. 자아 니즈에 대한 충족 없이는 감정적 충성도를 만들어내는 데 성공할 수가 없다.[12]

예를 들면 멤버십 프로그램은 고객의 구매 행동에 영향을 주어 반복구매를 유도할 수 있다. 구매에 따른 포인트를 주고 사용하게 하면서 행동적인 충성도는 이끌 수 있다. 하지만 고객들은 더 좋은 멤버십이나 포인트 프로그램이 있다면 바꾸는 것에 크게 주저하지 않을 것이다. 하지만 고객이 포인트 프로그램을 통해 프라이드를 느낄 수 있는 무엇인가 감정적인 혜택을 받거나 아니면 특별한 대우를 받아 자아에 긍정적인 영향을 받는다면 감정적인 유대감을 느낄 수 있을 것이다.

그럼 일반적인 브랜드가 고객과 감정적인 유대감을 형성하려면 어

소득 수준에 따른 경험 소비와 물건 소비의 만족도

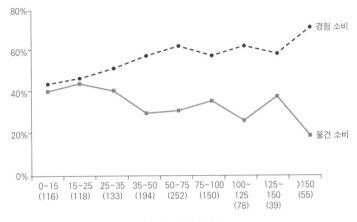

연간 소득 (단위:천 달러)

그래프의 %는 소득 수준에 따라 경험 소비와 물건 소비가 얼마나 행복감을 느끼게 하는지의 비율. ( ) 안의 숫자는 각 년간 소득에 해당하는 응답자 숫자임.
(출처: Leaf Van Boven and Thomas Gilovich, 〈To Do or to Have? That Is the Question〉, Journal of Personality and Social Psychology 85(6):1193-202 · January 2004)

떻게 해야 할까? '고객 경험'은 바로 이러한 자아 만족도와 큰 관련이 있다. 동일한 금액을 지불하더라도 물건을 구매하면서 얻은 만족도 대비 경험을 구매하면서 얻은 만족도가 더 오래 가고 더 큰 행복을 준다고 한다. 2003년 리프반 보벤과 토마스 길로비치는 21세에서 69세 사이의 미국인 대상으로 경험과 소유To do or To have에 대한 만족도 연구를 진행했다. 조사 결과, 다양한 이유로 사람들은 경험 소비를 할 때 물건을 구매하는 물질 소비에 비해 더 큰 만족도를 느끼는 것으로 나타났다. 그리고 위의 그래프에서 보듯이 소득 수준이 높을수록 물건을 소비해서 얻는 만족도보다 경험을 통해 얻는 만족도가 점점 더 커지는 것을 볼 수 있다. 즉 개인들은 물질적 소유에 투자하는 것보다 경험에 투자할 때 더 행복한 삶을 산다고 한다.[13]

최근 소셜 네트워크를 통한 라이프스타일의 공유가 이런 경험 소비의 가치와 복합적으로 시너지를 내고 있다. 고객들은 점점 더 특별한 '경험'에 초점을 맞추게 되었다. 이에 맞추어 기업들도 브랜드에 대한 고객 경험을 이전보다 많이 얘기하고 있다. 상품을 팔지 않고 체험하게 하는 다양한 콘셉트 매장과 체험 공간을 마련했다. 브랜드가 전하고자 하는 이미지를 보다 긍정적이고 유쾌하게 직접 경험하게 하려는 의도다.

먼 거리에도 불구하고 맛집과 분위기 있는 카페를 찾아가는 것은 음식을 먹거나 커피를 마시기 위한 것이 아니라 그 분위기와 장소를 경험하고 나누기 위한 것이다. 경험 소비의 일종이다. 하지만 분위기 좋은 카페가 고객의 충성도로 연결되는 경우는 크지 않다. 한두 번의 경험이면 족하다. 왜 그럴까? 그런 특별한 분위기의 카페들은 종류와 스토리가 다를 뿐이지 다른 곳에도 많기 때문이다. 그 브랜드만이 줄 수 있는 특별한 경험과 지속적인 애착을 만들어내는 유대감 형성이 함께 충족되어야 한다.

CJ ONE은 경험 마케팅으로 애착관계를 만들었다

2017년부터 시작한 CJ ONE의 문화 제휴 마케팅은 경험 마케팅의 좋은 사례다. '문화를 만듭니다'라는 CJ의 브랜드 슬로건에 맞게 VIP 고객들에게 CJ ONE과 제휴한 전시회를 이용할 수 있는 혜택을 주었다. 주로 대림미술관이나 예술의전당 등 특별한 전시였고 고객들의 접근성이 높은 곳이어서 VIP 행사를 하는 기간에는 거의 100미터 가까이 줄을 서는 일도 많았다. 나중에 제주도, 부산, 광주 등 일부 지역에서도 VIP 초대 제휴 행사를 진행했다. 이 행사는 CJ ONE 멤버십이 고객들과 감정적인 연결고리를 형성하는 데 큰 도움을 주었다.

CJ 브랜드가 추구하는 브랜드 아이덴티티인 '문화'와 CJ ONE VIP 회원으로서 받는 '문화' 혜택이 고객에게 훨씬 각별하게 각인이 되었고 이를 통해 CJ ONE과 CJ에 대한 고객들의 감정적인 충성도를 얻는 데 큰 기여를 했다. 특별한 문화 혜택을 경험한 고객도, 큰 홍보 효과를 얻은 미술관도, 그리고 고객들과의 감정적인 애착 관계를 맺게 된 CJ ONE도 모두 행복한 결과를 얻었다. VIP 고객 대상 문화 초대 행사는 해당기간의 소비와는 무관한 행사였다. 그럼에도 불구하고 참여한 고객들은 행사 참여 후 CJ ONE 제휴 브랜드의 소비를 더 많이 하는 효과를 보여줬다.

　동일한 구매 경험을 하더라도 물건 소비로 만들 것인지, 경험 소비로 만들 것인지는 전적으로 브랜드가 구매 전체의 경험을 어떻게 만들어주는지에 달려 있다. 동일한 쿠폰 할인 행사를 하더라도 어떤 형태의 쿠폰을 어떤 방식으로 어떤 메시지와 함께 전달하는지에 따라 단순 구매 유도 행사가 될 수도 있고 고객과의 감정적인 애착 관계 형성에 도움을 주는 행사가 될 수도 있다. 브랜드에 대한 소비를 단순 구매를 넘어선 경험 소비로 만들어야 한다. 고객의 행동적인 충성도를 넘어서 감정적인 충성도를 얻을 수 있도록 해야 한다.

애플과 아마존은 애착관계 형성으로 최고의 기업이 되었다

　1997년 스티브 잡스가 애플에 복귀하여 처음 만든 광고를 기억하는가? '다르게 생각하기Think Different–Here's the Crazy Ones' 광고다. 광고의 스토리는 무언가에 미친 사람들에 관한 얘기다. 알베르트 아인슈타인, 무하마드 알리, 간디, 밥 딜런 등 다른 사람들과 전혀 다른 생각과 미친 발상으로 한 분야에서 영웅이 되고 결국은 세상을 바꾼 사람들

스티브 잡스는 "나에게 마케팅의 본질은 가치다."라고 말하며 애플은 물건이 아니라 꿈을 파는 회사라고 했다. (출처: 위키피디아)

에 대한 존경과 찬사를 보내는 이야기다. 그리고 스티브 잡스는 '애플'이 그런 영웅들처럼 보통 사람들과 다른 혁신적인 생각을 통해 세상을 바꾸겠다는 브랜드의 가치를 전달했다. 광고 내 영웅들의 이미지는 애플 브랜드로 자연스럽게 연결되었다.

애플은 단순히 제품을 만드는 회사가 아니라 '다르게 생각하기'라는 혁신적인 가치를 만들어내고 세상을 바꾸는 브랜드가 된다. 물론 애플은 그런 혁신적인 가치에 부응하는 제품들을 만들어냈다. 아이팟, 아이폰, 아이패드, 에어팟은 기존의 제품 카테고리의 기능을 넘어서는 혁신적인 디자인과 고객 사용 경험을 제공했다. 애플이 전 세계에서 가장 사랑받는 브랜드이자 가장 열렬한 팬을 가진 브랜드인 이유다. 스티브 잡스는 "애플은 물건이 아니라 꿈을 파는 회사"라고 했다.

애플 외에 어떤 브랜드가 가치를 팔고 고객과의 감정적인 애착 관계를 만들어내는가? 그런 브랜드들의 특징은 지나칠 만큼 고객에게 집착

아마존의 제프 베조스는 이렇게 말했다. "일반적으로 모든 기업은 경쟁사를 앞지를 방법을 고민하지만 우리는 오직 고객에게 도움이 될 방법만을 고민한다."라고 말했다. (출처: 아마존)

하고 고객의 가치에 집중한다. 그리고 고객들은 그 브랜드의 가치를 결국은 알아본다. 그리고 그런 브랜드에 감정적인 충성심을 가진 열렬한 팬이 된다. 구매 행동은 말할 것도 없다.

애플과 전 세계 브랜드 가치에서 1, 2위를 다투고 있는 또 다른 고객 중심의 브랜드 아마존의 제프 베조스는 이렇게 말했다. "대부분의 기업은 경쟁사를 앞지를 방법을 고민하지만 우리는 오직 고객에게 도움이 될 방법만을 고민한다. 경쟁 업체에 초점을 맞추면 경쟁업체가 무언가를 할 때까지 기다려야 한다. 하지만 고객에게 초점을 맞추면 더욱 선구적으로 앞서 나갈 수 있다." 고객에게 초점을 맞춘 아마존이 한 일은 애플과 비슷하다. 남들이 하지 않은 일들을 가장 먼저 진행했다. 그래서 3억 명이 넘는 전 세계의 온라인 고객들이 아마존에서 쇼핑한다.

아마존이 고객에게 초점을 맞추면서 어떤 고객 경험을 만들어냈는가? 도서만 판매하던 1997년에 이미 아마존은 상품권, 원클릭 결제, 풍부한 상품 후기, 검색 옵션, 개인화된 추천 기능 등을 제공했고 가격을 낮추었다. 이런 활동은 고객 가치 확대로 이어졌고 아마존은 고객들의 반복구매와 입소문 덕분에 온라인 도서 판매 시장의 리더가 되었다.[14]

아마존은 오늘날까지도 '고객에게 집착하라'는 브랜드 원칙을 유지하며 고객 경험을 혁신하는 선도 브랜드 중 하나다. 모든 열렬한 팬을 가진 성공한 브랜드의 공통점은 비즈니스 중심에 '고객'이 있다. 제품 개발부터 생산, 유통, 마케팅, 전략, 물류, 커뮤니케이션의 모든 단계에서 고객 경험을 최고로 혁신하기 위해 노력한다.

2장

왜 빅데이터는 고객 경험의 무기가 되는가

BIG DATA

1

빅데이터가 자원이다

넓은 의미에서의 데이터는 의미 있는 정보를 가진 모든 값이나 신호다. 숫자, 문자, 기호의 형태로 보통 표현된다. 이런 데이터에 의미가 부여될 때 그것을 정보라고 부른다.

데이터가 데이터로써 의미가 있으려면 그 정보를 의사결정에 활용해야 한다. 숫자 데이터는 그 자체로는 하나의 숫자적 의미를 나타낼 뿐이다. 하지만 다른 데이터들과 통합되거나 연결될 때 원래의 데이터를 넘어서는 가치를 가지게 된다. 하나의 데이터도 누가 언제 어디에서 어떤 목적으로 활용하는지에 따라 존재 목적을 다르게 부여할 수 있다. 데이터의 가치를 결정하는 것은 데이터를 통해 얻어지는 가치이다.

숫자는 이미 인류가 생긴 이래 문자와 함께 사용한 가장 기본적인 데이터다. 특히 기업 데이터는 기업의 매출과 성과와 업무의 기본이 되는 정보다. 기업을 운영하면서 목표를 수립하고 목표 달성을 위한 전략을 수립하고 수행하며 그 성과를 측정하는 모든 프로세스의 핵

데이터를 제대로 활용하지 못하는 기업은 경쟁이 치열한 비즈니스 세계에서 영속성을 담보
할 수 없게 됐다. 그 이유는 무엇일까? 바로 비즈니스의 세상이 오프라인 세계에서 온라인,
즉 디지털 시대로 변환됐기 때문이다.

심에는 데이터가 있다. 특히 비즈니스의 재무적인 정보, 경쟁사와의 판매량, 매출 비교, 시장 및 고객 통계 및 트렌드 등 숫자의 비교를 통해서 결과와 의미를 해석한다. 어느 기업, 어느 부서를 막론하고 데이터는 중요하다.

그런데 갑자기 빅데이터라는 용어가 나왔다. 그러면서 우리가 가진 데이터가 무엇인지, 그 데이터를 어떻게 활용할 수 있는지, 그 데이터로 돈을 벌 수도 있는지 궁금해하는 사람들이 늘어나기 시작했다. 최근 데이터의 중요성은 기존 시대의 데이터의 중요성과는 차원이 다르다. 제대로 데이터를 활용하지 못하는 기업은 경쟁이 치열한 비즈니스 세계에서 영속성을 담보할 수 없게 됐다. 그 이유는 무엇일까? 바로 비즈니스의 세상이 오프라인 세계에서 온라인, 즉 디지털 시대로 변환됐기 때문이다.

스마트폰이 디지털 전환을 이끌었다

오늘날 같은 본격적인 디지털 시대로의 전환을 이끈 것은 말할 것도 없이 스마트폰이다. 그리고 현재의 디지털 시대를 이끌어가는 거대 글로벌 플랫폼 기업들은 스마트폰 출현 전후로 사업의 성장이 급속도로 커졌다고 해도 과언이 아니다. 스마트폰을 통해 모든 개인이 디지털 세상에 24시간 접속이 가능해지면서 급격히 디지털 시대로 모든 비즈니스가 바뀌기 시작했다. 기존의 아날로그 중심의 사업들은 디지털 플랫폼 기반의 사업에 종속되거나 아니면 심지어 디지털 플랫폼에 의해 파괴되고 있다.

스마트폰 출시 이후에도 초반에는 그 작은 스마트폰 화면 안에서 볼 수 있는 것은 한계가 있다고 생각해서 PC 중심의 온라인 비즈니스를 수행했다. 그리고 여전히 오프라인이 대세였다. 2010년대 초반만 해도 온라인 쇼핑몰은 많았어도 모바일 쇼핑을 위한 앱은 많지 않았다. 스마트폰은 다양한 제품을 조회하거나 이미지와 상세 설명을 보기에 너무 작다고 생각해 개발 비용이 큰 앱 출시 결정을 과감하게 내리지 못하는 분위기였다. 그러나 불과 10년도 안 되어 '모바일 프리퍼드Mobile Preferred'와 '모바일 퍼스트Mobile First'를 넘어서 '모바일 온리Mobile Only' 시대가 되었다.

스마트폰을 통한 디지털 시대에 가장 중요한 특징이 세 가지가 있다. 첫째, 각 개인과 디지털 플랫폼이 스마트폰이라는 기기를 통해 일대일로 매칭Matching되었다는 점이다. 하나의 기기는 그 기기를 소유한 사람만 사용한다. 집에서 공유하는 PC와 다른 점이다. 둘째, 하나의 기기를 통해 24시간 끊임없이 온라인에 연결이 가능해졌다. 원한다면 365일 24시간 동안 각 개인은 플랫폼에 접속할 수 있다. 셋째, 장소 불문하고 이동을 하는 동안에도 그 연결성이 유지되는 모빌리티Mobility를 가졌다는 점이다. 요즘 시대에 지갑을 두고 다닐 수는 있어

도 스마트폰을 두고 다니는 사람은 없다. 잠을 자기 직전까지도 스마트폰으로 카톡하고 문자하고 전화하고 쇼핑하다가 잠이 든다.

기술의 급진적인 발전도 도움이 되었다. 유선 네트워크 못지않은 무선 네트워크의 속도와 안정성 확보, 소비자가 쉽게 접근할 수 있는 지불 가능한 수준의 비용, 전 세계의 소비자가 24시간 디지털 세상에서 놀아도 문제없이 처리할 수 있는 수준의 데이터 저장 용량 및 처리 속도 등의 발전 말이다.

디지털 시대의 서비스 이용 방식이 바뀌었다

이런 디지털 시대에 서비스, 상품, 소비자의 서비스 이용 방식은 어떻게 변했을까? 전화는 음성 중심의 전화기와 휴대폰을 거쳐 음성과 데이터가 모두 가능한 스마트폰으로 진화했다. 편지라는 소통 수단은 이메일이라는 온라인 채널을 거쳐 카카오톡이나 페이스북 메신저라는 스마트폰 메신저 서비스로 발전했다. 전화 통화보다 카톡이 더 편리한 세상이 됐다. 상대가 읽었는지 확인 불가능한 문자 대신 읽으면 읽었다고 알려주는 카톡을 선호한다. 일대일이 아닌 단체가 모여 서로 얘기하는 단톡방도 가능하다. 글자 대신 사진이나 동영상을 보낼 수도 있고 실시간으로 화상 통화도 가능하다. 이 모든 것이 음성 서비스가 아닌 데이터 서비스로 가능하게 되었다.

 TV라는 동영상 콘텐츠를 즐기는 매체는 온라인의 동영상 플랫폼 방식으로 진화했다. 정해진 시간에 정해진 드라마나 뉴스를 보던 방식에서 벗어나 보고 싶은 콘텐츠를 골라서 볼 수 있게 되었다. TV가 없어도 모바일 OTT(Over the Top) 플랫폼을 통해 실시간 방송을 시청한다. 쇼핑 장소는 오프라인의 점포에서 온라인몰이라는 가상의 디지털 판매 공간으로 이동했다. 개점 시간과 폐점 시간이 따로 있는 오프라인 점포와 달리 온라인에서는 원하는 시간에 언제든지 원하는 상품을 찾아보고 주문할 수 있다.

 사진을 찍는 방식은 필름 카메라에서 디지털 카메라를 거쳐 스마트폰 카메라로 진화했다. 스마트폰에 카메라 모듈을 부착하고 카메라 기능이 적용되면서 사진은 저장을 넘어 온라인상에서 쉽게 전달하고 공유하는 핵심 콘텐츠다. 오늘날 사진은 저장이나 인쇄를 위해서가 아니라 누군가와 순간을 공유하기 위해 찍는다. 동네 오락실에 있던 게임기는 온라인과 스마트폰 안으로 들어왔다. 디지털 시대의 게임은 나 혼자의 게임이 아니다. 전 세계 모든 이용자가 자기가 원할 때 게임에 참여해 자기의 게임을 한다. 몇 명이 동시에 한 팀이 될 수도 있고 적이 되어 할 수도 있다.

 이러한 서비스 산업의 변화를 모르는 사람은 없다. 우리가 이미 일상에서 모두 사용하고 경험하기 때문이다. 하지만 빅데이터에 대해서는 아직 잘 모르는 사람들이 많다. 데이터라고 하니 어려운 것이다. 빅데이터도 어렵지 않다. 바로 위에 열거한 다양한 산업들이 디지털 방식으로 전환되면서 결과적으로 나타나게 된 것이 바로 빅데이터이기 때문이다.

예전에 아날로그 방식의 산업에서는 만들 수도 구할 수도 없었던 수많은 정보들이 디지털 시대에 다양한 방식의 신호로 존재하게 되었다. 기록되고 저장된 신호들을 그냥 버리거나 잊지 않고 정보로 활용할 수 있는 형태의 데이터로 수집하고 저장하고 분석하면서 빅데이터라는 용어와 산업이 생겨났다. 빅데이터는 디지털 시대로의 전환에 따른 부산물이라고 볼 수 있다. 그런데 그 부산물인 데이터가 메인 비즈니스보다도 더 가치 있게 평가되기도 하고, 그 데이터를 어떻게 활용하느냐가 비즈니스의 운명과 성장을 가르기도 한다.

디지털 시대의 콘텐츠 이용 방식이 바뀌었다

지금으로부터 10년 전만 해도 주말 저녁에는 가족들이 모두 거실에 모여 TV를 봤다. TV 시청률이 가장 높은 방송이 토요일과 일요일 저녁 8시에 하는 주말 드라마였다. 학교나 직장을 가지 않는 주말인 토요일 저녁의 〈무한도전〉과 일요일 저녁의 〈일요일 일요일 밤에〉는 모든 세대에게 사랑받았다. 좋아하는 방송이 있으면 약속을 잡지 않고 그 시간에 집에 있어야 했다.

역대 최고 시청률을 자랑하는 드라마 〈모래시계〉는 1995년 1월 9일부터 1995년 2월 16일까지 매주 월요일부터 목요일까지 방영했다. 총 24부작으로 평균 시청률 50.5%에 최고 시청률 64.5%라는 전무후무한 시청률을 기록했다. 대한민국 거의 모든 TV 있는 가정에서는 〈모래시계〉를 봤다는 말이다. 신문의 가장 큰 역할 중 하나도 TV 채널별 방송 시간표를 알려주는 것이었다. 긴 연휴가 되면 신문에서 방송 시간표와 연휴 영화 소개 요약을 오려서 따로 보관하고 있기도 했다. 보고 싶은 방송을 놓치지 않으려면 시간표는 필수였다.

오늘날은 어떤가? 모두 각자의 방에서 IPTV, 스마트폰, PC 등으로 각자가 원하는 콘텐츠를 본다. 온 가족이 거실에 모이는 일은 거의 없다. 각자 자기 취향에 맞는 콘텐츠를 본다. 재방송을 기다릴 필요도 없다. 실시간 방송이 끝나면 해당 방송의 VOD가 바로 서비스된다. 언제든 몇 번이든 반복 시청도 가능하다. 물론 '본방사수'라는 이름으로 사전에 방송 시간표를 꿰차고 기억해서 보기도 한다. 본방을 보는 이유는 나중에 보기 힘들기 때문이 아니라 콘텐츠를 오픈하는 바로 그 순간을 놓치지 않고 함께 즐기기 위해서이고, 다른 사람들로부터 스포일러를 당하지 않기 위해서이다. 그리고 '본방사수'라는 미션 달성을 통해 콘텐츠 또는 콘텐츠에 출연하는 배우나 가수에 대한 애정을 보여주고 싶어서다. 시청률은 곧 배우나 가수 등 연예인의 인기 지표이기도 하니까 말이다.

디지털 시대가 되면서 드라마, 뉴스, 연예방송, 음악방송 등의 콘텐츠를 즐기는 시청 하드웨어가 바뀌었고 시청 장소와 시청 시간이 바뀌었으며 시청 횟수도 바뀌었다. 디지털 방식으로 전환되면서 생긴 콘텐츠 서비스의 가장 큰 변화는 두 가지다. 콘텐츠 소비 결정권의 이동과 쌍방향 실시간 소통이 가능해졌다는 점이다. 첫 번째 변화는 콘텐츠 소비결정권의 변화이다. 아날로그 시대에는 공급자의 일방적인 결정으로 콘텐츠의 방영 시간과 장소와 빈도가 결정됐지만 디지털 시대에는 TV를 통한 첫 방송 시간을 제외하고는 콘텐츠 시청에 대한 시간과 장소와 횟수 등 모든 것을 시청자가 직접 결정한다. 콘텐츠 시청과 관련된 의사결정이 시청자에게 넘어갔다는 것이다.

두 번째 변화는 쌍방향 실시간 소통이 된다는 점이다. 예전에는 TV 드라마를 보면 같이 보는 사람들끼리 같이 웃고 울고 욕하면서 봤다.

아날로그 시대와 디지털 시대의 콘텐츠 이용 방식 변화

	아날로그·TV 시대	디지털·OTT 시대
누가(Who)	TV 소유한 가족	기기를 소유한 개인
언제(When)	방송국이 송출하는 시간	송출 시간 및 서비스하는 모든 시간
어디서(Where)	TV가 있는 공간	네트워크와 연결되는 어디서든
무엇을(What)	해당 시간 송출하는 콘텐츠	서비스 오픈된 모든 콘텐츠
어떻게(How)	TV 수신 실시간으로	실시간 및 VOD 서비스 방식으로
횟수(How many)	방송사가 송출하는 만큼	원하는 만큼 얼마든지 가능 이어보기와 다시보기 가능

다음날 삼삼오오 모여 드라마 얘기를 나누었다. 감상을 나누는 단위가 내 주변뿐이었다. 지금은 어떤가? 콘텐츠를 시청하면서 동시에 본인의 생각을 댓글과 감상평 등의 형식으로 온라인 플랫폼 어디에나 남길 수 있고 실시간으로 해당 감상에 대한 사람들의 공감과 댓글을 확인할 수 있다. 디지털 방송의 송출은 지역과 국경을 넘어서서 가능하기 때문에 실시간 소통과 후기의 범위도 단순히 방송하는 지역의 한계를 넘어선다.

콘텐츠의 인기 척도는 시청률이 아니다

방송사가 일방적으로 콘텐츠를 송출하던 시기에는 콘텐츠의 화제성과 인기는 단연코 시청률로 나타났다. 시청률 결과는 해당 콘텐츠의 인기 지표였고 시청률에 따라 방송국의 희비가 엇갈렸다. 단순히 인기 때문이 아니다. 시청률이 고수익을 확보하는 근거 데이터이기 때문이다. 시청률에 따라 광고 갯수와 광고 단가가 좌우됐다. 당연히 시청률이 높은 콘텐츠일수록 비싼 가격에 광고를 판매할 수 있었다. 시청률이 높은 드라마는 재방송도 좋은 시간에 하면서 추가적인 광고 수익을 창출했다. TV 앞으로 시청자를 끌어들이는 방송사의 위상이 매우 높을 수밖에 없었다.

디지털 시대는 어떠한가? 시청률만으로 인기를 측정하지 않는다. 물론 인기 있는 드라마나 예능은 시청률이 상대적으로 높다. 하지만 해당 시간에 TV를 통해 시청하지 않더라도 콘텐츠를 다시 볼 방법이 많이 있다. 이제 TV 앞을 지킬 필요는 없어졌다. 시청률과 비슷한 정량적 개념으로 TV 외에 실시간으로 방송을 같이 송출하는 OTT 플랫폼의 접속자, 조횟수, 스트리밍 수로 인기를 측정할 수 있다. 각 콘텐츠를 실시간으로 방송하는 시간에 모바일로 접속한 실시간 시청자 유입량이나 이후 VOD 조회 수를 체크해서 시청자의 반응을 체크하는 것이 더 정확하다. 인기 드라마라면 모바일이나 PC를 통한 시청자의 트래픽을 우려해 해당 방송 시간에 시스템 모니터링을 하기도 한다. 방송을 진행하는 동안 OTT 플랫폼에 시청자가 몰려 다운되거나 접속이 지연되면 그만큼 인기가 높다는 신호다.

또한 콘텐츠의 인기는 온라인상에서 소셜 네트워크의 해시태그(#), 온라인 검색어, 온라인 댓글, 좋아요, 구독수 등 여러 형태로 나타난다. 그리고 세대별, 연령별, 성별, 지역별 선호도도 온라인 데이터를 통해 더 정확히 측정할 수 있게 되었다. 각 방송에 대한 시청자들의 소감, 이후 스토리에 대한 각자의 예측, 출연한 배우나 OST에 대한 반응에서부터 배우가 입고 나온 옷, 촬영한 장소, 사용한 물건까지 모든 정보가 거의 실시간으로 공유되고 전파된다. 그리고 관련된 네티즌들의 행동과 반응이 데이터로 남는다. 우리는 이 데이터들을 모두 '빅데이터'라고 부른다.

최근에는 이러한 온라인상에서의 실시간 소통지수와 이후의 온라인상에서의 파급력을 기준으로 'TV 화제성 지수'를 만들어 발표하는 회사가 있다. 빅데이터 전문회사인 굿데이터코퍼레이션이다. 굿데이터에서는 온라인상에서 특정 TV 프로그램 관련 정보가 얼마나 생성되었고 네티즌들이 이 정보를 얼마나 인지하고 관심을 보이며 소비했는지를 측정해서 지수화했다. TV 시청률이 샘플 모집단 대상으로 방송이 송출되는 시간 동안 분 단위로 실시간 측정해 평균과 최고치를 내는 데 비해 TV 화제성은 방송 후 일주일간 온라인상에서 발생한 긍정과 부정의 모든 여론을 포함해서 측정한다. 따라서 그 기간 내에 본 방송 외에 VOD나 동영상 클립, 방송 관련 신문 기사, 소셜 네트워크상에 언급된 모든 반응이 조사 대상이다. 기존의 시청률 조사는 정량 집계인 데 비해 온라인의 화제성 지수는 고객들의 실시간 반응을 체크한 것이기 때문에 양적인 집계뿐 아니라 무엇 때문에 인기가 있는지 '왜Why'에 대한 원인 분석이 포함된다는 장점이 있다.

TV의 콘텐츠라는 영역 하나에서도 방송국이나 광고를 노출하고자 하는 기업이 의사결정을 위해 사용하는 데이터가 예전에는 시청률이라는 숫자와 정성적인 주변의 반응 정도였다면 디지털 시대에는 엄청나게 다양한 채널에서 다양한 방식의 데이터와 시청자의 반응이 존재한다. 특히 방송국이 티빙Tving이나 웨이브Wavve 등 자체적인 동영상 플랫폼 서비스까지 운영하는 경우, TV 외의 디지털 기기에서 고객들이 로그인하고 시청하는 행위와 관련된 모든 정보를 데이터로 저장하여 측정과 분석을 할 수 있게 되었다. 시청 여부를 체크할 수 없는 TV와 다르게 스마트 기기를 이용한 플랫폼의 시청자는 각 개인의 정보를 회원가입이라는 활동을 통해 제공하므로 각각의 콘텐츠를 시청하는 시청자와 관련한 많은 정보의 파악이 가능하다. 이는 기존과는 다

드라마 TV 화제성 톱10

순위	방송사	프로그램명	점유율	순위증감	
1	JTBC	이태원 클라쓰	37.65	–	0
2	tvN	하이바이, 마마!	11.9	▲	1
3	SBS	하이에나	6.82	▲	1
4	JTBC	날씨가 좋으면 찾아가겠어요	5.33	▲	1
5	tvN	머니게임	5.20	▲	1
6	tvN	방법	4.40	▲	2
7	SBS	아무도 모른다	3.89	NEW	
8	KBS2	사랑은 뷰티풀 인생은 원더풀	2.73	▽	1
9	KBS2	포레스트	2.53	–	0
10	tvN	우아한 모녀	2.24	–	0

드라마 출연자 화제성 톱10

순위	방송사	프로그램명	출연자	순위증감	
1	JTBC	이태원 클라쓰	박서준	▲	1
2	JTBC	이태원 클라쓰	김다미	▽	1
3	tvN	하이바이, 마마!	김태희	–	0
4	SBS	하이에나	김혜수	▲	1
5	JTBC	이태원 클라쓰	권나라	▲	7
6	tvN	하이바이, 마마!	고보결	▲	20
7	SBS	하이에나	주지훈	▲	3
8	SBS	아무도 모른다	김서형	NEW	
9	JTBC	날씨가 좋으면 찾아가겠어요	박한별	▽	2
10	tvN	머니게임	우태오	▲	3

(출처: 굿데이터 코퍼레이션)

른 레벨에서의 데이터 가치를 제공한다.

예전에는 인기 있는 드라마나 예능의 전후로 광고를 송출해 최대한 많은 시청자에게 브랜드를 노출하는 것이 중요했다. 인기 드라마

아날로그 시대와 디지털 시대의 측정 데이터의 변화

	아날로그·TV 시대	디지털·OTT 시대
시청 지표	TV 시청률 (지역별, 연령대별)	TV 시청률(지역별, 연령대별) 디지털 서비스 이용자 수 및 관련 데이터 (실시간 동시 접속자수, 실시간 스트리밍수, VOD 이용자수, VOD 이용횟수, VOD 시청시간, 댓글수, 좋아요 수 등)
시청자 반응 정보	신문 기사	검색어, 신문 기사, 시청 후기, 실시간 토크, 카페 및 블로그, 소셜 네트워크 이미지 및 동영상, 콘텐츠별 조회 수, 댓글수, 좋아요·싫어요 반응수 및 내용 소비자 편집 이미지 및 동영상
콘텐츠 업체	원본, 방송분 파일 및 주요 이미지	원본, 방송분 파일 주요 장면 쇼트 클립 및 이미지, 재편집 영상
데이터 특징	샘플 통계 데이터로 개인 식별 불가능	개인 식별이 가능해짐 연령별, 지역별, 시간별, 플랫폼별 구분하여 데이터 분석 가능 사용자 시청한 전체 콘텐츠 데이터 연관 분석 가능

는 광고비가 비싸더라도 확실히 많은 소비자에게 도달했기 때문에 비싼 값에도 불구하고 해당 시간대를 잡아야 했다. 각 브랜드가 가진 광고비 총액을 각 채널에 어떻게 배분하면 가장 많은 소비자에게 노출이 가능해질까 하는 것은 중요한 의사결정이었다. 제일기획 같은 광고 기획사는 브랜드 광고 기획과 제작뿐 아니라 매체별 광고 편성 전략까지 제안하고 실제 방송사와 계약해 광고 송출을 집행했다.

지금은 대안이 많다. 무엇보다 가지고 있는 제품이나 서비스의 타깃 고객이 명확하다면 콘텐츠의 인기보다는 타깃 고객이 어떤 것을 보는지를 기준으로 광고 채널을 결정한다. 각 콘텐츠의 주요 고객층을 더 명확히 파악할 수 있고 주로 어디서 언제 어떤 형태로 보는지를 파악할 수 있게 되었다. 이는 광고비를 보다 효과적으로 집행하게 만들어

빅데이터의 4V

(출처: IBM)

준다. 콘텐츠 제작하는 방송국이나 제작사 입장에서도 디지털 시대에 수집 가능한 데이터들은 애초 목표로 한 타깃 시청자층의 반응과 관심도를 파악할 수 있게 해준다. 나아가 향후 콘텐츠 제작 시 참고할 수 있는 많은 데이터를 축적하게 해준다.

빅데이터의 특징을 이해하자

디지털 전환 시대가 되면서 생기는 많은 데이터를 빅데이터라고 부르는 이유는 무엇인가? 바로 3V라는 데이터의 속성 때문이다. 3V는 Volume(데이터의 양), Variety(데이터 종류의 다양성), Velocity(데이터의 증가 속도)이다. 다양한 방식의 데이터가 기하급수적으로 늘어나 엄청난 양으로 존재하기 때문에 빅데이터라고 부르게 되었다. 그리고 최근에는 Veracity(데이터의 진실성)를 포함해 4V로 얘기하기도 한다. 3V의

빅데이터 현황

3,812,627,475
전 세계 인터넷 사용자

1,310,822,638
웹사이트

213,276,880,075
이메일

4,983,736,152
구글 서치

4,683,805
블로그 포스트

609,153,469
트위터

(출처: 박창규, 『콘텐츠가 왕이라면 컨텍스트는 신이다』)

특성에 의해 빅데이터 안에는 오류 데이터도 포함이 되어 있다. 따라서 Veracity는 정제를 통한 데이터 가치 확대가 필요하다는 의미이다.

빅데이터는 그 크기와 양과 다양성으로 인해 기존의 숫자 데이터와 다르게 분석하는 데 많은 시간과 기술이 소요된다. 숫자 데이터는 기업이 이미 가지고 있는 기존의 기술로도 충분히 분석 가능하고 심지어 엑셀만 활용해도 웬만한 분석이 가능하다. 하지만 텍스트 같은 정형화되지 않은 데이터들은 분석하기 전에 텍스트 자체를 분해하고 의미 있는 단위로 쪼개는 등의 기술적 작업이 필요하다. 아직도 비정형화된 텍스트, 이미지, 동영상, 센서의 온라인 로그 등의 빅데이터를 충분히 활용하지 못하는 이유다. 그리고 이런 이유로 빅데이터는 아직도 기존의 데이터에 비해 더 중요하고 특별하게 대우받는다.

빅데이터를 제대로 활용하자

고객이 원하는 것을 알기 위해서는 변화하는 트렌드와 고객의 행동 데이터를 복합적으로 활용해야 한다. 단편적인 정보로는 퍼즐을 맞출

기업이 활용 가능한 데이터 종류

	구조화된 데이터	비구조화된 데이터
기업 내부 데이터	고객(이름, 휴대폰, 이메일, 주소 등) 구매(시간, 매장, 상품, 개수, 구매단가, 총금액) 결제(결제방식, 이용카드, 제휴할인, 결제금액) 온라인(아이디, 로그인) 쿠폰(발행, 사용, 보유, 할인액) 멤버십(등급, 포인트, 적립, 사용) 이벤트(행사 조회, 참여, 응모, 당첨) 평점(상품, 평점)	검색 로그(조회, 클릭, 장바구니, 관심 상품) 위치(앱을 통해 파악하는 경우) 텍스트(후기, VOC 등) 이미지(상품 정보, 사용 후기 등) 신호(카메라 센서, 위성항법시스템, 사물인터넷, 와이파이 등)
외부 데이터	공공(인구, 가구, 도소매, 상권, 교통, 통신, 건설, 수출입 등 통계청 데이터) 날씨(관측·예보) 주소, 상권, 부동산, 교통 등 공공 데이터	소셜 미디어(블로그, 카페, 인스타그램,유튜브 등) 포털 데이터(검색, 연관어 데이터 등) 온라인몰 데이터(상품 정보, 가격 데이터 등)

수 없다. 기업 내부 정보는 세부적이고 고객과 연결 가능한 장점이 있지만 전체 시장에 대해 파악할 수 없는 단편적인 데이터다. 외부 데이터는 전체 추세와 현황을 파악하는 데는 도움이 되지만 통계 데이터이기 때문에 고객 개인별 분석은 불가능하고 충분히 세부적이지도 않다. 하지만 전체 시장의 흐름과 고객들의 라이프스타일을 파악하기 위해서는 외부의 추세 정보를 보는 것이 필요하다. 따라서 기업은 데이터를 통해 얻고자 하는 각각의 목적을 달성하기 위해 다양한 형식의 데이터를 기업 내외로부터 수집하고 확보해 결합하고 통합 분석을 해야 한다.

기업에서 활용 가능한 데이터는 출처에 따라 내부 데이터와 외부 데이터로 나눌 수 있고 데이터의 저장 형식에 따라 구조화된 데이터와 비구조화된 데이터로 나눌 수 있다. 비구조화된 데이터도 데이터 형태에 따라 텍스트, 이미지, 동영상, 로그 데이터, 위성항법시스템GPS 위치 데이터와 신호 데이터 등으로 구분이 가능하다. 데이터의 종류에 따라 데이터의 수집 및 저장 방식에 차이가 있고 그에 따라 인프라와 솔루션이 제대로 확보되어야 한다. 구조화된 데이터는 기본의 데이터베이스 방식으로 저장해 관리하기 때문에 수집은 용이하나 추후에 분석과 활용을 용이하게 하기 위해 데이터 필드나 기준 정보 관리 체계를 명확히 해놓는 것이 중요하다.

한 기업이 데이터를 분석하기 전에 어떤 데이터를 가지고 있는지와 어떤 방식으로 활용하는지를 아는 것은 매우 중요하다. 대부분의 기업이 빅데이터 관련해서 쉽게 시작하지 못하는 이유는 기업이 어떤 데이터를 가지고 있는지와 그 데이터를 어떻게 분석하고 활용하는지를 모르기 때문이다. 특히 CEO와 경영진 레벨에서 보유 데이터의 종류와 의사결정이나 고객 접점에서의 활용 사례와 보유 역량 및 필요 역량에 대해서 잘 모르기 때문에 무엇을 해야 할지, 어떤 것부터 해야 할지 방향과 전략을 제시하기 어렵다.

데이터의 종류가 다양한 것처럼 데이터 전문가의 기술이나 역량도 다양하다. 텍스트 데이터의 수집 기술을 가진 사람, 로그 데이터를 수집하는 사람, 데이터를 가지고 분석하는 사람, 실제 사이트에서 고객 대상으로 솔루션을 개발하고 적용하는 사람은 같은 기술을 가진 사람이 아니다. 막연히 빅데이터 전문가를 뽑고 조직을 만들어도 데이터 전체에 대해 수집부터 저장하고 분석하고 고객 접점에서 활용하는 데까지 제대로 연결이 안 될 가능성이 크다. 수집, 저장, 데이터 추출은 인프라와 프로그래밍 관련 업무지만 분석하고 활용하는 것은 비즈니스 관련 업무이기 때문이다.

기업이 아는 것과 모르는 것, 가지고 있는 것과 가지고 있지 않은 것을 명확히 하고 나면 해당 데이터를 어디에 사용하는지 알 수 있게 되고 제대로 활용하는지의 파악을 통해 현재 기업의 데이터 수집과 이용

각 기업의 데이터 항목별 보유, 분석, 활용 수준 진단

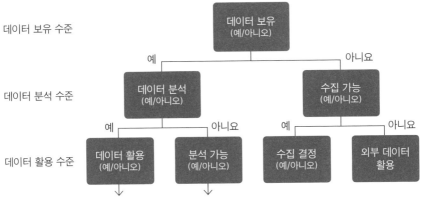

데이터 보유 수준 — 데이터 보유 (예/아니오)

예 / 아니요

데이터 분석 수준 — 데이터 분석 (예/아니오) / 수집 가능 (예/아니오)

예 / 아니요 / 예 / 아니요

데이터 활용 수준 — 데이터 활용 (예/아니오) / 분석 가능 (예/아니오) / 수집 결정 (예/아니오) / 외부 데이터 활용

세부 내용·솔루션
'예'라면 세부 분석 및 활용 가능 방안에 대한 계획 수립
'아니오'라면 어떻게 수집하고 분석하고 활용할지에 대한 의사결정

수준을 파악할 수 있다. 데이터는 있는데 분석에 활용하지 않고 있다면 분석과 활용 사례의 파악을 통해 의미 있게 활용하는 방법에 집중해야 한다. 만약에 데이터가 어딘가 있지만 분석 가능한 형태로 저장되고 있지 않다면 수집하고 저장하는 체계부터 만들어야 한다. 그리고 보유하고 있지도 않고 내부적으로 수집하는 것도 어렵다면 외부에서 해당 데이터를 파악하거나 제공받을 방법이 있는지 확인해야 한다.

　데이터 수집과 분석 활용 수준을 데이터 관점에서 출발하면 자칫 있는 데이터 기준으로 분석과 활용에 집중하게 될 가능성이 크다. 고객 관점이나 비즈니스 성과 관점에서 오픈된 질문을 하면 해당 질문에 답변하는 데 필요한 데이터를 거꾸로 생각하게 되고 좀 더 다양한 관점에서의 데이터에 대한 궁금증과 니즈를 발견할 수 있다. 따라서 데이터 분석과 활용 관점에서 데이터 관점의 접근과 최종 사용 목적인 고객과 비즈니스 관점에서의 접근은 항상 동시에 진행이 되어야 한다.

2

내부 데이터부터 제대로 활용하자

전통적인 유통의 포스POS 데이터와 회원가입을 기본으로 하는 비즈니스의 고객 데이터는 빅데이터라는 용어 이전부터 존재하던 데이터다. 자칫 빅데이터에 초점을 맞추다 보면 기존에 각 기업이 가지고 있는 포스 데이터의 가치를 놓치기 쉽다. 포스 데이터와 고객 데이터는 그 데이터를 가지고 있는 유통뿐 아니라 유통을 통해 상품을 판매하는 제조사 입장에서도 가장 중요한 데이터이고 활용가치가 높다.

포스 데이터에 담긴 정보를 활용하자

포스 데이터는 고객이 결제하는 시점에 집계되는 모든 데이터이다. 영수증에 표기되는 모든 사항은 데이터로서 저장되고 있다. 결제 데이터인 포스 데이터는 매출과 이익 등 재무제표 계산의 기본이 된다. 기업은 포스 데이터를 통해 5W1H의 데이터 중 '왜Why'를 제외한 거의 대부분의 분석이 가능하다. 언제 어디서 누가 어떤 상품을 얼마의 가격에 얼마나 자주 구매하는지, 얼마나 많이 구매하는지, 어떤 지불 수단으로 결제했는지 등의 정보는 기본적으로 고객의 포스 데이터를 통해서 알 수 있다.

하나의 영수증 안에 있는 데이터는 해당 거래를 통해 어떤 상품들을 언제 어디서 구매했는지 보여준다. 하지만 각각의 다른 영수증의 관계를 통합해서 분석할 수 있도록 해주는 데이터는 고객 데이터다. 고객을 기준으로 연결된 각각의 영수증은 누가 어떤 주기로 방문해서 무엇을 사는지에 대해 제대로 된 인사이트를 제공한다. 고객 데이터가 없다면 각 영수증 데이터는 통합되지 않고 독립적으로 존재할 수밖에 없다.

멤버십 고객 데이터를 분석에 활용하자

대부분의 유통은 고객의 회원가입을 유도하는 멤버십 프로그램을 운영한다. 자주 오는 고객일수록 포인트 적립이나 추가 할인을 받을 수 있는 멤버십 회원에 가입한다. 상품을 구매할 때마다 거래에 대한 보상으로 포인트 적립을 받는다. 포인트 적립은 유통 기업 입장에서는 각 고객에게 지불해야 하는 부채 비용이다. 하지만 그럼에도 멤버십을 운영하는 이유는 누가 우리의 고객이고 그 고객이 얼마나 자주 방문해서 어떤 상품을 얼마나 많이 구매하는지를 알기 위해서다. 즉 고객 기준의 분석이 필요하기 때문이다. 물론 온라인몰이라면 멤버십을 따로 운영하지 않더라도 회원 아이디 기준으로 각 영수증은 통합된다.

회원의 매출 비중이 높을수록 고객에 대한 정확한 인사이트 확보가 가능해진다. 얻어진 인사이트 기반으로 고객에게 맞는 적절한 커뮤니케이션을 통해 고객과의 관계를 형성할 수도 있다. 고객 데이터를 가지고 있으면 주소 등의 고객 개인정보를 통해 매장별로 방문하는 고객의 거주지를 파악하는 데 도움이 되고 상권 관리나 출점 분석 등에도 큰 도움이 된다. 휴대폰 번호나 이메일 주소 등을 파악하고 있다면 고객의 구매 영수증을 통해 파악한 관심 사항들을 기준으로 고객에게 제대로 된 커뮤니케이션도 가능해진다.

만약에 온라인과 오프라인을 함께 운영하는 유통이라면 고객의 온라인 구매 데이터와 오프라인 매장의 구매 데이터를 통합 분석해 고객이 다양한 채널을 통해 더 많이 구매할 기회를 만들 수 있고 같은 고객이 어느 시점에 어떤 상품을 온라인에서 구매하고 어떤 상품은 오프라인 매장에서 구매하는지의 비교 분석을 통해 채널별로 상품 전략이나 마케팅 전략을 차별화할 수도 있다.

기업의 기본이 되는 데이터는 포스 데이터와 고객 데이터다. 대부분의 의사결정은 이 두 가지 데이터를 통해 이루어진다. 다른 비구조화된 내부 데이터와 소셜 데이터 등의 외부 데이터는 내부 데이터 분석과 활용의 깊이를 더해주는 지원 데이터다. 따라서 데이터 활용 측면에서도 가장 먼저 고민해야 하는 것은 의사결정 과정에 내부의 데이터를 충분히 활용하는지에 대한 확인이고 빅데이터 과제 중 가장 큰 부분은 이 데이터를 제대로 활용하기 위한 방법을 고민하는 것이다.

3

온라인 데이터도 수집하고 관찰하자

빅데이터를 말할 때 또 하나의 중요한 데이터는 온라인상에서의 고객의 행동 데이터인 웹·앱로그Web·App Log 데이터다. 로그 데이터는 컴퓨터 시스템에서 발생하는 장애를 확인하고 대처하는 데 필요한 정보를 수집해 기록하는 파일이다. 즉 어떤 장애가 발생하기 이전에 시스템상에서 주고받은 메시지 상황이나 처리 기록 등을 남겨놓아 원인 파악과 장애 복구 등에 활용하기 위한 데이터다. 모든 시스템의 운영자들은 시스템 안정성을 위해 항상 로그 데이터를 남기도록 프로그래밍한다. 온라인 홈페이지나 앱도 마찬가지다. 온라인 홈페이지와 앱에 방문한 네티즌들이 행한 모든 온라인상에서의 행동 데이터가 웹로그, 앱로그 데이터다.

온라인 로그는 고객의 모든 행동을 수집한다

검색, 클릭, 조회, 장바구니 담기, 결제 등 자사의 온라인 사이트에 들어왔다가 나갈 때까지의 모든 행동은 데이터로 기록된다. 이 데이터는 모든 비즈니스가 디지털 세상에서 이루어지는 스마트한 시대에 고객들의 관심과 행동을 분석하고 패턴을 이해하고 온라인 사이트의 비즈니스 경쟁력을 확인하는 데 아주 중요한 데이터다.

온라인 홈페이지나 온라인몰 또는 앱을 운영하는 모든 기업은 온라인 로그 데이터를 가지고 있다. 그런데 가지고 있는 것과 온라인 로그 데이터를 분석 가능한 형태로 저장하는 것은 완전 다른 얘기다. 로그 데이터는 기본 취지가 온라인상에서 어떤 일이 있었는지를 기록하는 신호다. 신호라는 말은 애초 분석 대상으로 만들어진 데이터와는 다르다는 말이다. 물론 로그는 사전에 세팅된 형태의 신호로 기록된다. 그래서 프로그램 담당자가 어떤 식으로 신호를 기록했는지에 따라 기록 내용의 범위와 깊이가 달라진다. 아래 그림 예시가 온라인 로그 데이터의 예시다. 신호들의 나열이다.

```
2020-01-16        02:35:28:584        516        2074        DtaStor  WARNING: Attempted  to  add  URL
http://download.windowsupdate.com/d/msdownload/update/others/2020/01/30665864_bd3f5cbbd
75acb4e7a47873df04927ed4b617b88.cab  for  file  vT9cu9day056R4c98Ekn7Uthe4g=  when  file  has
not been previously added to the datastore
```

이 안에 필요한 정보가 다 들어 있지만 이 자체로는 분석이 불가능하다. 사전에 세팅된 기준으로 생성되는 로그 데이터는 텍스트와 마찬가지로 분석 가능한 형태로 정형화하는 과정이 필요하다. 그래서 이런 웹로그와 앱로그를 정형화해서 분석 가능한 형태로 만들어주고 결과를 쉽게 측정할 수 있게 해주는 전문 솔루션을 보통 사용한다. 대표적인 솔루션이 구글 애널리틱스Google Analytics, 어도비 애널리틱스 Adobe Analytics, 또는 블레이즈Blaze 같은 글로벌 솔루션이나 국내 업체 와이즈 로그Wise Log다.

웹로그·앱로그 데이터 솔루션을 각 기업에서 자체적으로 투자해 구

웹로그·앱로그 추적 가능 데이터 유형

	추적 및 분석 가능 데이터
누가	방문자 IP 주소, 로그인·비로그인 여부, 회원 ID
언제	접속 시간, 전체 체류 시간, 페이지별 체류 시간, 이탈 시간 등
어디서	사이트 방문 경로(유입 경로), 이탈 경로(유출 경로), 클릭 및 이동 페이지 등
무엇을	검색어, 조회 페이지, 조회 상품, 관심 상품, 결제 상품 등
어떻게	재방문 횟수, 장바구니 담기 여부, 결제 여부, 결제 정보, 반품 정보, 추천·좋아요 등 댓글 여부
왜	유입 키워드 및 유입 사이트, 검색어 등

축하기에는 투자비용이 엄청날 뿐 아니라 전문 기술자를 보유해야 하고 운영 측면에서 계속 업데이트를 하기에 어려움이 많다. 그래서 글로벌 솔루션 또는 국내 솔루션 중에 각 기업이 필요한 분석 내용과 솔루션 업체가 제공하는 서비스 범위, 교육 지원, 비용 등 전체적으로 고려해서 솔루션을 도입해 사용하고 있다. 이런 솔루션은 클라우드를 사용하는 데이터의 양에 따라 비용을 책정하므로 방문 고객이 적은 비즈니스는 적은 비용으로 운영할 수 있는 장점이 있다.

온라인 로그 데이터를 잘 분석하면 5W1H에 해당하는 데이터를 대부분 확인할 수 있다. 오프라인과 다르게 온라인은 사이트를 방문하게 된 유입 경로부터 이탈할 때까지의 모든 검색과 클릭과 조회와 결제 기록이 남기 때문에 그 행동을 추적하면 실제 방문자 중에 구매로 연결된 고객이 누구인지, 구매하지 않고 장바구니만 담은 고객이 누구인지, 조회하다가 중간에 다른 사이트로 이탈한 고객이 누구인지 등 방문자에 대한 분석부터 방문한 페이지, 조회 상품과 스크롤한 기록까지 추적이 가능하다.

이런 데이터를 활용해서 어떤 의사결정을 할 것인지, 누가 어디에 데이터를 활용할 것인지, 얼마나 꾸준히 데이터를 분석하고 얻어진 인사이트를 활용해 사이트 내의 사용자 인터페이스UI, 사용자 경험UX, 상품 정보 등을 개선하고 방문자별 사이트 내에서의 행동에 맞추어 커뮤니케이션을 진행하는지가 결국은 사이트의 비즈니스 성과 개선으로 연결된다. 이미 전문 솔루션이 나와 있는 온라인 로그 분석의 경우는 기업의 규모와 운영 목적에 맞는 적정 솔루션을 도입해서 사이트 방문자들의 구매 전환을 확대하고 재방문을 유도할 방안을 계속 고민하고 실행하면서 성과를 개선하고 활용 범위를 지속 확장해나가는 것이 중요하다.

포털은 데이터 창고다

빅데이터를 말할 때 기존 전통적인 데이터와의 가장 큰 차이점은 숫자가 아닌 다른 형태의 데이터를 수집하고 분석한다는 점이다. 가장 특징적인 데이터는 텍스트, 이미지, 그리고 동영상 데이터다. 그리고 텍스트 데이터 중 가장 기본적인 데이터는 인터넷을 하는 모든 인구가 사용하는 포털 사이트 데이터와 소셜 네트워크 데이터다. 인터넷 포털은 말 그대로 인터넷을 사용하기 위한 관문이다.

소셜 데이터는 구글이나 네이버나 다음 같은 포털에서 검색 가능한 모든 인터넷 페이지에 업로드된 정보부터 각종 신문 기사나 블로그나 카페의 웹 페이지에 올라가 있는 수많은 글들과 댓글, 트위터나 페이스북이나 인스타그램 같은 소셜 미디어에서 사람들이 공유하는 모든 개인적인 글들까지 모든 형태의 텍스트, 이미지, 동영상을 포함한 데이터를 말한다. 이런 소셜 데이터의 특징은 인터넷 유저에 의해 자발적으로 생성되고 공유되는 데이터이기 때문에 통제되지 않은 채 자연스럽게 어떤 주제나 단어에 대한 사람들의 생각이 드러난다는 것이다.

우리나라 대표 포털은 네이버이고 전 세계적인 대표 포털은 구글이다. 우리는 어떤 웹 페이지를 검색하거나 어떤 정보를 알고 싶을 때 포털 사이트에 들어가서 검색창에 원하는 정보를 입력한다. 검색 결과를 최적화해서 보여주는 것은 포털의 핵심 경쟁력이다. 요즘 젊은 세대는 검색도 네이버나 구글이 아닌 동영상 사이트인 유튜브에서 한다. 유튜브에는 '~하는 법How-To' 동영상이 많다. 젊은 층은 어떤 주제에 대해 글로 된 것을 읽는 것보다 더 직관적으로 보고 이해할 수 있는 유튜브를 좋아한다. 실물과 프로세스를 눈으로 보고 귀로 들으면서 이해하면 글을 읽고 이미지만 보는 것보다 훨씬 명확한 이해가 가능하다.

예를 들어 세계적으로 엄청난 팬덤을 지닌 글로벌 스타 '방탄소년단BTS'이 누군지 모르는 사람이 알고 싶을 때 네이버나 구글에 입력하면 인물 정보에 텍스트와 사진 중심으로 소개가 나온다. 아래 뉴스 기사도 나오고 블로그나 카페 글들도 나오면 네티즌이 일일이 들어가서 확인하며 '방탄소년단BTS'이 가수인지, 어떤 노래를 부르는 사람인지 그에 대한 네티즌들의 게시글들을 확인할 수 있다. 그런데 유튜브에서 방탄소년단BTS을 검색하면 실제 뮤직비디오나 관련 콘텐츠들이 나오고 이런 콘텐츠들은 음악과 퍼포먼스 등을 시각적으로 더 명확히 확인하게 해준다.

실제 유튜브가 방탄소년단BTS이 전 세계 모든 나라에 열광적인 팬을 얻게 만드는 데 큰 기여를 했다. 퍼포먼스에 강하고 자체적인 예능 콘텐츠와 비하인드 영상Behind Clip을 지속적으로 업로드하는데 한 번 보면 계속해서 보게 만드는 중독성이 있기 때문이다. 다양한 영상들을 통해 꾸며진 멋진 무대 위 모습과 귀엽고 허당스러운 무대 아래에서의 비하인드 영상을 보고 예능을 통해 귀여운 모습까지 눈으로 직접 보면서 점차 팬이 되어가는 것이다. 글과 이미지로는 설명할 수 없지만 목소리와 퍼포먼스가 가미된 영상을 통해서는 매력이 그대로 드러날 수밖에 없다. 텍스트 중심의 네이버나 구글 그리고 동영상 중심의 유튜브 등의 포털은 고객이 원하는 정보를 가장 빠르게 찾아주고 연결해주는 역할을 한다. 많은 고객이 사용하는 만큼 데이터의 양과 질이 더욱 빠르게 증가한다.

네이버와 구글은 트렌드 데이터를 제공한다

네이버와 구글은 '데이터랩'과 '구글트렌드' 서비스를 통해 사용자들이 남긴 다양한 트렌드 정보를 제공한다. 네이버에는 '실시간 검색어'와 '실시간 급상승'이라는 메뉴가 있다. '실시간 검색어'는 네티즌들이 네이버의 검색창에 실시간으로 가장 많이 검색하는 단어의 순서이고 '실시간 급상승'은 평소와 비교해 검색수가 월등하게 올라간 단어다. 우리는 이런 검색어를 통해 지금 현재 사람들에게 가장 화제가 되는 이슈를 쉽게 알 수 있다. 포털에서 검색어의 속성 자체가 네티즌들이 궁금해하는 것을 찾아주는 기능을 담당하기 때문이다. 궁금하지 않으면 검색하지 않는다. 검색 자체가 그 단어에 대한 현재의 관심도나 궁금증 또는 니즈를 반영한다. 어떤 인물이 궁금하거나 어떤 뉴스에 대해 자세히 알고 싶거나 어떤 영화나 TV 프로그램에 대해 궁금하거나 어떤 회사나 브랜드 신상품이 궁금하거나 주변 맛집이나 상품 구매를 위한 가격 비교를 할 때도 검색을 한다. 검색 자체가 관심을 나타낸다.

네이버 데이터랩의 데이터 정보 서비스

서비스 종류	데이터 설명	주요 옵션
급상승 검색어	검색 횟수가 급상승한 검색어 순위	일자·시간·분 선택, 연령대별·성별 구분
검색어 트렌드	특정 검색어 검색량 데이터	검색어 1~5개 선택하여 비교 가능 기간별·연령대별·성별·기기별 구분
쇼핑 인사이트	다양한 분야에서 클릭이 발생한 검색어의 클릭량 추이	연령대별·성별·기기별 구분
지역 통계	해당 지역의 관심 업종 순위 및 업종별 인기 지역을 확인	시·군·구 선택
댓글 통계	뉴스 서비스에서 작성된 댓글 현황	섹션별·시간대별·성별·연령대별

(출처: 네이버 데이터랩)

그래서 네이버의 실시간 검색어나 급상승 트렌드는 현재 시점에 사람들의 관심이 어디에 있는지를 단편적으로 보여주는 지표로서 역할을 한다.

포털의 데이터랩 사이트에서 확인하기 어려운 깊은 분석은 빅데이터 전문 기업들이 도움을 줄 수 있다. 이미 웹 크롤링, 텍스트 마이닝, 머신러닝 등을 통해 많은 기업 대상의 서비스를 진행하기 때문에 빠른 기간에 일반 리서치와 비슷한 수준의 비용으로 원하는 결과물을 확인할 수 있다. 정제되지 않은 고객들의 관심과 생각을 데이터화해서 분석할 수 있다는 것이 빅데이터가 기존과 다른 가장 큰 특징이다. 예전에는 알고 싶어도 알 수 없었던 고객들의 마음을 지금은 제대로 된 데이터 소스와 분석 방법을 활용하면 정확히 파악할 수 있다. 빅데이터 시대에 여전히 소비자를 모른다면 그것은 고객의 마음을 모르는 것이 아니고 이해하려 노력하지 않는 것이다.

인터넷의 가장 큰 힘은 세상의 모든 사람이 연결되어 있다는 것이다. 사는 곳도 성별도 연령도 직업도 취미도 다 다른 사람들이 각자 필

인터넷의 가장 큰 힘은 세상의 모든 사람이 연결되어 있다는 것이다.

요에 따라 인터넷에서 자신의 호기심을 충족하고 관심사를 표명하며
세상을 읽고 자기의 생각을 말한다. 세상의 모든 사람이 각자 무슨 생
각을 하는지는 알 수 없지만 지금 어떤 화두가 관심을 받는지, 어떤 주
제에 대해 얼마나 궁금해하며 조회하는지, 어떤 글과 기사와 이미지
를 좋아하고 즐기는지에 대한 통계적인 데이터는 각 플랫폼이 제공하
는 기술 한도 내에서 누구에게나 오픈되어 있다. 인터넷이야말로 모
든 사용자가 콘텐츠의 소비자이면서 동시에 생산자다.

4

—

공공 데이터를 가공하자

우리나라에는 모든 국민이 누구나 이용할 수 있는 데이터 포털이 있다. 바로 통계청 웹사이트다. 국가에서 조사해서 오픈하는 통계 데이터는 국가 전체의 현황을 보여주고 미래를 예측하게 해주는 기본 데이터다. 인구 추세와 가구 추세, 출생자 수와 사망자 수, 지역별 거주자 수와 이전자 수, 지역별 주거 형태, 물가와 소비 추세, 고용과 임금 추세, 농수산 업종별 생산과 유통 추세, 온오프라인 도소매 유통 매출 추세, 부동산 개발과 토지 이용 및 개발 추세, 교통 인프라 구축 및 활용 추세, 국제 무역 추세 등 국가 안에서 일어나는 모든 통계 데이터들이 다 망라되어 있다.

국가 통계 데이터는 국가의 현재를 분석하고 미래를 설계하는 데도 중요하지만, 자체적인 정보밖에 가지고 있지 않은 각 기업이나 개인들이 활용할 수 있는 중요한 데이터 자산이다. 특히 비즈니스의 향후 방향을 설정하고 전략을 수립할 때는 현재의 모습을 보는 것이 아니라 미래의 변화된 모습을 예측해 전략을 수립해야 한다. 그런 경우 큰 추

통계청에서 제공하는 데이터 서비스 종류

경제·사회·환경 등 16개 분야에 걸쳐 주요 국내 통계를 제공

세를 파악하기 위해 통계청 데이터를 활용할 수 있다. 소규모 상공인이나 자영업자에게도 지역별로 거주 인구나 가구수, 가구 형태나 소득 수준, 지역 내의 경쟁업체 수나 업종별 점포수 등은 중요한 정보다. 통계청 데이터는 이런 세부적인 지역 단위의 정보도 제공한다.

또한 이용 방식 측면에서도 데이터 필요 시마다 조회하고 다운로드하여 분석하는 것뿐 아니라 오픈 API 형태로 데이터를 자동으로 연결할 수도 있다. 즉 비즈니스 유형이 데이터를 제공하는 업체라면 통계청 데이터를 자동으로 연결해 끌고 와서 거래 고객이 원하는 형태로 가공해서 제공하는 것도 가능하다. 통계청에 수록된 통계 정보는 공공 기관이나 민간기업이 자체적으로 서비스를 개발할 수 있도록 국가 통계 통합 데이터베이스에 접근하기 위한 응용 프로그램 인터페이스인 에이피아이API, Application Programming Interface를 제공한다. 기업에서 해당 서비스를 무료로 제공하든 유료로 제공하든 상관없다. 데이터의 오류가 없는 한 가공을 통해 고객사가 더 보기 편리한 방식으로 원하는 주기에 맞추어 제공할 수 있다면 그 또한 비즈니스 모델이 될 수 있다.

호갱노노는 공공 데이터를 가공해서 정보 제공하며 돈을 번다

공공 데이터를 활용해 사업한 대표적인 스타트업이 부동산 실거래 정보를 제공하는 '호갱노노'다. 호갱노노는 월 200만 명 이상이 이용하는 부동산 전문 앱이다. 공인중개사와 집주인 중심의 매물 시장에서 지역별 아파트의 실거래가를 고객이 편리하게 확인할 수 있게 해준다. 호갱노노는 국토부의 실거래가 정보를 포함해 총 17종의 공공 데이터 정보를 가공해 제공한다. 실거래가는 누구나 국토부의 홈페이지에 들어가면 조회가 가능하다.

호갱노노는 단순히 실거래가를 보여준 것이 아니라 아파트 단지, 실거래가, 매물 정보 등을 지도상에서 보여준다. 손가락만 가져다 대면 정보 확인이 가능하다. 일일이 아파트별로 매물이나 가격을 비교해볼 필요없이 지도상에서 움직이면서 인근 아파트와의 가격 비교가 가능하다. 게다가 투자를 위한 갭(매매가격과 전세가격의 차이), 월세 수익률, 전세가율 등 투자 참조용 자료도 비교가 가능하고 자금 조달이 필요한 사람들을 위한 대출 한도 및 중개수수료 등의 정보도 쉽게 보여준다. 최근에는 여기서 더 나아가 학교 정보와 학원 정보뿐 아니라 일조량 체크까지 해주며 실제로 부동산을 매매하거나 전세 거래하고자 하는 고객들이 원하는 정보를 지속 확대해 나가고 있다. 즉 데이터의 유무보다 더 중요한 것은 데이터를 필요로 하는 고객에게 어떤 방식으로 얼마나 편리하게 보여줄 수 있는지 여부다.

날씨 데이터는 유통업과 시즌 상품에 중요한 데이터이다

또 다른 공공 데이터 중 하나는 기업, 특히 온오프라인을 막론하고 유통업과 시즌 상품을 제조하는 기업에 매우 중요한 날씨 정보다. 기

호갱노노의 부동산 정보 서비스

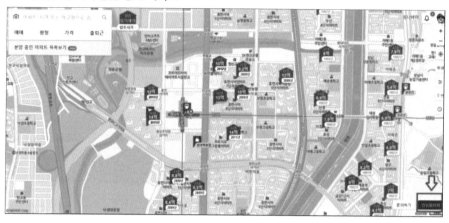

상청은 과거의 지역별 일자별 평균, 최저, 최고 기온과 강수량, 강우량 등의 정보를 제공한다. 기본적인 데이터는 시도별 자료를 제공하며 상세 자료를 검색하면 각 시도의 관측소별 1분 단위 관측 자료의 검색이 가능하다. 일반적인 기업의 경우 1분 단위 자료까지 분석할 필요는 없지만 각 상권의 점포별 매출을 분석하거나 고객의 흐름과 연관된 분석을 할 때는 지역과 시간대별 세부 데이터의 구분이 도움이 된다. 기상청 이외에도 날씨 데이터를 각 기업이 활용하기 좋게 더 세분화해서 제공하는 기업들이 있다.

내부 매출 데이터와 과거의 날씨 데이터를 분석해 날씨에 따른 고객의 방문과 상품 판매의 상관관계를 분석하고 예보를 활용해 프로모션 계획이나 상품 진열 등을 준비하는 것은 유통에서는 기본이다. 고객의 심리 측면에서는 과거의 실제 관측 데이터보다는 과거의 예보 정보가 더 중요할 수도 있다. 보통 고객은 예보에 의해 미리 필요한 걸 준비하고 그날의 계획을 수립하는 경우가 많기 때문이다. 따라서 과거의 데이터는 관측 데이터뿐 아니라 예보 데이터를 그때그때 제대로 수집해서 분석에 활용하는 것이 오늘 내일의 예보에 따른 판매 전략에 더 많은 도움이 될 수도 있다. 다만 예보 자료는 지나고 나면 오픈되지 않으므로 그때그때 예보되는 데이터를 수집해 저장해놓는 것이 필요하다.

통계청이나 기상청 등에서 만들어진 데이터를 조회와 활용이 쉽게 포털로 만들어놓은 사이트가 공공 데이터 포털(www.data.go.kr)이다. 공공 데이터 포털은 공공기관이 생성 또는 취득해 관리하는 공공 데이터를 한곳에서 제공하는 통합 창구다. 포털에서는 좀 더 쉽게 데이터를 이용할 수 있도록 데이터를 파일 데이터, 오픈 API, 시각화 등의 다양한 방식으로 제공하고 있어 좀 더 빠르고 정확하게 원하는 데이터를 찾고 이용할 수 있다. 특히 오픈 API 형태로 제공하는 데이터는 2020년 2월 기준 총 3,335건으로 도로명 주소 서비스부터 상권 정보, 버스·지하철 도착 정보, 날씨 정보, 온라인 가격 정보 등 생활 전반에 관련된 모든 정보를 데이터 생성 주기에 맞추어 자동으로 활용할 수 있게 하고 있다.

무료로 사용할 수 있다고 해서 그 가치가 낮은 것은 아니다. 공공 데이터 중에 기업이 활용할 수 있는 데이터가 무엇인지 고민하고 내부 데이터와의 연계 분석 활용을 진행하자. 기업 내부 데이터와 연결해 더 의미 있는 인사이트를 도출할 수 있고 장기적인 의사결정에 도움이 된다.

빅데이터 활용으로 비즈니스 가치를 증대하자

비즈니스의 목적은 이윤 창출이다. 어떤 비즈니스든 최종적으로는 이윤 창출을 목적으로 상품이나 서비스를 만든다. 그리고 이윤을 창출하기 위해서는 상품과 서비스를 소비할 고객이 존재해야 한다. 비즈니스는 내 상품과 서비스를 고객이 구매하게 하고 소비자가 지불한 금액인 매출과 내가 상품과 서비스를 제공하기 위해 사용한 금액인 원가 사이에 차액을 통해 이익을 만들어내는 것이다.

이익을 현재보다 더 키우고 싶으면 어떻게 해야 하는가? 매출을 올리거나 원가를 낮추어야 한다. 매출을 올리는 것은 소비자와 관련이 있고 원가를 낮추는 것은 기업 내부의 가치사슬 프로세스와 관련이 있다. 매출을 올리려면 구매 고객 절대 숫자를 늘리거나, 한 고객이 한 번 더 방문하게 하거나, 한 번 방문했을 때 구매하는 상품 수를 늘리거나, 상품의 구매단가를 더 높이면 된다. 같은 고객이 더 자주 방문해서 지속해서 반복구매해주면 가장 좋다. 말은 간단하지만 고객의 마음을 바꾸고 행동을 일으키는 일은 당연히 쉬운 일이 아니다. 특히 지금처럼 고객이 선택할 수 있는 제품, 서비스, 플랫폼이 무한하게 경쟁하는 시대에는 더욱 그렇다.

원가를 낮추려면 상품 기획부터 원자재 구매, 생산, 물류, 유통, 판매의 모든 가치사슬 단계에서 원가 절감 요소를 찾아내야 한다. 프로세스를 획기적으로 개선하거나, 전체 물량을 키워 구매단가를 낮추거나, 비즈니스 역량을 키워 1인당 생산성과 공장 설비당 생산성과 물류 단위당 생산성을 올려야 한다. 그럼 매출 단가를 높이지 않아도 자동으로 이익이 늘어난다. 또한 낮아진 원가 경쟁력으로 경쟁사 대비 가격 경쟁력을 확보하면 시장을 확대하고 매출 수량을 더욱 늘릴 수 있다.

따라서 비즈니스의 목적에 맞는 빅데이터의 존재와 활용 이유는 다음과 같은 세 가지의 특징 중 하나를 제공할 수 있어야 한다. 첫째, 고객을 통해 매출을 증가시키기 위해 고객 가치를 높이는 것이다. 둘째,

빅데이터를 통해 기존에 드는 다른 비용이나 노동력을 대체 또는 획기적으로 줄여주는 것이다. 셋째, 기존 사업을 통해 얻은 데이터를 통해 또 다른 비즈니스 기회와 추가적인 수익의 원천을 만들어내는 것이다.

디지털 시대는 거의 모든 정보가 완전히 오픈되어 있어 상품이나 서비스의 가격을 올리면 바로 고객은 더 저렴한 상품과 채널로 이동한다. 우리 회사가 가격을 유지하더라도 고객은 늘 새로운 제품과 서비스와 색다른 커뮤니케이션에 노출되어 있어서 언제든 마음을 사로잡는 새로운 상품이나 서비스, 즉 재미있고 가치 있는 소비를 발견하면 떠날 준비가 되어 있다.

고객의 마음을 얻으려면 고객이 어떤 사람인지, 어디에 관심이 있는지, 무엇을 구매하고 싶은지, 어떤 기준으로 상품이나 서비스를 선택하는지를 이해해야 한다. 고객을 이해하는 가장 좋은 방법이 바로 데이터다. 앞에서 얘기한 모든 빅데이터는 결국 고객들이 직접 남긴 포털, 소셜 데이터, 고객들이 온라인상에서 사이트에 방문하고 조회하고 구매한 행동 데이터, 오프라인에서 구매한 상품과 서비스 데이터, 그리고 그런 고객들이 어디서 어떤 형태로 살아가는지와 관련된 통계 데이터들이다. 숫자와 글자와 이미지와 동영상과 신호의 형태로 나타나지만 결국 모든 데이터는 고객들의 관심과 행동 데이터다.

온라인 쇼핑몰을 예로 들어보자. 온라인 쇼핑몰의 운영자는 매일 몇 명의 고객이 쇼핑몰에 방문했고 어떤 경로로 쇼핑몰에 방문하게 되었고 어떤 상품에 관심이 있어 방문했는지 알 수 있다. 어떤 연령의 고객들이 어떤 상품과 서비스를 검색하고 클릭하고 장바구니에 담았는지 연령별로 상품에 대한 관심도가 어떻게 다른지 파악하는 것도 가능하다. 장바구니 상품 중 어떤 상품은 구매하고 어떤 상품은 구매를 안 했는지, 구매한 상품에 대한 고객의 평점이나 후기는 어떤지, 얼마 만에 고객이 다시 쇼핑몰에 방문했는지도 알 수 있다. 알 수 있다는 것은 각 고객의 행동을 데이터로 저장하고 분석할 수 있다는 말이고 데이터로 분석할 수 있다는 것은 그 데이터를 남긴 고객의 관심사와 중요하게 생각하는 우선순위를 이해할 수 있다는 말이다.

중요한 것은 아는 것이 아니라 실천하는 것이다. 우리가 데이터를 분석해 고객을 이해하는 목적은 무엇인가? 데이터를 모으는 것도, 분석하는 것도 아니고 바로 고객이 구매하게 해서 이윤을 창출하는 것이다. 따라서 빅데이터는 고객을 이해하기 위한 분석도 의미가 있지만, 각 고객이 중요하게 생각하는 것을 고객에게 전달하는 활용이 더 중요하다. 수집한 데이터를 기반으로 설계한 알고리즘을 통해 각 고객이 원하는 것을 보여주는 것이 더 중요하다. 가장 많이 활용되는 사례가 개인화 추천 및 큐레이션이다. 매일 카페라떼를 마시는 고객에게는 아메리카노 쿠폰이 아니라 카페라떼 쿠폰을 보내줘야 한다. 기껏 고객을 이해해놓고 실제 고객에게는 행동으로 보여주지 않는다면 이해하는 게 무슨 소용인가? 비즈니스의 목적은 이익이고 결국 그 이익을 창출하게 하는 원천은 고객이기 때문에 빅데이터의 분석과 활용 목적은 '각 고객이 어떤 가치에 중점을 두는지를 알아내고, 고객의 가치를 전달하기 위해 비즈니스 의사결정 및 실행을 하는 것'이어야 한다.

빅데이터의 출발은 데이터가 아닌 고객에서 시작해야 하는 이유다. 어디서 출발하느냐에 따라 인프라 구축에 힘을 쓸 것인지, 활용에 힘을 쓸 것인지가 결정된다. 고객에게서 출발하지 않으면 기껏 데이터의 수집과 정제와 분석 인프라와 솔루션의 구축에 큰 투자를 한 후에 실제 그 데이터를 활용하는 측면에서의 투자와 역량이 간과될 가능성이 크다. 빅데이터 전문가도 활용의 관점보다 기술의 관점에서만 바라볼 가능성이 크다.

중요한 핵심은 '고객'의 가치이다. 기업이 해야 하는 가장 중요한 일은 고객이 우리 기업에 원하는 것이 무엇인지 그 가치를 제대로 알아내고 그것을 고객이 원하는 대로 심지어는 고객이 아직 잘 모르는 니즈까지 알아내 고객에게 제공하는 것이다. 그리고 그 일은 고객이 남긴 수많은 다양한 흔적인 빅데이터를 통해 할 수 있다. 빅데이터의 존재 이유이며 목적이다.

그렇다면 3장에서는 빅데이터가 고객 경험의 혁신에 어떻게 활용될 수 있는지 전체적인 사례 중심으로 살펴보도록 하겠다.

3장

글로벌 기업들은 빅데이터로
어떻게 고객 경험을 혁신하는가

BIG
DATA

1

어떻게 고객이 말하지 않은 것까지 알아낼 것인가

만족스러운 고객 경험을 디자인하기 위해 가장 먼저 해야 할 일은 고객이 추구하는 핵심 가치를 이해하는 일이다. 고객이 추구하는 가치는 고객이 사는 지역, 세대, 성별, 라이프스타일, 직업에 따라 공통적인 부분이 있지만 개인적으로 다른 부분도 있다. 보편적인 가치는 있지만 우선순위는 환경과 관심사에 따라 다를 수밖에 없다. 그리고 같은 고객이더라도 시간이 흐르고 경험이 쌓이고 라이프스타일이 바뀌면 가치도 따라 변한다. 그래서 고객을 이해하는 것은 어느 한 시점에 진행하는 특별한 이벤트가 아니라 계속해서 추적 관찰해야 하는 루틴Routine이 되어야 한다.

고객을 정확하게 이해하자

고객을 이해하는 방법은 크게 두 가지가 있다. 한 가지는 고객에게 직접 물어보는 방법이고 나머지 한 가지는 고객의 행동을 추적하고 분석하는 것이다. 더 정확히 말하면 전자는 소비자 조사 방법이고 후

고객 인사이트

고객 직접 조사

ν 고객 인식·행동 설문

ν 소규모 고객 인터뷰

ν 고객 만족 조사

ν 온라인 패널 운영

ν SNS 고객 의견 모니터링

왜

누가
언제
어디서
무엇을

어떻게

고객 데이터 분석

ν 데이터 분석
  • 통계 데이터
    : 인구, 지역, 유통, 소비 등
  • 고객의 구매 데이터
    : 시간, 장소, 품목 등
  • 카드 이용 데이터
ν 행동 추적 조사
ν 온라인 로그 분석

자는 데이터 분석 방법이다. 이 두 가지 데이터 분석 방법은 병행했을 때 가장 효과적이다. 각각의 방식을 통해 얻을 수 있는 인사이트가 다르기 때문이다.

빙산으로 비유하자면 고객에게 직접 듣는 내용은 빙산의 보이는 면이라고 하면 데이터에 의한 분석 내용은 고객도 모르는 바닷속에 잠겨 있는 빙산의 안 보이는 면이다. 빙산은 겉으로 드러난 부분으로는 측정할 수 없을 만큼 큰 덩어리가 바닷속에 숨어 있다. 그러므로 고객을 제대로 이해하기 위해서는 최대한 다양한 방면으로 깊고 자세히 파악해야 한다.

데이터를 분석해서 고객의 행동을 추적하는 방법은 고객에게 직접 듣는 것보다 더 정확하게 고객의 행동과 소비 패턴을 보여준다. 아무리 고객이 머리가 좋아도 자기가 어떤 장소를 언제 얼마나 가고 무엇을 얼마나 자주 사는지 일일이 기억할 수 없다. 고객의 행동과 구매 데이터는 고객도 모르는 고객의 행동을 모두 분석할 수 있게 해준다.

반대로 데이터로 모아진 고객의 행동 데이터는 모든 것을 보여주지만 '왜?'와 관련해서는 명확히 알려주지 않는다. 그래서 고객에게 직접 질문하거나 고객의 의견을 모니터링하는 소비자 조사 데이터는 행동 자체보다는 행동에 대한 이유와 드러나지 않는 고객 니즈를 파악하는 데 유용한 데이터다.

그래서 고객 직접 조사는 정량적인 분석보다는 정성적인 분석이 필요할 때 주로 사용한다. '한 달에 몇 번 쇼핑하십니까?' '하루에 몇 잔이나 커피를 마십니까?' '하루에 인터넷을 얼마나 오랫동안 이용하십니까?'와 같은 질문들은 사실 고객들 본인도 대답할 수 없는 질문이다. 스스로 추정할 뿐이다. 어떤 때는 '실제 그렇기 때문'이 아니라 '그렇게 대답해야 할 것 같아서' 대답하는 경우도 많다. 정확한 숫자 데이터는 말하지 못하더라도 자신이 어떤 행동을 할 때 그 이유가 무엇인지에 대해서는 고객이 말하지 않으면 알기 힘들다. 그래서 소비자 조사와 데이터 분석은 상호 보완적인 고객의 이해 방법이다.

고객을 정확하게 이해하고 고객이 원하는 고객 경험을 만들어주기 위해서는 두 가지의 고객 이해 방법을 모두 사용해야 한다. 다행히 디지털 시대가 되면서 얻어지는 디지털상의 빅데이터와 온오프라인 데이터의 수집 기술과 분석 기술의 발전은 고객의 행동과 관련해서 세세한 신호들도 놓치지 않을 수 있을 만큼 많은 부분에서 데이터로의 수집, 저장, 분석이 가능해졌다. 게다가 비즈니스 운영자나 마케터들에게 더욱 의미 있는 것은 예전에는 불특정 소비자 대상으로 이루어져 통계적인 의미로 수집하고 이해했던 소비자 조사가 고객의 행동과 연결된 직접 조사로 전환이 가능해졌다는 것이다.

내부 데이터와 모바일 플랫폼의 결합은 고객 조사 방식과 활용 측면에서도 세 가지의 혁신을 가져왔다. 가장 큰 혁신은 필수 구매 여정의 하나가 된 평점 방식이다. 평점은 고객의 이용 경험 평가에서 더 나아가 비즈니스의 핵심 자산이 되고 있다. 또 다른 고객 조사의 혁신은

평점은 모바일 플랫폼 기반의 비즈니스에서 구매 여정의 필수 단계로서 일반화되고 있다.

고객 조사도 개인화가 가능해졌다는 것이다. 빅데이터를 통해 조사대상 고객 선정과 응답 분석 측면에서 명확한 타깃팅과 속도의 혁신이 이루어진 것이다. 마지막으로 온라인 이용자의 소셜 네트워크 이용 데이터가 고객의 소비 심리를 드러내준다는 것이다. 직접 설문하지 않고도 소셜 데이터 분석으로 소비자의 관심사와 행동 원인을 추정할 수 있게 되었다.

우버와 에이비앤비의 핵심은 평점이다

평점은 모바일 플랫폼 기반의 비즈니스에서 구매 여정의 필수 단계로서 일반화되고 있다. 구매 여정이 완료된 이후 고객이 이용 경험에 대해 직접 평점을 매기는 방식으로 만족도를 측정한다. 그리고 점수를 넘어 세부적인 후기를 남기게 한다.

평점 방식은 고객의 만족도와 주요 고려사항을 파악하는 소비자 조사 방식 중의 하나지만 그 자체가 다른 고객의 구매를 돕는 보조 지표 역할을 한다. 고객이 자신의 의사를 회사에 전달하는 수단이자 가장 적극적으로 고객의 신뢰와 구매를 끌어내는 마케팅 수단이기도 하다. 또한 공급자를 마이크로하게 관리하는 모니터링 툴이 되기도 하고, 각 평점의 대상이 되는 공급자나 상품 회사가 자체적으로 서비스 레벨을 관리하게 하는 툴이 된다. 이런 정도로 평점은 플랫폼의 모든 참여자에게 가장 중요한 역할을 하기에 충분하다.

우버나 에어비앤비의 비즈니스 핵심은 '신뢰'다. 믿을 수 있는가 하는 것이다. 모바일 중개 플랫폼에서 평점은 비즈니스 모델의 핵심 요소다. 사용자들이 믿고 이용하게 만드는 가장 큰 무기가 바로 나보다 먼저 이용해본 고객의 목소리인 것이다. 우버는 우버 서비스의 직접 공급자인 우버 기사에 대한 평점 공유를 통해 불신과 걱정을 없애줌과 동시에 서비스 품질을 관리한다.

에어비앤비는 호스팅이 완료된 후 호스트와 게스트가 각각 상대방에 대해 평가를 하도록 한다. 숙박 서비스의 품질과 주변 환경, 숙박 만족도, 사진과의 일치성 등을 직접 이용한 게스트들이 평가하게 함으로서 다른 게스트가 에어비앤비 호스트를 선정하는 데 도움을 주고 게스트의 만족도를 관리한다. 동시에 각 게스트가 어떤 부분을 중요하게 생각하는지를 알게 해주는 데이터가 된다. 에어비앤비 평점의 특징은 본인의 집을 내어줘야 하는 호스트를 고려해 게스트에 대해서도 평가를 하게 한다는 데 있다. 게스트가 깨끗하게 사용하고 약속을 지켰는지, 호스트가 믿고 집을 내어줘도 되는지 확신이 필요한 것이다. 상호 평점 방식은 관리인 없이 직접 체크인과 체크아웃을 하는 경우가 많은 에어비앤비 비즈니스 모델의 핵심이다.

온라인 쇼핑몰의 대부분은 고객들이 구매 이후 상품 만족도를 평가하게 하고 후기를 남기게 한다. 추가 포인트를 줌으로써 고객의 후기를 최대한 독려한다. 후기가 많은 상품은 상품에 대한 고객의 만족도만 보여주는 것이 아니다. 그만큼 많이 팔렸다는 지표이기도 하다. 따라서 평점이 많다는 것은 동시에 믿을 만하다는 증거가 된다.

프랜차이즈 회사 중에는 고객에게 점포 이용 후 평점을 남기게 하고 그 평점을 점주와 점포 모니터링의 지표로 사용하는 곳도 있다. 각 영업 담당자가 가끔 가서 매장을 모니터링하는 것보다 훨씬 정확하게 매장을 평가하는 지표가 된다. 영화 서비스를 하는 CGV는 영화를 관람한 고객 대상으로 영화 평점을 매기는 골든 에그 지수를 운영한다. 감독·연출, 스토리, 영상미, 배우연기, OST 다섯 가지 측면에서 평점을 남기게 한다. CGV 영화 평점은 관람객 측면에서는 보고 싶은 영화를 선택하는 기준이 되고, CGV 극장 측면에서는 고객들의 취향을 파악하는 동시에 영화의 관객 수를 예측해 상영관을 배정하는 데 활용할 수 있게 해준다. 영화 제작사 측면에서는 영화에 대한 고객 평점을 통해 마케팅 전략과 향후 영화 제작 방향에 활용할 수 있다.

평점 방식의 고객 조사는 어떤 특정 시점의 특별한 이벤트가 아니라 고객 구매 여정의 한 단계로 운영된다. 상시 평점 모니터링은 고객 만족도의 지표이자 고객이 중요하게 생각하는 속성과 니즈를 발굴하는 창구가 된다. 동시에 평점은 고객의 구매를 유도하는 역할을 수행한다. 각 비즈니스 구매 여정의 맨 뒤에 일어나지만, 실제 다른 사람의 구매 맨 앞의 정보 탐색과 구매 결정 시기의 구매 전환율을 확대하는 데 직접적인 영향력을 행사한다.

고객 조사도 개인화가 가능하다

두 번째 고객 조사의 혁신은 조사 대상과 설문 내용의 개인화Person-alization이다. 고객의 데이터와 조사 플랫폼을 결합해 시행하는 방식으로 구매 데이터를 기반으로 대상 고객을 확정한 후 고객의 응답을 일대일로 추적해서 더 정확한 고객의 페인 포인트Pain Point와 행동의 원인을 파악하는 것이다.

예를 들면 특정 카테고리를 주로 이용하는 고객을 대상으로 현재의 불편 사항과 추가적인 니즈를 파악하고자 할 때 불특정 다수를 대상으로 고객 조사를 하는 것이 아니라 해당 카테고리의 구매가 많은 고객 그룹을 사전 선정하고 해당 고객을 대상으로 조사를 시행하는 것이다. 이때 단순히 카테고리 구매가 많은 고객만을 대상으로 하는 것이 아니라 구매 빈도와 전체 쇼핑 중 해당 카테고리 반복구매 횟수와 이용하는 브랜드나 가격대에 따라 고객군을 세분화해 타깃군별로 별도 설문지를 설계하고 해당 응답을 추적할 수 있다. 실제 고객의 구매 데이터와 고객의 응답 데이터를 연결해 분석하면 고객군별 특성과 카테고리의 개선 필요 사항이 명확해진다. 무엇보다 데이터에 근거해 고객을 추출하고 응답을 분석함으로써 문제점의 파악과 솔루션 도출을 보다 정확하고 구체적으로 할 수 있게 된다.

근무하는 회사에서 진행했던 고객 조사 중에 로열 고객의 유지 확대를 위한 문제점 파악 조사가 있었다. 로열 고객 확대 및 유지를 위한 전략 수립이 목적이었다. 파악하고자 했던 것은 1년에서 6개월 전 로열이었던 고객 중 현재까지 여전히 로열인 고객과 로열에서 이탈한 고객 사이에 어떤 차이가 있을까 하는 것이었다. 점포와 상품은 동일한데 누구는 지속적으로 만족을 하고 누구는 더 이상 만족하지 못하고 떠났다면 그 차이를 만들어낸 원인을 알아내야 대책이 가능해진다.

로열이 유지된 고객과 로열에서 이탈한 고객을 데이터 기반으로 명확하게 타깃팅해서 조사를 진행했다. 당시 마케팅 부사장으로부터 역대 모든 고객 조사를 통틀어 가장 인사이트가 명확한 조사라고 칭찬받았다. 이유는 두 그룹 사이에 인구학적 특성과 중요하게 생각하는 속성의 차이가 명확했고 카테고리별 상품의 속성부터 가격, 프로모션, 운영, 서비스 모든 고객의 경험 단계에서 가장 디테일하게 회사의 강점과 약점을 파악할 수 있었기 때문이다.

막연한 만족도와 불만족이 아니라 명확하게 고객 로열티의 유지 요인과 이탈 요인을 파악하고 어느 시점에 고객이 로열에서 이탈하게 되는지를 정확히 이해하게 되었다. 그리고 이를 비즈니스 전략과 고객 전략에 반영할 수 있었다. 당시 중요한 인사이트 중 하나는 로열 고객으로 유지 중인 고객들도 고객들을 이탈하게 한 속성에 대해서는 상대적으로 낮은 평가를 했다는 것이다. 다른 강점 요인 때문에 여전히 로열티는 유지되지만 해당 속성에 대한 개선이 빨리 이루어지지 않으면 현재의 로열 고객도 잠재적으로 이탈 가능성이 있다는 뜻이었다. 해당 고객 조사는 실제 조사와 분석 기간보다 조사 대상과 설문지 설계에 훨씬 많은 공을 들였다. 만족할 만한 의미 있는 결과를 얻은 이유는 제대로 된 조사 설계와 데이터 기반으로 타깃 고객을 명확히 설정해 추적 조사를 했기 때문이다.

고객 데이터와 모바일 플랫폼을 보유하고 있다면 내부 데이터 분석을 통해 고객을 선정하고 모바일 플랫폼을 활용해 조사함으로써 빠르고 정확하게 고객 조사가 가능하다. 고객의 구매 데이터 기반으로 조사 대상자를 파악하기 때문에 표본 설정이 정확하다. 특히 스마트폰을 통한 고객 조사와 빅데이터 분석을 결합할 경우, 고객의 응답을 실시간으로 분석해 높은 응답률과 함께 응답 결과를 빠르게 볼 수 있다.

기업이 가진 다양한 빅데이터를 통한 조사 대상자 선정은 고객 리서치 표본 선정에서도 디테일의 혁신을 가져왔다. 온라인과 오프라인의 다양한 데이터의 결합을 통해 고객의 360도 데이터를 모두 알게 됐기에 대상 고객군을 세분화하는 것이 가능해졌다. 지역별, 구매상품별, 구매 단계별, 고객의 오프라인 주 방문 지역별 등 조사 대상 선정 시의 디테일 수준은 원하는 모든 것을 다 고려해 대상을 선정할 수 있다. 이런 정확한 고객군의 선정은 조사의 왜곡을 방지하고, 구매 행동과 선호 브랜드가 다른 고객 그룹 간의 특징과 구매에 미치는 주요 속성을 명확히 파악할 수 있게 해준다. 즉 고객 조사의 주 목적인 '왜 그렇게 하는지?'와 '왜 그렇게 하지 않는지?'가 명확해진다.

기존 고객 조사의 한계를 극복하자

기업은 고객의 생각을 알기 위해 소비자 조사를 한다. 브랜드 인지도나 선호도 등의 조사나 기업의 평판과 브랜드 이미지를 조사하기도 하고 어떤 상품에 대한 구매 이유와 쇼핑 채널 선택에 대한 조사를 하기도 한다. 정량 조사는 1,000명에서 2,000명 규모의 샘플 조사를 시행하고, 좀 더 구체적인 고객의 마음을 확인할 때는 8명에서 10명 정도의 소그룹으로 표적 집단 면접조사FGI, Focus Group Interview를 하기도 한다. 이런 조사를 진행할 때는 사전에 정해진 질문을 통해 고객의 생각을 듣는다. 고객 조사는 고객들의 깊은 생각을 들을 수 있다는 장점이 있기는 하다. 하지만 최소 8명에서 최대 2,000명의 샘플링을 통해 고객의 마음을 정확히 알아내는 데는 분명 한계가 있다.

단순한 인지도 조사나 선호도 조사는 지표의 결과값Fact과 방향성을 아는 것에서 더 나아가 지표를 개선하거나 성과를 올리기 위한 구체적인 액션플랜 수립에는 큰 도움을 주지 못하는 경우가 많다. 그 이유는 조사 시간과 방법의 한계로 인해 구체적으로 파고들기 어렵기 때문이다. 원인이 겉으로 드러난 것과 다른 경우가 많은데 조사는 시간과 질문 항목의 한계 때문에 피상적인 질문에 그치는 경우도 많다. 그리고 세대별, 지역별, 직업별, 라이프스타일별 각각의 샘플링 데이터를 얻으려면 비용도 많이 든다. 조사 결과 분석을 하고 나면 결국 몇 가지 문제에 대한 구체적인 '왜Why'와 해결하기 위한 '어떻게How'에 대한 질문이 여전히 남는다. 궁극적인 솔루션을 찾거나 실행 계획을 수립하는 데 부족함을 느끼기도 한다. 샘플 조사의 한계를 극복하려면 보다 많은 고객의 심리를 파악할 수 있는 방법의 고민이 필요하다.

검색 트렌드는 브랜드 선호도를 보여준다

이미 공개되어 있는 소셜 데이터와 분석 툴만 잘 활용해도 기본적인 시장의 트렌드와 고객의 심리를 파악하고 분석할 방법이 있다. 네이버 데이터랩 서비스의 '검색어 트렌드' 메뉴다. 예를 들어 삼성갤럭시 S20 출시 전후 6개월의 검색 트렌드를 보면 갤럭시와 아이폰에 대한 고객 관심도가 어떻게 달라졌는지 확인할 수 있다. 어느 시점에 어떤 브랜드에 대한 검색량이 갑자기 증가했는지와 시기별 각 브랜드에 대한 고객의 브랜드 버즈가 어떻게 차이 나는지 그래프를 통해 확인할 수 있다. 그래프를 보면 갤럭시 20 출시일을 제외하면 애플보다 삼성 갤럭시의 검색량은 많지 않다.

이런 검색 결과를 활용하면 회사가 신상품을 론칭하거나 이벤트를

갤럭시 S20 출시 전후 6개월간의 갤럭시와 아이폰 검색 트렌드

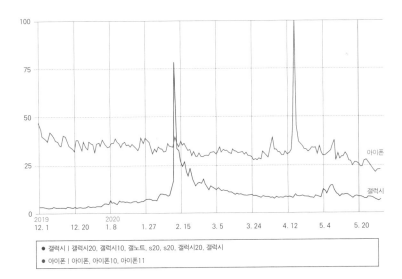

진행했을 때 각각의 행사가 고객의 반응을 얼마만큼 끌어냈는지에 대한 효과 추정이 가능하다. 검색이 많아진다는 것은 그만큼 고객이 그 상품과 브랜드에 관해 관심과 호기심이 증가한다는 것이기 때문이다. 특히 검색어 트렌드는 브랜드 간의 비교를 통해 고객들의 브랜드 관심도와 선호도를 바로 보여준다.

고객의 검색으로 쇼핑 트렌드를 파악하자

쇼핑 검색의 강자인 네이버는 '쇼핑인사이트'라는 메뉴를 통해 쇼핑 카테고리별 검색어의 클릭량 추세와 해당 카테고리에서 클릭을 가장 많이 받은 상위 500개 브랜드·상품에 대한 정보를 제공한다. 네이버가 클릭 추세를 제공하는 카테고리는 크게 11개로 패션의류, 패션잡화, 화장품·미용, 디지털·가전, 가구·인테리어, 출산·육아, 식품, 스포츠·레저, 생활·건강, 여가·생활편의, 면세점으로 나뉜다. 각각의 카테고리는 최대 3~4단계의 중분류·소분류 카테고리로 세분화되어 있어 클릭 추세 확인이 가능하다. 연령대별, 성별, 기기별 구분도 가능하다. 게다가 해당 카테고리의 베스트 클릭 아이템을 함께 보여준다. 각 기업의 브랜드 담당자는 본인이 담당하는 제품군의 고객 관심도와 함께 온라인에서의 클릭량과 클릭 상위 브랜드에 대한 정보를 1일 단위로 확인이 가능하며 원하는 기간별 트렌드도 쪼개어볼 수 있다.

쇼핑에서 온라인 결제 금액이 이미 오프라인 결제를 넘어섰다. 게다가 오프라인 구매자도 온라인으로 사전에 정보를 확인한다. 온라인에서의 카테고리의 검색량, 클릭량, 상위 클릭 브랜드를 성별과 연령대별로 확인할 수 있다는 것은 고객의 취향과 쇼핑 트렌드에 대한 다른 조사는 필요 없다는 말과 같다. 세부 카테고리 내에서의 인기 브랜드·아이템을 확인하는 것뿐 아니라 쇼핑 카테고리에 대한 고객의 관심도 알게 된다. 연령대별로 구매하는 화장품 카테고리는 어떻게 다를까? 그래프에 보이는 것처럼 스킨케어와 메이크업 제품과 마스크팩에 대한 관심도를 20대와 50대로 연령대별로 검색해보았다. 20대는 스킨케어와 메이크업 카테고리에 대해 비슷한 클릭량을 나타내는 반면에 50대는 압도적으로 스킨케어에 대한 관심이 높았다. 하지만 여전히 마스크팩보다는 메이크업 제품에 대한 클릭량이 많았다.

네이버가 공개한 인기 검색어 데이터는 사실 엄청난 데이터다. 따로 기업 내부적으로 고객 조사를 하지 않아도 이 인기 검색어를 기준으로 현재 인터넷상에서 가장 핫한 제품과 브랜드가 무엇인지 확인이 가능한 것이다. 만약 유통 기업이라면 상위에 올라온 상품들을 취급하고 있는지 보아야 한다. 오프라인이든 온라인이든 매장에 가져다

20대 화장품 검색 트렌드 조회 결과

조회 결과

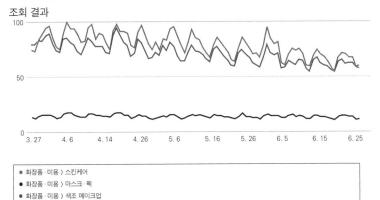

- 화장품·미용 〉 스킨케어
- 화장품·미용 〉 마스크·팩
- 화장품·미용 〉 색조 메이크업

50대 화장품 검색 트렌드 조회 결과

조회 결과

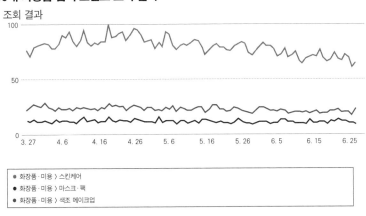

- 화장품·미용 〉 스킨케어
- 화장품·미용 〉 마스크·팩
- 화장품·미용 〉 색조 메이크업

놓으면 일단 팔릴 가능성이 크다. 이런 오픈된 정보를 충분히 활용하려고 노력해야 한다. 이는 데이터 유무의 문제가 아니다.

데이터 오픈 여부를 모르는 기업과 마케팅 담당자들이 아직 있을 것이다. 문제는 우리 기업은 모르는 정보를 경쟁사는 알고 잘 활용한다면 경쟁력의 차이는 점차 확대된다. 똑같은 유통인데 인기 검색어를 매일 체크하여 없는 상품에 대해 바로 입점시키는 A라는 온라인몰이 있고 내부적으로 가지고 있는 판매 데이터만 보는 B라는 온라인몰이 있다고 하자. 어느 온라인몰의 매출이 늘어나겠는가? 당연히 고객들이 찾는 상품을 다 갖춘 A 온라인몰 아니겠나? 그리고 관심 상품을 알면 입점 전략 외에도 다양하게 활용할 수 있다. 가격 행사에 활용하면 가격 비교 측면에서도 우위가 생겨 구매 전환율을 높일 수 있다. 연령별 고객에게 선호하는 아이템 위주로 '지금 핫한 아이템, oo브랜드 ㅇㅇ 특가 행사 중' 이런 커뮤니케이션이 더해지면 성과는 더욱 커질 것이다.

고객이 검색한 것과 고객의 심리는 어떻게 연결할 수 있는가? 해당 브랜드에 대해 호기심과 관심이 많다는 것이고 선호한다는 의미로 해석할 수 있다. 물론 어떤 단어를 검색한다는 것이 항상 선호와 연결되지는 않는다. 어떤 경우는 부정적 이슈 때문에 검색을 하기도 한다. 하지만 기본적으로 전체 관심과 검색량은 선호를 의미하는 것으로 해석한다. 사람들은 심리적으로 관심 있거나 선호하는 것에 대해서는 반복적으로 검색을 하지만, 비선호하는 것에 대해서는 어쩌다 한 번 검색을 할 수는 있어도 반복적으로 하지는 않기 때문이다.

검색은 트럼프의 당선도 예측했다

2016년 11월에 있던 미국 대통령 선거를 기억하는가? 도널드 트럼프Donald Trump와 힐러리 클린턴Hilary Clinton의 대결에서 대부분의 여론조사 담당자와 정치 전문가들은 힐러리 클린턴이 당선될 것이라고 예측했다. 여론조사 결과도 힐러리 클린턴의 우세였다. 그리고 도널드 트럼프 당시 후보는 막말, 거짓말, 인종 차별적인 발언 등으로 언론으로부터 많은 비난을 받았다. 결과는 어땠는가? 모두의 예상과 모든 여론조사 결과를 뒤엎고 트럼프 대통령이 당선되었다. 이때 국내에서 도

구글 트렌드에서 검색한 도널드 트럼프와 힐러리 클린턴 검색량

● 도널드 트럼프
　미국의 대통령

● 힐러리 클린턴
　전 미국 상원의원

＋ 비교 추가

미국 ・ 2016. 8. 2~2016. 11. 16 ・ 모든 카테고리 ・ 웹 검색 ・

시간 흐름에 따른 관심도 변화 ⑦

널드 트럼프 대통령의 당선을 조심스럽게 예측한 사람이 있는데 세종 대의 경영학과 우종필 교수다. 그는 선거가 있던 2016년의 7월에 트 럼프 후보의 당선을 예측했고 선거 일주일 전인 11월 3일에는 자신의 홈페이지에 트럼프 당선 예측 글을 올렸다. 구글 트렌드의 데이터 분 석 결과 미국 대선 당선자는 도널드 트럼프가 될 것이라고 예상했다. 게다가 선거인단 수는 트럼프 후보 285~275, 힐러리 후보 263~253 으로 예상된다고 투표수까지 예측했다.[1]

그럼 왜 여론조사는 다른 결과가 나왔을까? 크게 두 가지 이유로 얘기할 수 있다. 한 가지는 여론조사 표본의 대표성 문제다. 지금의 여론조사는 0.1%도 안 되는 유권자를 조사하는 것이기 때문에 대표 성을 갖기 어렵다. 모든 기업이 하는 소비자 조사 등도 마찬가지다. 성별, 연령별, 지역별, 라이프스타일별로 대표성을 띠기에는 표본 수 가 너무 적다.

다른 한 가지는 여론조사에서 유권자들이 자기의 솔직한 마음을 드 러내지 않은 것이다. 트럼프는 선거 기간 중 백인 우월주의를 포함해 많은 이슈를 몰고 다녔다. 그래서 그 의견에 동조하더라도 겉으로는 대놓고 동조한다는 것을 표현하지 않았다. 여론조사 샘플의 문제와 일부 조사 참여자의 거짓말이 결과를 왜곡시켰다. 우종필 교수는 언론사와의 인터뷰에서 이렇게 말했다. "빅데이터로는 그 어느 곳에서도 힐러리가 당선될 만한 수학적 또는 과학적 근거가 없었어요. 이 그래프를 보세요. 데이터상으로는 힐러리가 단 한 번도 트럼프를 이겨 본 적이 없잖아요."[2]

유권자들은 드러내놓고 트럼프를 지지하지는 않았다. 하지만 PC나 스마트폰에서는 본인이 궁금한 또는 당선되었으면 하는 트럼프를 더 많이 검색한 것이다. 구글의 검색 데이터는 꽤 정확하게 지역별로 트럼프와 힐러리의 선호 비중까지도 보여준다. 『모두가 거짓말을 한다 Everybody lies』라는 책에서는 캘리포니아 대학의 스튜어트 가브리엘 교수의 말을 인용하여 선거와 관련해서 이렇게 말했다. "나는 사람들이 투표하는 방식과 관련해서 굉장히 놀라운 사실을 발견했다. 선거와 관련된 인터넷 서치의 대부분은 두 후보의 이름을 포함한다. 그런데 재밌는 사실은 트럼프가 들어간 검색어 중 12%만 클린턴이 함께 들어간 반면에 클린턴이 들어간 검색어 중 트럼프가 함께 들어간 비중은 무려 25%를 넘어섰다. 그리고 두 사람의 이름을 같이 쓰는 경우에도 사람들은 본인이 선호하는 후보의 이름을 앞에 쓰는 경향이 있다."[3]

여론조사는 사람들이 의도적이든 아니든 속일 수 있다. 그런데 구글이나 네이버에 검색하는 그 순간 본인도 모르는 본인의 마음이 자연스럽게 나오게 된다. 원래 사람들이 무의식적인 행동으로 본인의 진심을 드러내는 법 아닌가. 미국의 대선 결과는 무의식적인 인터넷 검색의 결과를 통해 만들어진 전체 데이터의 합이 어떻게 사람들의 심리와 선호를 보여주는지에 대한 대표적인 사례라고 할 수 있다.[4]

고객은 질문하고 공유하며 심리를 드러낸다

구글과 네이버의 검색 기능은 당초 고객의 마음을 읽기 위한 것이 아니었다. 포털 데이터는 인간의 심리를 이해하기 위해 만들어진 것이 아니기 때문이다. 포털은 단지 사람들이 궁금해하는 정보를 더 잘 찾게 하기 위한 온라인의 관문이었고 네이버의 블로그나 카페나 소셜 네트워크는 온라인 사용자들이 본인들이 나누고 싶은 것들을 더 편하고 쉽게 공유할 수 있는 가상의 공간이었다.[5]

하지만 결과적으로 사람들이 온라인에서 지식을 찾고 의견을 공유하면서 남기는 흔적들은 사람들의 심리를 드러내는 데 엄청나게 기여하고 있다. 다시 말하면 사람들이 정보를 검색하는 그 행위 자체가 엄청난 정보가 된 것이다. 우리는 사람들이 언제 어디서 무엇을 검색하는지를 통해 진정으로 원하는 것이 무엇인지, 걱정하는 것이 무엇인지, 두려워하는 것이 무엇인지를 잘 이해할 수 있게 되었다.[6]

트럼프의 대통령 당선을 예측했던 우종필 교수는 저서 『빅데이터 분석대로 이루어진다』에서 검색량 데이터를 활용해서 주가와 매출액을 예측하는 방식에 대해서도 시도했다. 기업과 브랜드에 대한 관심이 기업과 브랜드와 상품에 대한 검색으로 나타나고, 상품의 구매로 연결될 가능성이 크다. 결국 소비자들의 구매가 증가하면 매출액이 증가하고 기업의 주가는 장기적으로 가치에 수렴하므로 주가 상승으로 연결될 것이라는 가정하에 연구를 했다.

월마트와 아마존을 포함한 미국의 상위 10개 유통 기업 대상으로 구글 트렌드와 매출액 예측을 시도한 결과, 일부 외부적인 환경의 변화와 예측 불가한 호재나 악재 발생의 변수는 있으나 5년 단위의 장기로 봤을 때 검색량과 매출액은 트렌드가 비슷하게 움직이는 것을 발견했다. 그리고 검색량이 꾸준하게 증가하는 아마존, 크로거, 코스트코, 홈디포, 월그린 등은 주가도 안정적으로 우상향했으며 검색량의 증가가 없는 월마트나 타깃은 주가가 불안정한 모습을 보이는 것으로 나타났다. 결과적으로 정확한 예측은 불가능하지만 장기적인 관점에서 기업의 매출액과 주가도 검색량과 밀접한 상관관계가 있다는 것을 보여주었다.[7]

네이버 데이터랩에는 위의 검색 트렌드와 상품 카테고리별 인기 검색어나 연관 검색어 외에도 비즈니스에서 활용할 수 있는 유용한 데이터가 많다. 지역별 업종별 주요 검색처의 동별 검색 관심도 데이터도 있고 지역별 연령별, 성별 카드 소비 업종 데이터도 있다. 카드 소비 데이터는 비씨카드에서 제공하는 데이터를 기반으로 전국, 지역별, 업종별, 연령별, 성별 카드 사용 내역의 통계 데이터다. 예전에는 비용과 시간을 들여 조사해도 구하기 어려운 자료를 상대적으로 쉽게 구할 수 있는 시대가 된 것이다.

구글트렌드에서는 구글 포털뿐 아니라 유튜브 검색어의 데이터 정보도 포함하고 있다. 동영상 중심의 앱 이용 패턴이 증가하고 있다. 특히 Z세대는 유튜브를 검색 툴로 사용한다는 것을 고려하면 구글은 네이버와는 다른 데이터 가치를 전해준다. 포털에서 오픈한 공개 데이터는 아무리 많이 조회하고 활용해도 따로 비용을 내지 않는다. 그런데 기업 입장에서 중요한 많은 트렌드 데이터를 제공하고 있다. 기업이 아무리 큰돈을 들여 소비자 조사를 해도 얻을 수 없는 데이터들이다. 고객의 심리를 읽고 싶고 누구보다 먼저 트렌드를 알아채고 싶고 자사 브랜드와 제품의 진정한 경쟁력을 알고 싶다면 검색 트렌드와 친해지자. 고객이 드러내놓고 말하지 않는 본심을 알 수 있다.

데이터가 있어도 가치를 창출하지 못한다면 의미가 없다.

　이제 빅데이터만 목적에 맞게 제대로 수집하고 분석한다면 고객을 이해하는 것은 예전보다 훨씬 쉬워졌다. 중요한 것은 분석하고 이해한 것을 활용해 고객에게 중요한 핵심 가치를 전달하는 행동까지 이루어져야 한다는 점이다. '백문이 불여일견百聞不如一見, 백견이 불여일행百見不如一行'이다. 백 번을 듣는 것보다 한 번 직접 보는 것이 낫고 백 번 보고 알아도 한 번 제대로 실행하지 않으면 소용이 없다.

2

어떻게 고객이 원하는 시간에
원하는 것을 사게 할 것인가

기업의 매출은 고객 한 명 한 명이 하루하루 각각의 점포에서 구매한 물건들의 합이다. 전체적으로 보면 비슷해 보이지만 고객의 영수증에 담긴 상품이 다른 것처럼 매일매일의 매출은 조금씩 그 유형이 다르다. 거래를 세부적으로 쪼개서 분석해보면 실제 매출이 언제 어디서 어떻게 다르게 일어나는지 더 구체적인 정보를 알 수 있다. 구체적으로 시간과 장소와 구매 상품을 아는 것은 어떤 효과가 있을까?

동일 시간대에 최대 매출을 일으킬 방법을 생각하게 되고 같은 매출을 일으키기 위해서 운영 비용을 최소화하는 방법을 고민할 수도 있게 된다. 각각의 점포와 카테고리와 상품별 실시간 매출 현황을 모니터링하면서 이상 탐지를 통해 점포 운영의 문제점을 해결할 수도 있고, 점포별 운영 역량의 상향 평준화로 매출 실기를 방지할 수도 있다.

상권별 피크 시간과 잘 팔리는 상품은 다르다

대형마트나 편의점이 한창 24시간 영업하던 시절이 있었다. 편의점

이 처음 오픈할 때 기존의 슈퍼마켓과 다르게 내세운 차별화 포인트
는 24시간 불 켜진 점포였다. 즉 24시간 영업은 편의점의 상징이었다.
지금도 일부 번화가의 편의점은 24시간 영업을 하지만 많은 영업장이
단축해서 운영한다.

2019년 말 기준 전국의 편의점 숫자는 4만 2,700개다. 기존의 동네
슈퍼가 편의점으로 바뀌었다. 편의점 본사에서 제공하는 상품 소싱
능력과 운영과 발주 시스템 등이 동네 슈퍼를 자생적으로 운영하는
것보다 더 쉽기 때문이다. 편의점주는 프랜차이즈 본사에서 제공하는
상품, 발주·배송 시스템, 그리고 프로모션을 그대로 따르면서 매장의
상품 진열과 운영에만 노력하면 되기 때문에 혼자 상품 매입부터 진
열과 발주 등 모든 프로세스를 관리하는 것보다 더 효율적으로 매장
을 관리할 수 있게 된다.

하지만 그렇다고 해서 갑자기 한적한 시골 마을에서 야간에 손님이
생기지는 않는다. 야간 유동인구가 적은 지역은 24시간 야간 영업 시
의 인건비와 전기세 등의 관리비가 해당 시간에 발생하는 매출로는 커
버하기 어려운 수준이다. 대도시의 번화가, 유흥가, 학교 근처, 역사 등
밤에도 유동인구가 많은 곳은 주간 대비 시급이 비싼 아르바이트를 써
서 야간 영업을 하더라도 이익이 남거나 최소한 손익 분기점은 맞출
수 있다. 하지만 그렇지 않은 곳이 많아지면서 2018년 편의점도 편의
점주와 본사와의 협의에 의해 영업시간을 조정할 수 있게 되었다.

대형마트도 마찬가지다. 대형마트는 가정에 필요한 다양한 종류의
생필품을 저렴한 가격에 편리하게 구매할 수 있게 해주는 것이 미션
이다. 대형마트는 맞벌이 부부의 증가 추세에 발맞추어 24시간 영업
을 통해 주간에 쇼핑이 어려운 고객 대상으로 구매 편의성을 증가시

키면서 야간 시간의 추가 매출 확보를 추진했다. 하지만 전통 시장 활성화 차원의 대형마트의 규제와 함께 온라인몰과 홈쇼핑 등 무점포 쇼핑 채널의 성장, 인건비의 증가 등 영업 환경 변화에 따라 대형마트는 24시간 영업 체계를 폐지했다.

심지어 매장별로 개점 시간과 폐점 시간을 달리 운영하고 있다. 시간대별로 매장을 방문하는 고객의 객수와 객단가를 분석하고 주변 경쟁사 유통 점포의 개점 시간과 폐점 시간을 고려해서 고객의 쇼핑을 불편하게 하지 않으면서 운영 효율을 고려한 영업시간을 선택하는 것이다. 아침 8시에 개점하는 점포부터 10시에 개점하는 점포가 있고 저녁에 빠른 곳은 10시에 폐점하고 늦으면 자정 또는 1시까지 영업하는 곳이 있다.

시간대별 매출과 고객수를 고려할 때 회사 전체의 매출을 기준으로 체크하는 것이 아니라 지역 점포별로 시간대별 매출과 고객수를 확인해 점포별로 최적화된 영업시간을 결정하는 것이다. 이것은 유통뿐 아니라 레스토랑이나 커피숍 등도 마찬가지다. 굳이 지역별로 분포되어 있는 매장의 영업시간을 표준화할 필요는 없다. 각 지역 고객의 특성에 맞게 운영하는 것이 고객의 쇼핑을 편리하게 하면서도 영업 기회 손실은 최소화하고 이익을 최대로 한다.

오피스 상권에 있는 커피 전문점은 최소 7시 반에서 8시에는 영업을 시작해야 한다. 아침에 직장인들이 모닝커피를 들고 출근하는데 9시 또는 10시에 매장을 오픈한다면 아침 매출의 상당 부분을 포기해야 한다. 실제 매출이 8시부터 본격적으로 올라간다고 하더라도 8시 전에 출근해 커피를 마시려는 고객들이 있기 때문에 영업 시간을 늦추면 고객의 불편과 불만을 만들어내고 그런 고객들은 인근의 대체 카페를 찾게 될 것이다.

커피처럼 입맛을 익숙하게 만드는 것이 중요한 상품들은 다른 대체 매장을 방문할 기회를 줄이는 게 좋다. 스타벅스가 한국에 상륙해서 뿌리내리게 된 핵심이 아침 모닝커피족을 사로잡은 것이었음을 기억하자. 스타벅스 매출은 아침 출근 시간대와 점심시간에 가장 피크를 보인다. 모닝커피를 마시고 점심 식사 후 커피를 마시는 게 일상인 시대다. 피크 타임을 알면 인력이나 매장 운영을 효과적으로 운영하기 위한 최적의 운영 방안을 마련할 수 있다. 추가로 고객이 없는 아침과 밤 시간의 영업시간을 적절히 조정함으로써 운영 비용을 효율화할 수 있다.

지역별로 차별화해야 하는 것은 운영 시간만이 아니다. 지역별로 판매하는 상품의 종류는 같더라도 상품별 판매 비중은 다를 수밖에 없다. 오피스가 편의점과 주택가 편의점과 대학가 편의점에서 잘 팔리는 상품은 서로 다르다. 유통 매장이나 레스토랑 같은 경우는 재고 관리와 상품 회전이 굉장히 중요한 비즈니스다. 유통의 경우 한정된 공간의 진열대에 상품을 진열해서 최대한으로 많이 판매해야 한다. 시간당 1번씩 팔리는 상품과 하루에 1번씩 팔리는 상품과 삼 일에 1번씩 팔리는 상품이 있다면 어떤 상품의 진열 공간을 늘려야 할까? 그 상품들의 진열 공간은 어떻게 구성해야 할까?

만약 1주일에 1번씩 팔리는 상품이라면 그럼 차라리 없애는 것이 좋을까? 고객이 해당 상품을 구매할 때 한 번에 평균 몇 개를 사는가? 이런 상품별 평균 구매주기, 구매 빈도, 1회 구매 개수 등을 분석해서 최적화된 상품 진열 구성을 하는 것이 필요하다. 자주 팔리는 상품의 공간을 늘리는 것이 필요하긴 하지만 그 공간을 너무 늘리면 빈도는 낮더라도 고객이 편의점에 있어야 한다고 생각하는 물품 등의 진열 공간이 모자라게 되고 구매 빈도가 낮은 상품을 취급하지 않다 보면 어느새 해당 점포는 상품 구색이 떨어져서 없는 물건이 많다는 인식을 줄 수도 있다.

이렇듯 각 매장의 상품 판매 분석이 중요한 이유는 그 매장에 최적화된 상품 구색을 갖추고 각 매장에서의 진열이나 행사 점검 등에 들어가는 인력과 운영 시간을 최적화하기 위해서다. 보통 유통의 운영팀 또는 마케팅팀에서는 판매하는 상품의 종류가 비슷한 점포들을 세분화해 비슷한 점포 그룹으로 나누고 점포 그룹별로 상품 구색과 진열과 운영을 차별화한다. 같은 편의점이더라도 주택가 편의점에서는 신선식품이나 야간에 먹을 수 있는 안주 등의 비중을 키우고 학원가 편의점에서는 삼각김밥이나 컵라면 등의 상품 취급 비중을 늘리면서 상품 종류도 다양하게 만들어 지역 내의 다른 경쟁 매장 대비 취급 상품과 가용성을 높이는 것이다.

최근 편의점들은 상권의 포화와 온라인 유통의 확대에도 불구하고 1~2인 가구의 확대와 차별화된 상품 소싱 역량을 기반으로 오프라인 유통의 핵심으로 성장 중이다. 최근 편의점에서 뜨고 있는 상품 중 소용량 과일팩과 도시락이 있다. 이마트24는 2019년 연말 언론 보도자료를 통해 자르지 않고 간편하게 먹을 수 있는 소용량 과일의 판매 확대 트렌드를 공유했다. 이마트24에서의 과일 매출은 2017년에 116.7%, 2018년에 84.1% 성장했으며 2019년 1~10월 기간 중 73.3% 성장하면서 고속 성장을 이어가고 있다. 그럼 소용량 과일은 주로 어디서 판매될까? 특히 주택가·원룸 상권의 과일 매출 비중이 38%였고 오피스 상권이 24.4%로 높은 수준이었다. 가장 많이 팔리는

소용량 과일팩 판매 상권 비중

	주택가·원룸가	오피스가	유통가	학원가	기타
매출 비중	38%	24.4%	7.8%	5.3%	24.5%

(출처: 이마트24 2019년 발표 자료)

편의점 도시락 판매 상권 비중

	주택가·원룸가	오피스가	학원가	유흥가	기타
매출 비중	42.2%	25.9%	7.4%	6.4%	18.1%

(출처: GS리테일 2018년 발표 자료)

톱 3 과일은 바나나, 세척 사과, 커팅 컵과일로 다이어트를 위한 아침 과 점심 식사 대용 또는 디저트용으로 많이 팔린 것으로 추정했다.[8]

　편의점 도시락도 최근 몇 년간 급격히 성장 중이다. 2013년 799억 원이던 편의점 도시락 시장은 2019년 5,000억 규모로 성장했다. 2018 년 말 GS리테일의 발표에 의하면 도시락 매출은 점심시간인 오전 11 시~오후 1시까지 매출 비중이 22.7%로 가장 높고 이어 오후 5시~7시 18.2%, 저녁 8시~11시까지 18.3%를 차지한다. 역시 주요 상권은 1인 가구가 많은 주택가·원룸가와 오피스 상권으로 매출 비중이 70%다.[9]

판매량을 기반으로 한 발주량은 충분하지 않다

　상권별 점포별 주요 상품의 판매량을 좀 더 세부적인 시간과 점포 기준으로 제대로 파악하는 것은 어떻게 고객 경험을 개선할 수 있을 까? 나는 최근 1년간 편의점 도시락과 삼각김밥으로 식사를 한 적이 몇 번 있었다. 주로 회의나 업무로 점심이나 저녁 식사를 놓쳤는데 바 빠서 짧은 시간 안에 허기를 해결해야 할 때 급한 대로 편의점을 이 용했다. 그런데 두세 번 중 한 번은 삼각김밥이나 도시락 매대가 거의 비어 있어서 구매하지 못하는 경우가 발생했다. 나는 마음에 드는 식사 해결을 못 하고 편의점은 매출 기회를 잃은 것이다. 한두 번이 아닌 것을 보면 해당 점포는 꽤 보수적인 주문 체계를 운영하는 것으로 보인다.

편의점 즉석식품인 도시락이나 샌드위치나 김밥 등은 판매량, 날씨, 요일 등 고려해서 발주량을 결정하고 매일 두 번에 나누어 배송한다. 유통 기간이 매우 짧기 때문에 유통 기한이 지난 것은 매대에서 바로 제외하고 폐기한다. 따라서 오더는 보통 기존의 발주, 판매 데이터, 폐기 데이터를 기본으로 요일 지수와 날씨 데이터를 반영해 생성한다. 그런데 판매 수량은 절대 발주 수량을 초과할 수는 없기 때문에 기존 대비 수량을 더 주문하려면 폐기량이 상당 기간 '0'이어야 한다. 그렇지 않으면 폐기를 최소화하기 위해 보수적인 주문을 할 수밖에 없다. 여기에 편의점 도시락과 삼각김밥의 재고가 항상 부족한 이유가 있다.

판매량을 체크할 때 각 점포의 품절 시간을 시간과 분 단위로 체크하는 편의점은 얼마나 될까? 어떤 편의점은 12시 전에 판매가 완료되었을 수 있고 어떤 편의점은 오후 5시에 판매가 완료되었을 수도 있다. 재고 소진 시간을 고려하지 않은 판매량은 그리 유효하지 않다. 또는 유통에서의 진열 효과를 고려하면 판매 완료 시점보다는 각 즉석식품의 재고가 1~2개 남은 시점을 점검하는 게 더 유효할 수 있다.

유통에서 진열은 생각보다 고객의 구매에 큰 영향을 미친다. 상품이 풍성하게 진열되어 있어야 구매 욕구가 생기는 것이다. 일반적으로 고객은 진열대에 1~2개밖에 남지 않은 유통 기한 얼마 안 남은 상품은 구매하고 싶어하지 않는다. 즉 재고가 얼마 안 남은 시점부터 이미 매출 실기가 발생했을 수 있다는 것이다. 따라서 상품이 입고된 이후의 시간대별 또는 10분 단위 판매량을 체크해 재고가 언제 최소 재고 수준 아래로 떨어지는지를 측정해야 한다. 점포별 판매 기회 손실분을 추정하고 주문량을 결정하는 것이 판매를 늘리면서도 폐기를 최소화하는 수준을 찾는 의미 있는 방법이 아닐까 생각한다.

최근 세븐일레븐은 유통 기한 임박 상품 거래 플랫폼인 '라스트 오더'를 도입했다. 대상 품목은 도시락, 삼각김밥, 김밥, 유제품 음료 등 유통 기한이 짧은 330개 상품이다. 라스트 오더 플랫폼 사용을 통해 유통 기한 임박 상품을 저렴하게 판매해 재고 소진을 하는 동시에 고객의 방문을 유도하는 것이다. 라스트 오더 도입에 따른 폐기량의 축소는 발주를 적극적으로 할 수 있게 해주었다. 발주량의 확대로 각 편의점 매장은 구색과 진열을 강화할 수 있게 되었다. 이는 기본적인 상품 판매를 확대하는 효과를 가져왔다. 일부 미판매 상품이 발생해도 라스트 오더로 폐기는 면할 수 있게 되자 적극적인 발주가 가능해진 것이다. 라스트오더 도입 후 상위 100개점 매출 분석 결과 대상 상품 전체 발주는 전년 대비 21.8% 증가했고 판매는 24.6% 증가했으며 폐기는 오히려 6.4% 감소했다.[10] 판매량만으로 발주를 결정했을 때의 기회 손실이 20~30% 정도 된다는 것을 보여주는 사례이면서도 디지털 플랫폼 활용을 통해 간편 식품의 고객 경험을 개선한 사례로 볼 수 있다.

매출과 이익은 기업 전체의 합을 본다. 하지만 최고의 매출과 이익을 내기 위해서는 누가 언제 어디서 무엇을 어떻게 사는지를 세부적으로 구분해서 봐야 한다. 그래야 점포별, 시간대별, 지역별 최적화된 운영을 할 수 있다. 아무리 편의점이나 대형마트 매출이 감소하고 있다고 해도 평균의 문제이지 어느 점포는 여전히 매출이 증가하고 어떤 상품은 잘 팔린다. 결국 누가 언제 어떤 상품을 사는지를 분석하되 최대한 세부적으로 쪼개서 분석하고 살펴봐야 각 점포의 매출을 극대화할 방법, 이익을 최대로 할 방법을 찾을 수 있다.

요일별로 잘 팔리는 상품의 종류가 다르다

24시간 열려 있는 온라인몰도 마찬가지다. 시간대별로 방문하는 고객들의 쇼핑 패턴을 분석하면 요일별과 시간대별로의 매출을 최대화할 기회가 있다.

티몬의 2015년 상반기의 매출 분석 결과 발표 자료에 의하면, 월요일의 매출 비중이 16.3%로 가장 컸고 토요일의 매출 비중이 11.1%로 가장 낮았다. 이런 트렌드는 주말의 매출이 가장 큰 오프라인 유통과 정반대의 요일 트렌드다. 티몬 측은 육아용품의 경우 주말 동안 동이 난 물티슈, 기저귀, 분유 등을 월요일에 대거 주문하는 경향이 있다고 밝혔다. 가전제품은 주말 동안 고민한 뒤 월요일에서야 최종결심하고 구매하기 때문으로 분석했다. 문화 상품의 경우 금요일부터 매출이 증가해 토요일 매출이 가장 크게 올라가는 경향이 있다. 같은 쇼핑몰에서도 카테고리별로 요일별 매출 비중에는 차이를 보인다. 이는 주말로 갈수록 야외활동을 계획하고 실제 주말에는 문화와 쇼핑 등의 야외 활동을 즐기는 일상을 그대로 보여준다.[11]

11번가는 2018년 언론 발표를 통해 1분기 모바일 쇼핑 거래액 비중이 64%까지 증가했다고 발표하며 연령대별 주요 쇼핑 시간과 주 구매 품목을 소개했다. 11번가의 모바일 쇼핑 주 고객층은 30대 여성과 30대 남성으로 각각 26.3%와 17.6%의 매출 비중을 점유한다. 다음으로 40대 여성(17.1%)과 40대 남성(15.6%)이고 20대 여성(8.1%)과 20대 남성(4.6%)의 매출 비중은 매우 낮다. 직장 초년생 또

티몬 요일별 매출 추이

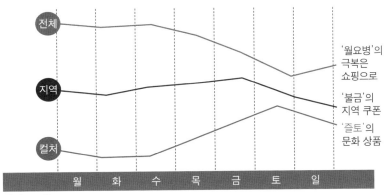

(출처: ZD넷)

는 주부인 20대 후반에서 30대 고객들은 점심시간 직전인 오전 11시에 모바일 쇼핑을 가장 많이 한다. 25~29세는 '커피 e쿠폰'을 구매했고 30~39세는 기저귀를 가장 많이 구매했다. 학생인 15~24세 연령대는 오후 10~11시에 결제가 가장 많고 주로 화장품(페이스 메이크업)을 구매하고 40~54세의 중년층은 밤 11시에 가장 결제 건수가 많았다. 연령대별 결제건수 상위 1~5위 품목을 살펴보면 10대, 20대는 주로 뷰티·패션용품을, 30대, 40대는 기저귀·물티슈·커피 등 생필품, 50대, 60대는 과일·쌀·영양제·등산복 등 신선식품, 건강관리 용품을 주로 구매하고 있었다. 연령별, 시간대별 접속 현황과 주 구매품목을 알게 되면 온라인몰의 상품 디스플레이와 프로모션 전략을 그에 맞추어 차별화할 수 있다.[12]

날씨와 온도는 상품 카테고리별 판매량에 영향을 준다

같은 요일과 시간대여도 비가 오는 날, 눈이 오는 날, 날씨가 맑은 날에 판매되는 상품은 다를 수밖에 없다. 여름에는 최고 온도, 최저 온도에 따라 시즌상품의 매출이 달라진다. 여름에 더우면 음료수와 아이스크림이 많이 팔린다. 하지만 낮에 아무리 더워도 야간에 덥지 않으면 에어컨은 잘 판매되지 않는다. 낮에는 더우면 시원한 곳을 방문하거나 샤워를 하는 등 더위를 식힐 방법을 찾을 수 있지만 밤에는 더우면 피할 곳이 없다. 에어컨의 판매량은 야간 최저 온도가 25도가 넘어가는 열대야가 며칠 동안 지속되는지에 영향을 받는다.

즉 같은 여름 상품이어도 최고 온도가 중요한 상품이 있고 최저 온도가 중요한 상품이 있다. 또 열대야 여부가 중요한 상품이 있다. 겨울에도 최저 온도가 어디까지 내려가고, 얼마 동안 추위가 지속되면 방한 패딩이나 방한 부츠나 장갑이나 머플러의 매출이 증가하는지가 다르다. 날씨와 매출의 상관관계는 날씨와 온도별로 판매된 상품의 데이터를 분석해 파악하는데 판매 절대량의 증감보다는 판매량의 증가율을 본다. 아무리 시즌 상품의 매출이 증가해도 매일 먹는 우유나 라면보다 더 많이 팔리지는 않기 때문에 절대값으로 분석하면 의미 있는 데이터를 찾기 어렵다.

날씨나 미세 먼지 등의 외부 환경에 의한 상품별 판매 추이를 분석하면 해당 시즌에 해당 상품들의 취급을 확대하고 재고를 확보하고 가격 행사를 진행하여 고객을 유입하면서도 동시에 매출 기회 손실을 최소화할 수 있다. 이미 기업들이 보유한 포스 데이터와 날씨 데이터를 연결하여 과거의 추세 분석을 통해 미래를 준비하는 것은 빅데이터 활용의 기본이다.

실시간 판매량 체크를 통해 현재의 기회 손실을 최소화하는 방법이 결국 매출을 극대화하는 방법이다. 또한 고객이 원하는 상품을 필요한 시점에 구매할 수 있게 하는 것은 유통에서 고객 경험의 기본이다.

실시간 모니터링으로 주요 행사 상품 실기를 방지한다

전국에 흩어져 있는 오프라인 유통의 경우, 각 매장 단위의 방문객과 매출액 실시간 모니터링 체계를 만들어서 운영 최적화와 매출 극대화를 추진할 수도 있다. 행사 상품이 진열되지 않았거나 주문량이 적정하지 않으면 전체 방문객 대비 판매량이 극히 적거나 없을 수 있다. 점포별 실시간 모니터링은 점장 또는 점주의 실수에 의한 영업 기회 손실을 방지해줄 수 있을 뿐 아니라 반대로 판매량이 높은 점포의 진열 사례 등을 타 점포에 실시간으로 전파해 전체 점포의 역량을 올려 매출 상승을 유도할 수 있다.

결과 분석은 이미 지나간 것이므로 다음을 기약해야 하는 끝난 싸움이다. 특히 유통은 매일 매시간 고객에게 상품을 판매해야 하는 곳이고 따라서 타이밍이 매우 중요한 사업이다. 실시간 판매량 체크를 통해 현재의 기회 손실을 최소화하는 방법이 결국 매출을 극대화하는 방법이다. 또한 고객이 원하는 상품을 필요한 시점에 구매할 수 있게 하는 것은 유통에서 고객 경험의 기본이다.

시간대별, 채널별, 점포별, 지역별로 합해진 결과인 각각의 매출과 이익을 최적화하기 위한 분석과 모니터링은 빅데이터의 필수 분석 사항이다. 고객이 원하는 상품을 원하는 시점에 가장 편리하고 저렴하게 구매할 수 있는 경험을 주어야 하기 때문이다. 얼마나 쪼개어보고 더 깊이 파고들어 가는지에 따라 의미 있는 인사이트 확보가 가능해진다. 그리고 성과를 확대할 수 있는 액션으로 들어갈 수 있다. 아는 만큼 그리고 미리 준비하고 대비한 만큼 그 시점에 성과도 얻을 수 있다. 매출도 상품 단위별, 시간대별, 점포별로 쪼개어보자. 그동안 크게 뭉쳐 있어 보이지 않던 것들을 볼 수 있다. 무엇보다 빅데이터 기술의 진화로 실시간 모니터링이 가능해졌고 1일 단위 분석이 아닌 1분 단위, 10분 단위의 데이터 분석도 가능해졌다. 무엇을 더 쪼개어볼 수 있을까, 어떤 것을 최적화할 수 있을까 생각해보자.

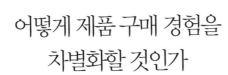

3

어떻게 제품 구매 경험을
차별화할 것인가

고객들이 구매하면서 가장 많이 고민하는 제품 중 하나가 의류와 패션 용품이다. 디자인, 색상, 옷의 핏fit, 다른 옷들과의 스타일링 등 고려해야 하는 요소가 매우 다양하다. 그래서 살 때도 고민을 많이 하지만 막상 본인이 사놓고도 실제 잘 입지 않게 되는 옷도 많다. 온라인으로 가장 많이 판매되는 상품이 의류인데 또 입어보고 사지 않으면 가장 불안한 것도 의류다. 그래서 의류와 패션 분야는 빅데이터로 고객의 취향을 파악할 수 있다면 구매 전환율과 고객 만족도를 높일 수 있다.

최근 패션 분야에서는 빅데이터를 제품 구매 경험에 활용하는 두 가지의 방식이 있다. 한 가지는 고객의 체격과 사이즈를 고려한 핏의 개인화고 또 다른 한 가지는 스타일링에서 취향을 고려한 개인화다. 빅데이터, 인공지능, 로봇 등 신기술의 발전에 의한 디지털 트랜스포메이션Digital Transformation이 이루어지면서 공장의 제조 방식과 프로세스에도 혁신이 이루어지고 있다. 바로 스마트 팩토리Smart Factory다.

스마트 팩토리는 단순히 공정 자체를 자동화로 연결하는 것에서 나아가 로봇에 의한 100% 자동화된 생산 공정으로 제품 생산을 맞춤형으로 제작할 수 있게 만들어준다. 입력된 데이터에 따라 인공지능 알고리즘을 통해 로봇이 생산 프로세스를 진행하는 것이다. 로봇, 인공지능, 사물인터넷, 그리고 고객의 데이터를 기반으로 맞춤형 제품을 생산해낼 수 있는 시대가 열렸다. 고객들의 데이터에 맞추어 제품의 생산을 개인화하는 시도가 나타나고 있다.

아디다스는 스피드 팩토리로 맞춤형 슈즈를 생산한다

아디다스는 2015년 12월 독일 안스바흐에 스피드 팩토리Speed Factory를 설립하여 2017년부터 신발 생산을 시작했다. 그리고 2018년에는 미국 애틀란타에도 또 하나의 스피드 팩토리를 설립했다. 스피드 팩토리는 연간 50만 켤레의 아디다스 신발을 고객 맞춤형으로 제작할 수 있게 모든 공정이 자동화된 신발 생산 공장이다. 아디다스 퓨처팀의 게르트 만츠Gerd Manz는 언론과의 인터뷰에서 스피드 팩토리를 만든 이유에 대해 "운동선수들이 원하고 필요로 하는 것에 더 빠르고 더 유연하게 대응하고 싶어서 제품을 생산하는 방식에 대해 다시 생각해보게 되었다."라고 말했다.[13]

신발을 만드는 원재료의 가공부터 시작해서 한 켤레의 신발을 만드는 데 전통적인 방식으로 60일이 걸린다. 신발 한 켤레를 만든다고 생각해보자. 한 공장에서 모든 공정이 다 이루어지는 것이 아니다. 신발 밑창, 가죽, 신발끈 등 각각의 소재들이 다른 공장에서 가공돼 신발 공장에 도착하면 다시 손으로 일부 바느질과 접착 작업 등이 필요하다. 신발이 만들어지면 다시 생산 공장이 있는 곳에서부터 유럽이

아디다스 스마트 팩토리

나 미국의 판매점까지 물류 이동을 하는데 또다시 60일 정도 걸린다. 스피드 팩토리 콘셉트는 신발을 판매할 지역에 위치한 공장에서 대부분의 생산 공정을 직접 진행하는 것이다. 생산에서 유통과 판매까지의 시간을 대폭 줄이는 방법이다. 그러기 위해 생산과 관련된 모든 프로세스를 로봇을 활용해 자동화한 것이다. 전체 프로세스의 자동화 공정을 통해 스피드 팩토리는 60일에 이르는 생산 기간을 하루이틀 이내로 단축할 수 있었다. 그뿐만 아니라 전체 공정을 진행하기 위해 600명이 필요했던 일을 단 10명이 진행할 수 있게 되었다. 10명이 하는 일은 신발 생산이 아니라 스마트 팩토리의 로봇과 시스템을 점검하는 일이다.[14]

아디다스의 스피드 팩토리는 제조 및 유통 프로세스 혁신뿐 아니라 고객 혁신 측면에서도 제품 경험을 차별화하고자 했다. 내부 프로세스 혁신 측면에서는 각 제품의 생산과 관련된 프로세스 자동화를 통해 상품 기획부터 시제품 제작, 주문, 생산, 유통까지 단축할 수 있다. 소량 생산 및 납품이나 주문 후 제작 등의 단납기 체계가 가능해짐에 따라 디자인에 따른 제품 재고를 최소화할 수 있게 만들어주고 인기 상품의 경우 매출 기회를 극대화하게 해준다. 인기 제품의 경우 컬러 등의 차별화를 통해 고객의 다양한 니즈에 맞출 수 있고 시장별, 디자인별, 색상별 판매량 데이터로 향후 상품 기획 및 판매량 예측도 더 정확하게 할 수 있게 만들어준다.

고객 경험 혁신 측면에서 각 고객은 발 길이 중심의 표준화된 제품 사이즈가 아니라 발 길이, 발 볼의 너비, 발등의 높이, 평발 여부 등 본인의 발의 사이즈와 특징에 따라 제품을 선택할 수 있게 된다. 지금 열 살인 내 딸은 평발이고 발등이 높다. 일반적인 운동화나 구두를 신기면 발등을 아파서해서 밤마다 주물러줘야 한다. 최근에야 우리는 아이의 발이 평발이라는 것을 알게 되었고 신발 내부 밑창을 별도로 주문 제작해서 신기고 있다. 이제 발등이 아프다고 호소하는 경우는 거의 없어졌다. 그래도 여전히 신발을 구매할 때는 발등을 누르지 않는 신발을 선택하기 위해 많은 고민을 한다. 만약 고객별 맞춤 사이즈를 기반으로 디자인만 선택해 자동화에 의해 고객 맞춤으로 제작할 수 있다면 그 가격이 기성품 신발 대비 좀 더 비싸더라도 고객들의 상당수는 구매 의향이 있을 것이다. 주문하는 고객의 사이즈 데이터 보관은 다음번 주문을 쉽게 만들어준다.

하지만 2019년 말 아디다스는 기존의 미국과 독일의 스피드 팩토리 문을 닫는다고 공식 발표했다. 다양한 종류의 제품을 생산하는 데는 기대했던 것보다 한계가 있었다고 한다. 아디다스는 연간 4억 켤레의 신발을 생산하는데 스피드 팩토리 두 곳에서 생산되는 물량은 100만 켤레에 불과했다. 전 세계 최초의 시도이다 보니 생산 자동화 시스템에 문제도 있었고 공급망과 풀어야 할 숙제도 있었다.[15] 아직 최종적으로 아디다스가 스피드 팩토리를 언제 어떤 방식으로 시장에 확대 적용할 수 있을지는 오픈되지 않았다. 하지만 고객의 취향과 사이즈에 따른 스마트 팩토리 제조 방식은 가능성이 검증되었다. 스피드 팩토리 콘셉트의 고객 맞춤형 자동화 공장 적용과 확산은 먼 미래 얘기가 아니다.

조조타운은 개인별 신체 사이즈 맞춤형 슈트를 만든다

의류에서도 고객별 체형에 따라 상품을 제작하고 판매하는 브랜드가 있다. 일본 기업 스타트투데이에서 운영하는 '조조타운ZOZO Town'이라는 패션 전문 온라인 쇼핑몰이다. 조조타운에는 약 6,400개의 브랜드와 65만 개의 상품이 등록되어 있다. 조조타운은 사물인터넷 기술 활용 센서가 부착된 잘 늘어나는 조조 슈트를 개발했다. 고객들에게 신체 사이즈를 측정할 수 있는 조조 슈트를 배송비 200엔만 받고 무료로 배포했고 고객이 조조 슈트를 입고 블루투스를 통해 쇼핑몰에 자신의 사이즈 데이터를 저장할 수 있게 만들었다.[16]

개인별 신체 사이즈 맞춤형 상품에 대한 고객 반응은 폭발적이었다. 조조 슈트는 2018년 1월 출시 이후 6개월 이내 55만 장이 배포되었고 예약 수까지 합치면 100만 건을 넘어섰다. 2018년 4월 회사가 발표한 자료에 의하면 조조 슈트를 받은 고객의 60%가 신체 치수를 측정했고 측정한 고객의 50%가 실제 상품을 주문했으며 1인당 주문 건수는 약 2.5벌이었다. 본인의 신체 치수를 측정해서 주문했기 때문에 반품은 '0'이었다고 한다. 조조타운은 고객이 상품 주문 시 사이즈뿐만 아니라 핏이나 형태도 직접 선택하게 했다. 말 그대로 신체 사이즈에 스타일까지 맞춤형으로 주문하고 맞춤형으로 제작이 가능하게 된

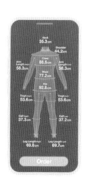

조조타운은 상품 주문 시 사이즈뿐만 아니라 각 상품의 핏이나 형태도 고객이 직접 선택하게 했다. 말 그대로 신체 사이즈에 스타일까지 맞춤형으로 주문하고 맞춤형으로 제작이 가능하게 된 것이다. (출처: 조조타운)

것이다.[17]

　패션 의류를 구매할 때 고객이 가장 고민하는 것은 본인의 신체 사이즈에 맞을 것인가이다. 90/95/100/105/110의 사이즈 체계는 표준화되어 있는 것처럼 보이지만 사실 브랜드마다 사이즈가 다르다. 같은 브랜드 내에서도 티셔츠, 셔츠, 니트와 재킷 등 의류 형태에 따라 같을 수도 있고 다를 수도 있다. 가슴둘레, 어깨너비, 옷의 길이, 팔길이를 표준화했기 때문에 가슴둘레와 옷의 길이는 맞아도 팔 길이가 너무 길거나 짧을 수도 있다. 어깨는 맞는데 가슴이 꼭 낄 수도 있다. 그리고 이렇게 다른 사이즈는 온라인몰의 주요 반품 사유가 된다. 꼭 온라인이 아니더라도 오프라인으로 옷을 구매할 때도 완전히 맞는 옷을 찾기는 어렵다. 옷을 사서 재킷 팔 길이나 바지 길이를 수선한 경험을 다들 가지고 있을 것이다. 나의 사이즈와 나의 스타일에 맞는 상품을 주문하는 것, 옷을 살 때마다 사이즈가 고민인 사람들이라면 반기지 않을 이유가 없다.

조조타운은 판촉의 하나로 바디슈트 100만 벌을 일본 전역에 무료로 서비스하면서 사람들의 관심이 쏠리자 진, 티셔츠, 비즈니스 슈트 등 수백만 벌의 바디슈트가 팔릴 것으로 예상하고 2018년 하반기에 미국, 영국, 독일, 브라질, 인도 등 세계 시장을 무대로 대대적인 판촉 활동을 전개했다. 수년 내에 매출 5조 엔으로 세계 10위권 의류업체 도약을 꿈꿨다. 하지만 1년을 못 버티고 해프닝으로 싱겁게 막을 내렸다.[24] 조조타운은 2018년 말 일본에 이어 2019년 4월 미국 및 유럽 등 국가에서 조조 슈트 주문을 받지 않으면서 해당 맞춤형 제품 사업을 중단했다. 미국과 독일의 사무소도 문을 닫았다.[18]

출시 초기 엄청난 고객 반응에도 불구하고 1년 만에 사업을 접은 이유는 무엇일까? 바디 슈트는 무료 배포로 선풍적인 인기를 얻었다. 하지만 막상 앱을 통해 바디 슈트 영상을 확인한 고객의 상당수가 실제 구매로는 연결되지 않았다. 2018년 4월의 회사 발표 자료에 의하면 무료로 슈트를 받은 고객 중 측정과 주문을 마친 고객은 30%다. 나머지 70%는 무료 슈트만 받고 주문을 하지 않았다. 주문 후 생산과 배송에 최대 몇 개월 걸리는 사례도 있어 주문한 고객의 불만도 많았던 것으로 나타났다. 일부에서는 포카 닷Polka-dot을 활용한 바디 측정이 기대했던 만큼 정밀하지 못하다는 지적도 있었다.[19]

나는 조조타운의 실패의 원인을 두 가지로 판단한다. 한 가지는 맞춤형 의류의 초기 상품 라인업이 티셔츠와 청바지인데 맞춤형에는 어울리지 않는 상품이다. 또 한 가지는 너무 빠른 글로벌 확산이 문제였다. 맞춤형 상품의 가치는 비싼 상품 또는 맞춤형이 필요한 상품에서 빛이 난다. 티셔츠나 청바지는 사실 맞춤형보다는 색상, 패턴, 디자인이 중요한 상품이다. 그런데 맞춤형 상품으로 왜 티셔츠와 청바지를 선정했는지 개인적으로 이해 안 되는 부분이다. 티셔츠보다 오피스용 드레스 셔츠를 맞춤 제작했으면 어땠을까? 사실 기성복에서 가장 핏을 맞추기 어려운 상품이 드레스 셔츠다. 특히 조금만 살이 쪄도 움직일 때마다 가슴 부분 단추가 벌어지기 일쑤이고 어깨 라인도 어색하다. 팔 길이도 맞추기 어렵다.

비즈니스할 때 주로 입는 드레스 셔츠의 경우 나의 사이즈에 맞는 옷을 입을 수 있다면 돈을 더 내더라도 가치가 있다. 게다가 드레스 셔츠는 같은 색상으로도 여러 벌 갖춰야 하는 기본 아이템이다. 오피스용 바지와 재킷도 마찬가지다. 허리와 배와 엉덩이 사이즈, 허벅지 두께, 다리 길이를 모두 딱 맞추기 어려운 것이 정장용 바지인데 스타일까지 맞춤으로 진행하면 고객의 호응이 훨씬 컸을 것이다. 게다가 티셔츠나 청바지보다 필요한 수량이 더 많기 때문에 주문 건당의 매출과 이익이 커서 몇 번의 반복구매로 투자금의 회수가 빨라지지 않았을까 생각한다.

너무 급진적인 글로벌 확산도 문제였다. 비즈니스 모델이 제대로 정착되기도 전에 초기 시장 반응에 흥분해 너무 빠르게 글로벌로 확대했다. 일본에서 조조 슈트 사업을 개시한 그 해에 조조타운은 조조 슈트 모델을 전 세계 72개 국가에서 론칭했다. 맞춤형 의류 판매의 시장을 선점하고 싶은 욕심에 너무 급하게 확산을 하다 보니 조조 슈트의 배포, 맞춤형 제작, 배송의 전체 운영 프로세스를 점검할 시간이 부족했다. 게다가 각국에서 조조 슈트 사업을 홍보하느라 마케팅과 운영을 위해 대대적인 추가 비용을 집행해야 했다. 마케팅 투자는 지속적으로 들어가는데 맞춤형 생산 체제가 따라가지 못해 주문한 상품을 배송받는 데 최대 6개월까지도 걸렸다. 6개월이면 여름에 주문한 상품을 겨울에 받는다는 말이다. 당연히 고객들이 기다릴 수 없으니 주문을 포기했고 주문량이 적으니 조조 슈트의 투자금 회수도 어려워졌다.[20]

　2017년 조조타운의 순익이 400억 엔이었는데 2018년 해외 부문의 적자만 200억 엔이 나면서 전체 사업을 중단하기에 이르렀다. 그리고 2019년 9월 조조타운은 손정의 회장이 이끄는 야후재팬에 지분 50.1%를 약 4,000억 엔에 매각되었다.[21] 조조타운의 조조 슈트는 실패로 끝났지만 고객 경험 측면에서는 획기적이고, 장기적으로 가능한 비즈니스 모델이라고 생각한다. 다만 기술의 혁신을 비즈니스 혁신으로 연결시켜 성공적으로 운영하려면 위에 언급한 바와 같이 운영 프로세스에 대한 디테일한 점검과 고객 구매 단계의 이슈를 잘 확인해서 개선해가야 한다.

　아디다스와 조조타운은 제품 생산 자체의 개인 맞춤화를 추구했지만 아직 성공하지 못했다. 하지만 고객의 취향 분석을 통해 제품을 선택하는 비즈니스 모델들은 성공 사례를 만들어내고 있다.

스티치픽스는 인공지능으로 고객이 원하는 스타일을 찾아준다

　스티치픽스Stitch Fix는 미국의 온라인 패션 전문점이다. 2011년에 오픈했고 2017년 나스닥에 상장해 상장 당일 25%의 주가 상승을 기록한 온라인 구독형 패션 서비스몰이다. 패션몰이지만 데이터에 기반해서 고객의 제품 구매 경험을 혁신한 기업이다.

　스티치픽스가 특별한 이유는 구매할 패션 아이템을 고객이 아닌 인공지능AI 알고리즘과 전문 스타일리스트가 정한다는 것이다. 스티치픽

스티치픽스는 2017년 나스닥에 상장했다.

스의 주문 방식은 이렇다. 우선 고객에게 쇼핑 스타일과 관련된 퀴즈를 내서 패션 트렌드와 쇼핑에 관심이 많은지 아닌지 확인을 한다. 회원가입을 하면 고객이 원하는 가격 범위, 사이즈, 그리고 원하는 스타일의 옷을 입력한다. 스타일을 추천받는 대가로 스타일링 비용 20달러를 지급한다. 그리고 고객이 원하는 시점에 스타일리스트에 의해 최종 픽스된 다섯 벌의 옷들을 집에서 선물상자로 받는다. 받은 물건을 입어보고 마음에 드는 옷은 구매하고 마음에 들지 않는 옷은 반품한다. 상품의 배송, 반품, 교환과 관련된 비용은 모두 무료다. 마음에 들지 않는 옷은 상품이 올 때 함께 온 반품 팩에 넣어 반품하면 된다. 다만 옷이 마음에 들어 구매하게 될 경우, 스타일링 비용으로 부담했던 20달러를 제품 가격에서 깎아준다. 그리고 다섯 벌을 모두 구매하면 제품 가격의 25%를 할인해준다.

고객이 제공한 데이터와 취향을 바탕으로 데이터 사이언티스팀의 알고리즘에 의해 1차 추천된 아이템을 기준으로 전문 스타일리스트

스티치픽스 고객 여정

자기소개	90+	본인의 취향 소개를 통해 의미 있는 스타일 데이터 수집
↓		
취향에 맞는 스타일 매칭	5,100+	스타일리스트가 각 고객의 취향에 맞는 옷을 알고리즘을 통해 선택
↓		
선택된 옷 받기	3일	빠른 결제와 자동화된 주문을 통해 3일 내 배송
↓		
지속 구매	85%	85%의 고객이 후기와 공유 남김

(출처: 스티치픽스 2019년 IR 자료)

가 최종 5개의 아이템을 선정해서 3일 내에 집으로 배송한다. 스티치 픽스에 의하면 배송을 받은 고객의 80%가 추천된 옷 중 최소 하나를 구입하고 첫 구매 후 90일 이내에 재구매를 진행한다고 한다.[22] 2019년 말 기준으로 스티치픽스는 340만 명의 활성화된 고객을 보유하고 있고 남성, 여성, 아동 세 가지의 카테고리 기준으로 1,000개가 넘는 브랜드가 입점해 있다.

1,000개가 넘는 브랜드의 아이템들을 고객의 취향에 맞추어 매칭하는 알고리즘은 고객이 처음 입력한 데이터에서 출발해 고객 스타일을 추천한다. 하지만 그 이후 고객이 구매한 옷, 반품한 옷의 정보, 그리고 고객의 피드백 및 추가적인 정보가 데이터로 축적되고 이 데이터는 지속적으로 스타일 추천 알고리즘에 업데이트된다. 고객의 취향 정보도 확대되고 다른 고객의 구매와 선호 정보가 결합되어 알고리즘은 점점 고객의 취향을 만족시켜주게 되었으며 그에 따라 고객의 구매율이 점차 증가하고 있다. 동시에 고객수도 건전하게 증가하고 있다. 2019년

스티치픽스 개인화 모델

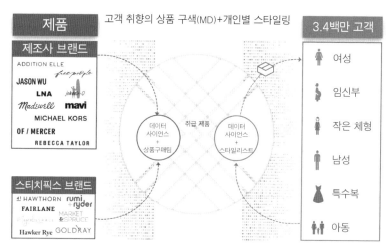

(출처: 스티치픽스 2019년 IR 자료)

기준 매출은 15억 7,000만 달러(한화 약 1조 8,000억 원)이다.[23]

스티치픽스는 지속적인 알고리즘 개선을 바탕으로 스타일 구독 서비스에서 더 나아가 고객들이 데이터 기반으로 옷을 구매하는 다이렉트 바이Direct-Buy 모델도 2019년에 론칭했다. 이미 저장된 고객들의 선호 스타일과 사이즈 데이터를 기반으로 고객이 브랜드 옷들 중 본인의 스타일을 쉽게 찾아서 구매할 수 있게 연결해주는 것이다. 일부 전문가들은 의류에서는 스티치픽스가 아마존도 넘어설 수 있을지도 모른다고 생각한다. 그만큼 스티치픽스는 데이터 수집과 그 데이터를 활용한 알고리즘의 개발, 개선, 고객 구매 경험에의 적용에 뛰어난 회사다.[24]

스티치픽스를 특별하게 만드는 것은 데이터 사이언스다. 스티치픽스는 340만 명의 고객 데이터를 가지고 있다. 이 데이터 안에는 고객들의 피드백과 함께 사이즈 정보와 선호와 비선호 등이 포함되어 있

스티치픽스 이미지

(출처: 스티치픽스 2019년 IR 자료)

다. 어떤 고객들은 몸의 어떤 부분이 살이 쪘고 어디를 가리고 싶은지 등의 굉장히 개인적인 정보들을 회사에 공개한다. 그리고 이런 상호 피드백들은 스티치픽스가 고객과의 관계를 더 강화할 수 있게 도와준다. 더 많은 고객들이 가입할수록 더 많은 정보가 모이게 되고 이러한 정보들은 회사의 알고리즘이 고객들이 좋아하는 것을 더 잘 예측할 수 있게 도와준다.[25]

그런데 데이터 사이언스만큼 스티치픽스 고객을 더욱 만족시키는 것은 기술 위에 올라간 감성이다. 단순히 기술 지향적으로만 접근하는 것은 아니다. 고객이 제공한 데이터 기반으로 인공지능을 통해 스타일링 의류를 선별하지만 최종 스타일 선정은 스타일리스트가 직접 한다. 시간, 장소, 상황TPO, Time, Place, Occasion에 맞는 사람의 감성을 최종 의류 선정 시 반영한다. 그리고 스티치픽스의 배송 박스, 그 안에 픽스된 의류들의 포장 방식, 그리고 스타일링 매뉴얼 등은 받는 사람에게 선물받는 느낌을 준다. 스티치픽스는 첫 거래에서 고객에게 만족을 주기 위해 최선을 다하고 그런 노력은 고객들이 지속적으로 재방문하게 하는 힘이 된다.

와비파커는 안경을 일주일 사용해보고 구매하게 한다

또 다른 제품 경험 혁신 사례는 안경 판매 브랜드 와비파커Warby Parker다. 와비파커는 2010년 와튼 스쿨 출신의 친구 4명이 아이디어를 모아 시작한 안경점이다. 와비파커의 비즈니스 모델은 얼굴형과 취향에 맞는 안경을 고객이 선택해서 테스트해보고 구매를 확정하는 방식이다. 안경은 원래 써보고 사는 것 아닌가? 맞다. 안경점에 들러 시력을 재고 테를 써보고 골라서 맞춤형으로 산다. 그래서 안경값은 매우 비싸다. 써보고 구매해야 하는 안경의 제품 특성과는 맞지 않게 와비파커는 온라인 안경점이다.

와비파커는 직접 안경을 써볼 수 없는 온라인몰의 한계를 극복하기 위해 안경테를 구매하기 전에 안경테 5개를 직접 써볼 기회를 제공한다. '홈 트라이온Home Try-on' 프로그램이다. 고객은 안경 다섯 개를 온라인몰에서 선택한다. 와비파커는 해당 샘플을 고객에게 무료로 배송해주고 고객은 5일 동안 실제 사용해보면서 주변 사람들에게 안경에 대해 의견을 듣는다. 안경점에서 쓰고 혼자 보는 것이 아니라 며칠을 사용하면서 주변 사람들의 평가도 받을 수 있는 것이다. 그리고 그중에 가장 마음에 드는 안경테를 구매하고 샘플은 돌려보낸다. 샘플 배송과 관련된 왕복 배송 비용은 모두 무료다.

온라인몰이지만 안경을 직접 써보는 경험을 할 수 있고 며칠 사용하면서 자기에게 가장 어울리는 스타일을 고를 수 있게 해준 것이 제

뉴욕에 있는 와비파커 매장

품 경험의 핵심이다. 물론 안경테 가격도 95달러로 합리적인 가격 수
준이다. 와비파커가 고객의 샘플 사용 비용까지 부담하면서도 95달러
라는 합리적인 가격으로 판매할 수 있는 것은 안경테 디자인부터 제
조와 판매를 단순화했기 때문이다. 와비파커가 직접 디자인하고 제조
업체에 안경 제조를 맡기고 판매는 온라인몰에서만 진행했기 때문에
품질은 유지하면서도 비용 구조를 최소화한 것이다.[26] 와비파커는 고
객의 샘플 선택과 배송 그리고 구매 시의 불편을 최소화하기 위해 고
객 서비스를 최고 수준으로 유지한다. 와비파커 고객 센터에 전화하
면 6초 안에 상담원과 연결이 된다. 사업 초기에는 오프라인에서 직접
보고 샘플을 선택하고 싶어하는 고객을 위해 창업자 본인의 집에 샘
플을 마련해두고 방문할 수 있게 했다고 한다.[27]

　2019년 와비파커는 안경 프레임의 너비 사이즈를 다양하게 확장했
다. 얼굴형에 따라 프레임 사이즈를 선택할 수 있게 한 것이다. 창립
멤버 중의 한 명인 데이브 길보아Dave Gilboa는 프레임 사이즈를 확장한

상품 론칭에 대해 이렇게 말했다.

"우리가 도매만 했다면 무엇이 잘 팔리고 안 팔리는지의 데이터만 얻을 수 있었을 것이다. 그랬다면 우리는 추가적인 매출 기회를 놓쳤을 것이다."

와비파커의 제품 연구개발팀과 데이터 사이언스팀 그리고 상품 기획팀은 애플의 증강현실AR 키트를 통해 두께 측정 카메라를 개발했다. 그리고 그 카메라를 통해 몇천 명의 고객들의 얼굴을 스캔한 후 3D 제작으로 안경테를 제작한 후 테스트에 자원한 고객을 대상으로 핏 테스트Fit test를 시행했다. 고객 데이터 분석을 통한 다양한 사이즈의 안경테가 기존의 샘플 테스트에 더해져 더욱 편안한 스타일의 안경을 고객에게 제공해줄 수 있게 되었다.[28]

스티치픽스와 와비파커는 사업 론칭 이후 지속적인 성장세를 보이며 비즈니스 모델을 점차 확대해가고 있다. 데이터를 활용한 제품 구매 경험 혁신이다. 스티치픽스와 와비파커가 지속 성장하는 반면 조조타운이 실패한 이유는 접근 방식의 문제였다. 조조타운은 제품 자체를 맞춤형으로 제작하려고 하면서 제작비와 제작 시간에 엄청나게 투자를 했다. 하지만 막상 주문 제작에 따른 리드타임의 한계로 자체 수익 측면이나 고객 만족도 측면에서 실패했다.

스티치픽스와 와비파커는 이미 생산된 상품을 활용하되, 고객의 취향과 개인의 사이즈 데이터에 기반한 제품 추천 모델을 활용했기 때문에 성공했다. 무료 시착과 온라인 주문 방식이지만 무료 배송으로 받아보고 무료 시착을 통해 상품 구매를 결정할 수 있다는 방식이 고객의 구매 만족도를 높였다. 본인이 직접 시착하고 주변 사람들의 평가도 들었기 때문에 구매한 제품에 대한 만족도도 클 수밖에 없었다. 이는 자동으로 주변에의 홍보와 함께 재구매로 연결되었다.

와비파커나 스티치픽스 모두 샘플로 배송된 다섯 개 중에 고객이 선택하는 방식이었다. 한 번 배송 시 다섯 벌을 배송해 시작하기 때문에 구매 전환율을 높였다. 선택한 상품과 반품한 상품의 데이터를 통해 점차 개인 취향의 만족도를 높이게 되면서 구매 전환율이 높아졌고, 구매 건수가 많아지면서 주문당 객단가를 높이는 결과를 얻었다.

두 회사 모두 시착 배송 기간을 단축시켜 고객 만족도를 강화했고 사전 입어보고 구매하는 특별한 구매 경험은 고객들이 서로 다른 고객에게 추천하고 재구매로 지속 연결하는 브랜드 충성 효과를 이끌었다. 게다가 두 브랜드 모두 비즈니스를 하면서 단순히 판매를 하는 것이 아니라 고객의 구매 성향, 스타일, 사이즈에 대한 데이터를 지속 축적하고 있다. 사업을 하면서 고객의 데이터를 축적하고 그 데이터를 통해 고객에게 더 큰 만족을 주는 데 활용을 한다. 이러한 온라인 기업들은 고객과 기업 모두에게 윈 - 윈이다.

최근에 국내 쇼핑몰에서도 일부 가상 시착 서비스를 도입하고 있다. LF몰의 마이핏서비스도 그중 하나다. 제품 설명 페이지 내 '마이핏' 버튼을 누르고 성별, 키, 몸무게, 체형 데이터를 입력하면 원하는 상품을 본인의 사이즈에 맞게 착장한 아바타를 보여준다. 어깨가 넓은 체형, 허리가 큰 체형, 하체가 큰 체형 등 총 5가지로 체형을 분류한다. LF 마이핏 서비스는 고객의 신체 사이즈를 기반으로 고객들의 쇼핑을 도와주는 역할을 한다. 동시에 기업 입장에서는 고객의 개인 데이터와 데이터에 따른 쇼핑 스타일, 실제 구매 전환율, 반품률 등 데이터를 수집할 수 있게 된다. LF는 최근 빅데이터를 기반으로 소비자 수요가 높은 7가지 테마를 선정하는 코너도 신설했다. 상품을 단순히 카테고리

별로 나누기보다는 고객 니즈를 파악해 제시하는 게 더 낫다는 판단에서다.[29]

Z세대의 쇼핑 앱은 다르다

동대문 시장 의류 업체 중심으로 3,400개의 의류 쇼핑몰을 가진 패션 검색 포털인 지그재그도 고객이 원하는 스타일을 쉽게 구매하도록 도와주는 편집 전문몰이다. 고객의 나이를 입력하면 연령대별로 선호하는 상품과 쇼핑몰을 추천해준다. 추가로 고객들의 검색 행태나 구매이력 등 빅데이터를 인공지능으로 분석해 600만 개의 상품의 검색과 함께 개인맞춤형 상품과 쇼핑몰을 보여준다. 국내 최대 온라인 편집숍 무신사도 인공지능 기반 맞춤형 이미지 검색 서비스를 최근 시작했다. 고객이 무신사 앱과 PC 웹사이트에 패션 아이템과 스타일링 이미지를 업로드하면 3,500개의 브랜드룩에서 해당 상품 혹은 유사한 상품을 찾아준다.[30] 단순히 빅데이터 기술만 활용하는 것이 아니라 이미지 인공지능 기반으로 스타일을 분석해서 유사한 스타일을 찾도록 도와주는 방식이다. 무신사는 국내의 10~20대 남성들에게 특히 인기 있는 패션 전문몰이고 지그재그는 10~20대가 가장 많이 사용하는 패션 전문몰이다. 무신사의 월 평균 방문자수는 1,200만 명인데 고객의 재방문율이 91%에 달하고 재구매율도 65%에 달한다.[31]

최근의 온라인 쇼핑몰의 이용 트렌드를 보면 10~20대의 Z세대가 사용하는 쇼핑 앱은 기존 30대 이상의 고객이 쇼핑하는 전문몰이나 쇼핑 앱과는 확연히 다르다. 이미 데이터 기반으로 본인의 취향을 알아주고 그에 맞추어 제품 구매를 쉽게 만들었다. 그런 쇼핑몰에 익숙해진 고객들을 기존의 온라인 종합몰들이나 홈쇼핑몰에서 만족시킬 수 있을까 의문을 가져야 한다. 그리고 이런 트렌드는 조만간 30대 이상의 고객들에게도 나타나게 될 것이다.

수많은 제품과 다양한 브랜드는 큰 강점이다. 하지만 제품이 너무 많아 제대로 나에게 맞는 상품과 브랜드를 찾는 게 어려워진다면 그건 더 이상 경쟁력이 아니다. 고객의 취향 데이터를 활용해서 제품 구매 만족도를 높이게 만들어주자. 특히 패션 업계는 데이터를 활용하면 단기적인 매출 확대에 그치지 않고 다른 어느 곳보다 민감하게 트렌드를 읽고 앞으로의 제품 전략 방향을 선도적으로 이끌어갈 수 있는 차별화된 경쟁력을 갖게 된다. 미국에서 스티치픽스를 아마존을 위협할 온라인 쇼핑몰로 고려하는 이유다.

4

어떻게 개인 맞춤형 큐레이션 시대를 대응할 것인가

    고객 경험에서의 개인화Personalization란 각 고객 개인의 니즈와 요구 사항에 맞추어 제품, 서비스, 커뮤니케이션 등을 다르게 디자인하는 것을 말한다. 최근에 가장 쉽게 개인화를 만날 수 있는 것은 유튜브, 아마존, 넷플릭스 등 모바일 앱 또는 웹 페이지의 큐레이션 서비스다. 모든 고객들이 동일한 페이지를 열어도 개인의 취향에 따라 다른 콘텐츠를 보는 것이다. 같은 디자인 프레임Design Frame 내에서 개인별 데이터에 기반해 다른 콘텐츠를 제공해 각 개인이 가장 최적의 구매 경험을 가질 수 있도록 만들어준다.

    개인화라는 말보다 큐레이션Curation이라는 말로 더 많이 쓰는데 그 이유는 개인별로 다른 제품과 서비스를 만들어낸다는 개념이 아니라 이미 가지고 있는 상품과 콘텐츠 중에서 고객의 취향에 맞게 골라서 보여주는 서비스이기 때문이다. 아마존, 넷플릭스, 유튜브 등이 큐레이션에 집중하는 이유는 온라인은 오프라인과 다르게 무한대의 진열대와 수십만에서 수백만 개의 상품과 콘텐츠를 보유하고 있기 때문이다. 너무 많은 상품을 가진 것은 경쟁력이지만, 그만큼 고객이 원하는 상품을 찾기 어렵다는 말이기도 하다. 아무리 좋은 상품이 많더라도 원하는 상품을 찾기 어렵다면 소용이 없다. 큐레이션을 통해 수십만에서 수백만 개의 상품 안에서 고객들의 관심사와 취향에 맞게 원하는 카테고리와 상품을 쉽게 찾을 수 있게 만드는 것이 상품 수만큼이나 중요한 경쟁력이 된 것이다.

아마존의 큐레이션은 북매치 서비스부터 시작됐다

추천 시스템을 얘기할 때 아마존의 추천 시스템을 빼놓을 수 없다. 아마존의 추천 시스템은 1996년 '북매치Book Match'라는 서비스에서 시작했다. 북매치는 고객들로 하여금 도서에 평점을 매기게 하여 추천에 활용하는 것에서 시작했다. 책에 대한 평점과 피드백은 고객이 스스로 만들어낸 데이터다. 비슷한 책을 구매한 고객과 그들의 평점을 기반으로 고객들의 취향을 구분하고 동일한 취향에 속한 사람들이 좋아할 만한 책을 예측하여 추천한 것이다. 그리고 취급하는 상품 카테고리를 확장하면서 상품과 상품 간의 관계를 정의하고 분석해 '상품 간 유사성'에 기반한 개인별 맞춤 추천 서비스를 개발하게 되었다. A 제품을 좋아하는 사람들이 B 제품도 좋아하면 A와 B의 유사도가 높다고 판단하고 A 구매자에게 B도 추천하는 방식이다.[32] 아마존 전체 매출의 35%가 이러한 추천 모델에 의해 발생하는 것으로 알려져 있다.

아마존과 넷플릭스 등에서 사용하는 대부분의 추천 시스템은 세 가지 방식으로 운영된다. 협업적 필터링collaborative filtering, 내용 기반 필터링content based filtering, 그리고 두 기법을 접목한 하이브리드 기법hy-

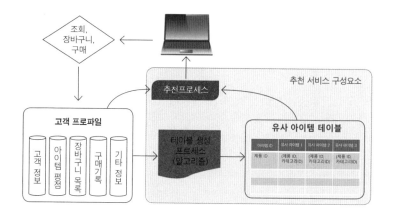

brid method이다. 협업적 필터링은 사람과 사람과의 관계성에 기초한 것
으로 A와 B라는 고객 간에 구매 행태에 공통된 부분이 있다고 한다면,
A가 구매한 상품을 B도 구매할 개연성이 높다고 보는 것이 기본 구조
다. 내용 기반 필터링은 특정 상품을 중심으로 관계를 재구성한 것을
의미한다. 예를 들어 A가 구매한 개별 아이템의 속성을 파악해서 A에
게 추천하는 방식이다. A가 판타지·로맨틱 장르의 미국 TV 시리즈를
시청한다면 이 사람이 시리즈물이나 판타지 장르를 좋아한다고 판단
하고 이에 해당하는 콘텐츠를 추천하는 것이다. 아마존이나 넷플릭스
같은 플랫폼은 사실 이 두 가지를 모두 포함한 하이브리드 기법을 사
용해 지속적으로 큐레이션의 개선 방안을 고민하고 있다.[33]

아마존이 추천 알고리즘의 특허 출원을 위해 제출한 추천 시스템
요약도를 보면 고객이 도서에 대해서 평점을 새긴 데이터를 고객 프
로파일에 보관한다. 고객 프로파일과 과거 구매이력 데이터를 별도
테이블로 구성한다. 해당 구매이력 기준으로 각각의 제품에 대해서
유사성이 있다고 인정되는 제품들을 찾아내어 개별 아이템별 유사 아
이템 리스트를 만든다. 이때 유사성이 있다고 인정되는 제품을 선택

하는 방식이 바로 아이템 기준의 협업적 필터링 기법이다. 고객이 구매하면 데이터는 다시 고객 프로파일에 저장되고 고객의 프로파일과 구매한 아이템을 아이템 매트릭스에서 찾아서 유사한 아이템들을 추천하는 추천 프로세스를 수행하게 된다.[34]

이 추천 방식의 핵심은 유사 아이템 매트릭스를 만드는 알고리즘에 달려 있다. 아이템 매트릭스는 각각의 아이템과 연계된 유사성이 높은 아이템을 찾는 것이다. 유사성을 계산할 때는 특정 제품을 구매한 모든 고객에 대해서 각 고객이 구매한 다른 제품과 이 제품과의 유사성 합을 계산한다. 아마존은 수백만 개의 상품과 수천만 명의 고객을 가지고 있기 때문에 아이템 매트릭스를 만들기 위해서는 어마어마한 계산을 해야 한다. 이 엄청난 빅데이터를 계산해 각 고객에게 맞춘 상품을 추천하고 있다. 이것이 아마존의 독특한 추천 서비스의 출발이다.[35]

최근 아마존은 자신들의 온라인몰에서 사용하는 추천 알고리즘을 클라우드 서비스인 아마존웹서비스AWS와 결합해 개인화 추천 솔루션 서비스를 개시했다. '아마존 퍼스널라이즈Amazon Personalize' 서비스다. 아마존웹서비스 홈페이지에 소개한 서비스 설명을 보면 아마존의 추천 서비스는 사용자의 구매 행동과 관련된 데이터와 사용자의 콘텍스트 데이터Context data를 결합해 추천을 생성한다. 고객의 나이와 위치 등의 사용자 정보, 브랜드, 가격 등의 항목에 대한 정보는 물론 클릭, 구매, 시청 등과 같은 과거 사용자 상호작용(이벤트) 데이터를 학습하여 추천에 활용한다. 또한 자동화된 머신러닝을 담당하는 '오토ML' 기능을 포함해 고객의 구매 행동 관련 데이터를 자동으로 로드하고 검사하며 알고리즘 선택 및 머신러닝을 자동으로 수행하여 개인화된 구매 예측을 생성하고 그에 맞는 상품을 추천한다.

큐레이션의 기준은 카테고리 분류와 키워드이다

고객별로 개인화된 큐레이션을 제공할 때 중요한 것 중 하나는 개인별 관심사를 저장하기 위한 분류 기준이다. 아마존처럼 450만 개의 상품을 취급하는 경우 450만 개를 독립적으로 관리하는 것은 비효율적이다. 따라서 세부적인 카테고리 기준으로 고객의 관심사를 구분하고 그 상위 레벨로 관심사를 확대해나가는 것이 필요하다. 아마존의 경우 450만 상품을 30여 개의 큰 카테고리로 구분하여 관리하는데 총 3~4단계의 분류 단위를 가지고 있다.

아마존의 카테고리 구분

	대분류 카테고리
아마존 상품 및 서비스	아마존 뮤직, 에코 및 알렉사, 파이어 태블릿, 킨들 E - 리더 및 도서, 안드로이드앱 스토어, 알렉사 스마트 홈, 아마존 오프라인 상점, 아마존 구독, 아마존 라이브, 프라임 비디오
일반 상품	애완동물 용품, 스포츠 및 야외활동, 유아, 자동차용품, 예술 및 공예, 뷰티 및 퍼스널케어, 컴퓨터·전자 제품, 여성 패션, 남성 패션, 여아용 의류, 남아용 의류, 건강 및 가정용품, 가정 및 주방·산업용 및 과학용, 여행 가방, 영화 및 TV, 공구 및 주택 개조, 장난감 및 게임, 비디오 게임, CD 및 음반, 악기, 정원 및 실외, 식료품 및 고급요리, 출장 서비스, 소프트웨어, 사무용 제품, 수제

(출처: 아마존 홈페이지 참조)

각 대분류 카테고리는 중분류와 소분류의 하위 카테고리로 나뉜다. 예를 들면 대분류 카테고리의 '유아' 카테고리는 그 아래로 15개의 중분류 카테고리로 구분된다.

대분류	중분류 (15개)
유아	놀이 및 오락, 의류 및 액세서리, 유아 및 아기 장난감, 베이비 케어, 아기 문구류, 카시트 및 액세서리, 기저귀, 수유, 기프트, 유아용, 배변 훈련, 임신 및 임산부, 안전, 유모차 및 액세서리 여행 용품

중분류 카테고리를 조회하면 마지막 소분류 카테고리로 넘어가고 각 상품들을 조회하는 구조다. 예를 들어 유아 카테고리 내의 '유아 및 아기 장난감' 중 카테고리를 클릭하면 아래와 같은 15개 소분류 카테고리로 구분된다.

중분류	소분류 (15개)
유아 및 아기 장난감	거울, 공, 딸랑이, 망치질 장난감, 스틱 호스, 실내 클라이밍 및 놀이구조, 액티브 플레이 센터, 욕실용 장난감, 음악 및 사운드, 장난감 시계, 분류 및 쌓기 장난감, 치발기, 카시트 및 유모차 장난감, 팽이, 푸시 및 풀 장난감

모든 기업은 각자의 상품과 서비스를 카테고리로 구분해 관리한다. 카테고리 분류가 중요한 이유는 내부적인 제품 라인업 관리 및 성과 측정을 위한 기준이 되면서도, 고객 관점에서는 원하는 상품을 찾기 위한 가이드가 되기 때문이다. 특히 아마존만큼 많은 상품이 아니더라도 다양한 상품을 판매하는 종합몰의 경우 카테고리는 고객의 주요 관심사를 구분하기 위한 기본적인 데이터 분류 체계다. 따라서 온라인몰에서의 큐레이션은 기본적으로 고객이 조회하거나 구매한 상품이 들어 있는 세부 카테고리를 기준으로 시작된다고 볼 수 있다.

예를 들면 아마존에서 고객이 유아용 모빌을 조회했을 때 유아용 모빌의 카테고리 내에 들어 있는 모든 상품들이 나열되고 그 안에서 판매량, 제조 브랜드, 판매자, 고객 사용 후기, 가격 등의 조건에 따라 상품이 나열된다. 그중 관심 있는 상품을 클릭하면 그 상품의 구매 조건, 브랜드 및 판매자, 제품 스펙, 사용 설명 등이 나오면서 그 아래로 그 상품을 구매하면서 같이 구매하면 좋은 상품 조합을 보여준다.

그리고 유아용 모빌에서 확장하여 대, 중, 소 분류 카테고리 내에서 다른 연관 상품군으로 큐레이션이 이루어진다. 이렇게 다른 카테고리로 확장할 때 사용하는 알고리즘이 이 상품을 구입한 사람들이 구입한 상품과 그 상품이 속해 있는 카테고리 내의 판매량이 많으면서도 평점이 높은 상품들을 보여주어 실제 조회 중인 고객들의 구매 전환율을 확대할 수 있도록 한다. 앞에서도 얘기했듯이 동일한 관심사를 가진 사람들이 검색하고 조회하고 구매하는 패턴에는 상당한 유사성이 있기 때문에 연계 카테고리의 확장 또한 조회·구매 데이터 기반으로 큐레이션할 수 있다.

또 하나 중요한 큐레이션의 기준은 '키워드'다. 고객이 상품을 검색하는 것이 아니라 관심 있는 브랜드나 캐릭터 또는 제품명 등의 키워드를 검색했을 때 전체 카테고리 내에서 해당 키워드와 연결된 브랜드 상품들 또는 캐릭터 상품들을 보여줄 수 있다. 그리고 이렇게 키워드를 통해 검색된 제품들 중 어떤 상품들을 조회하고 구매로 연결했는지는 다시 추천 알고리즘의 데이터로 입력Input된다. 빅데이터에서는 이런 키워드를 메타 데이터Meta data라 한다.

기본적인 큐레이션은 카테고리, 즉 상품군에서 시작하지만 그 이후 상품의 브랜드나 상품의 키워드에 따라 다양한 카테고리에서 상품들의 추천이 동시에 이루어진다. 온라인몰의 가장 큰 장점 중의 하나가 공간을 무제한으로 키울 수 있다는 것이다. 오프라인 스토어라면 전체 카테고리로 구분해서 그 카테고리의 상품들이 차례대로 진열되지만 온라인몰은 카테고리 방식을 기준으로 상품을 디스플레이하되, 언제든 다른 연관 카테고리로 넘어갈 수 있는 장치를 알고리즘으로 만들어 시도해볼 수 있다. 그리고 결과적으로 어떤 알고리즘에 의해 추천된 상품들에 대한 고객들의 최종 클릭 수나 구매 전환율 데이터는 추천 우선순위를 정하거나 알고리즘을 개선에 활용된다.

'키워드'나 '브랜드'가 중요한 추천 키Key가 된다고 할 때 기업 입장에서 중요한 것은 무엇일까? 알고리즘을 먼저 생각하게 되는데 알고리즘만큼 중요한 것이 기본적인 상품의 메타 데이터를 정확하면서도 풍성하게 입력하고 관리하는 것이다. 메타 데이터란 구조화된 데이터로 다른 데이터를 설명해주기 위해 만들어내는 데이터다. 대량의 정보 가운데서 필요한 정보를 효율적으로 찾아낼 수 있도록 일정한 규칙에 의해 콘텐츠에 부여하는 데이터다. 큐레이션은 체계적인 메뉴 구조와 관심사를 보여주는 메타 데이터 두 가지의 속성을 기준으로 만들어진 알고리즘에 의해 이루어진다. 알고리즘이 제대로 작동하려면 그 알고리즘이 제대로 관련된 속성을 찾게 만들어주는 것이 메타 데이터라고 보면 된다. 카테고리도 메타 데이터 중의 하나다.

넷플릭스는 정교한 메타 데이터 관리로 큐레이션 완성도를 높인다

온라인 VOD 서비스 플랫폼인 넷플릭스를 보면 메타 데이터를 더 잘 이해할 수 있다. 콘텐츠 플랫폼인 넷플릭스는 쇼핑 플랫폼인 아마존과는 완전히 다른 형태의 큐레이션을 가져갈 수밖에 없다. 상품 큐레이션은 고객의 관심사를 쇼핑 카테고리 기준으로 구분할 수 있지만 콘텐츠는 사실 많이 복잡하다. 카테고리 한 가지로 정의 내리기 힘들다. 상품은 눈에 보이는 물건을 구입하는 것이기 때문에 사진과 스펙과 기능과 가격과 후기까지 모두 보고 구입할 수 있다. 심지어 오프라인에서 구매하면 실물도 확인하고 실제 사이즈, 디자인, 촉감까지도 확인이 가능하다.

하지만 콘텐츠는 구매하여 시청한 이후에야 세부적인 내용과 만족도 여부를 확인할 수 있는 서비스 상품이다. 콘텐츠를 끝까지 시청하지 않으면 전체를 제대로 경험할 수 없다. 콘텐츠의 묘미는 무엇보다 엔딩이고 반전 아닌가. 따라서 드라마나 영화처럼 스토리가 있는 콘텐츠는 더더욱 끝까지 보지 않으면 만족도가 나올 수가 없다. 그만큼 개인이 좋아할 만한 콘텐츠를 추천하는 것은 쉬운 일이 아니다. 같은 시나리오를 가지고도 감독, 배우, 촬영 기법, 편집, 음악과 영상 분위기, 대사, 엔딩 등 너무 많은 변수에 의해 만족도가 결정된다.

넷플릭스에서 콘텐츠를 클릭하면 콘텐츠와 관련된 상세 정보가 나온다. 감독, 출연자, 각본, 장르, 영화 특징의 다섯 가지다. 감독, 출연, 각본은 참여한 사람들을 입력하는 것이니 쉽지만 장르나 영화 특징은 좀 더 복잡하다. 넷플릭스가 구분하는 메인 장르 구분은 총 14개다.

넷플릭스 장르 구분

액션과 어드벤처 (1365) / 만화 (7424) / 어린이와 가족 (783) / 클래식 (31574) / 코메디 (6548) / 다큐멘터리 (6839) / 드라마 (5763) / 호러 (8711) / 음악 (1701) / 로맨틱 (8883) / SF와 판타지 (1492) / 스포츠 (4370) / 스릴러 (8933) / TV 쇼 (83)

하지만 위의 메인 카테고리는 기본적인 분류일 뿐이다. 어떤 드라마나 콘텐츠도 하나의 장르만으로 구분할 수는 없다. 게다가 같은 액션과 어드벤처 영화더라도 제작 국가, 촬영 배경지, 주요 스토리 및 타깃 연령대 등에 따라 조합했을 때 장르는 더욱 복잡해진다.

넷플릭스의 장르 구분 방정식

Region+adjectives+Noun Genre+Based On...+Set In...+From the...+About...+For age X to Y

(출처: Madrigal. A. C. (2013. 1. 2). How Netflix Reverse Engineered Holywood.)

넷플릭스는 공식적으로 약 7만 개 이상의 세부 기준으로 영화를 구분하는데 그 구분 방식은 제작 지역Region과 영화를 설명하는 형용사Adjectives, 그리고 명사로 표현한 장르Noun Genre, 촬영지Set In......, 감독과 제작자From the......, 주제About......, 그리고 관람 가능 연령대For Age X to Y를 기준으로 한다.[36]

위의 장르 구분 방식을 보면 명확하게 구분되는 지역, 제작자, 배경 등 외에 주제, 장르, 그리고 영화를 설명하는 형용사 등 개념적이거나 감성적인 필드 기준이 포함되어 있다. 이 말은 감성적이고 개념적인 정보들도 모두 등록해 메타 데이터로 가지고 있다는 말과 같다. 결말이 해피엔딩인지, 새드엔딩인지, 어떤 느낌인지, 분위기와 영상은 어떤지, OST의 느낌은 어떤지 등 주관적 속성인 감성과 관련된 사항들을 모두 관리하여 추천 알고리즘에 활용한다.

만약 콘텐츠를 등록할 때 이런 정보들이 등록되지 않았다면 어떻게 될까? 당연히 추천 로직에서 해당 데이터를 활용할 수 없을 테니 고객의 관심을 끌 만한 콘텐츠를 제대로 추천할 가능성이 점점 더 줄어들 것이다. 우리가 소셜 네트워크를 이용할 때 해시태그(#)를 많이 다는 것과 비슷하다. 해시태그(#)의 목적이 해당 검색어를 입력했을 때 내가 올린 콘텐츠가 검색될 수 있도록 연결해주는 연결값이기 때문이다. 다만 넷플릭스 등의 콘텐츠 메타 데이터는 '많이' 검색되는 것이 중요한 게 아니라 '정확하게' 검색되는 것이 중요하기 때문에 '정확도'를 염두에 두고 등록해야 한다. 그렇지 않으면 잘못된 메타 데이터를 기준으로 추천된 결과에 의해 신뢰를 잃을 수 있기 때문이다. 또한 메타 데이터로 등록되는 항목들이 분류 체계에 맞추어 등록되는 것도 매우 중요하다.

아마존이나 넷플릭스처럼 수많은 상품과 콘텐츠를 제공하면서 큐레이션을 제공하는 기업들은 기본적으로 알고리즘을 개발하기 전에 기본 데이터 체계를 정비하는 것이 매우 중요하다. 신규 콘텐츠를 처음 입력할 때 데이터를 입력하지 않으면 등록이 아예 불가하도록 철저히 관리해 데이터 정합성을 유지해야 한다. 데이터 체계와 기준 정보가 명확하면 알고리즘은 보유 데이터 기준으로 얼마든지 지속적으로 개선하여 관리할 수 있다. 넷플릭스는 기본적으로 콘텐츠를 등록할 때 파트너사가 반드시 입력해야 하는 기본 메타 데이터와 입력 방식의 기준을 가지고 있다. 이 체계에 맞추어 입력이 되지 않으면 등록이 불가능하다.

넷플릭스 콘텐츠 등록 기본 메타 데이터 (26개)

EidrID(Entartainment ID), PartnerCatalogID, LanguageOfMetadata, CountryOfMetadata, WorkType, Title, OriginalTitle, LanguageOfOriginalTitle, SeriesTitle, SeasonNumber, EpisodeNumber, Synopsis, FirstReleaseYear, ReleaseCountryDate, ReleaseCountry, ReleaseCountryType, Distributor, CountryOfOrigin, OriginalLanguage, Ratingsystem, RatingValue, Genre, Director, Creator, Actor

(출처: 넷플릭스 파트너 페이지)

넷플릭스는 콘텐츠를 제공하는 파트너사가 제공하는 기본 정보 외에 추가적으로 메타 데이터를 작성하기 위한 36페이지짜리 문서에 따라 콘텐츠 정보를 채워 넣는다. 내부적으로 '넷플릭스 양자이론Netflix Quantum Theory'이라 불리는 프로젝트는 영화를 구성하는 '양자'가 무엇인지 모두 기록한다. 콘텐츠 정보를 세부 단위까지 쪼개어 저장하는 것이다. 콘텐츠의 잔인성, 도덕성, 로맨스, 해피엔딩 여부 등을 1~5점 척도로 구분하여 입력한다. 플롯에는 대략의 스토리와 등장인물의 직업과 장소 정보를 입력한다. 최근에는 영상 인공지능을 통해 콘텐츠 영상 자체를 분석해 그 자체로 메타 데이터를 생성하여 저장하는 기술도 활용하고 있다.[37]

그 외에 콘텐츠와 관련된 외부 정보들, 예를 들면 어떤 영화제에서 어떤 상을 받았는지와 관련된 정보들은 콘텐츠 서비스 중에 지속적으로 업데이트되는 항목들이다. 콘텐츠를 고객들에게 서비스하면서 생기는 정보들 또한 중요한 데이터다. 콘텐츠별 시청자 수, 시청 시간, 평점과 감상, 콘텐츠를 즐긴 고객들의 시청 지역 및 시청 패턴 등도 실시간으로 데이터화하고 있으며 콘텐츠를 시청한 시청자가 느끼는 감상들도 영화 특징으로 데이터화한다.

넷플릭스는 영화 특징을 데이터화할 때 고객들이 남긴 피드백 기준으로 자동화된 툴만 사용하는 것은 아니다. 넷플릭스는 메타 데이터의 정교화를 위해 메타 데이터 생성 직원을 정식으로 고용해 수작업으로 데이터를 입력하고 관리하도록 한다. 넷플릭스에는 '태거Tagger'라는 직업을 가진 직원이 있다. 이들은 넷플릭스에서 콘텐츠를 보고 데이터를 입력하면서 돈을 번다. 콘텐츠를 면밀하게 보고 여기에 '태그(tag·꼬리표)'를 다는 사람(-er)이라는 의미에서 태거라고 불린다. 태그는 콘텐츠를 설명하는 짧은 문구다. 태그의 종류가 워낙 다양해 넷플릭스에서도 태그의 개수를 따로 집계하지는 않는다고 한다. "태거는 넷플릭스에 있어 도서관 사서 같은 존재다. 사서가 책을 보고 어떤 분류에 넣어야 좋을지 판단하는 것처럼 태거는 콘텐츠를 처음부터 끝까지 보면서 줄거리, 분위기, 등장인물의 특성 등을 꼼꼼하게 기록한다."[38]

넷플릭스에 '파리'를 키워드로 검색해보면 '제목'에 파리가 들어간 영화나 드라마, 파리를 '배경'으로 촬영된 영화나 드라마 외에 유럽이나 미국 배경의 로맨틱한 영화들이 검색되어 나온다. 제목과 배경이 직접적인 파리 연관 키워드라면 로맨틱은 파리가 주는 감성과 관련해서 간접적으로 연관된 키워드다. 파리가 제목에 들어간 영화들의 상당수가 로맨틱 영화라는 것을 고려하면 해당 파리 영화를 본 사람들이 주로 본 영화 또는 동일한 장르인 로맨틱한 영화를 추천해준 것이다. '서울'이라는 키워드로 검색해보면 당연히 서울을 배경으로 한 한국 드라마와 한국 영화들이 주로 추천이 된다. 그 외에 추가로 한국의 콘텐츠가 TV 드라마가 많다 보니 미국 TV 시리즈도 추천이 많이 되며 해외의 액션과 스릴러 영화들도 많이 추천된다. 이를 보면 넷플릭스에서 제공하는 한국 TV 드라마와 한국 영화의 장르 중 생각보다 액션이나 스릴러가 많다는 것을 알 수 있다.

넷플릭스는 알고리즘 개선을 위해 콘테스트를 열었다

넷플릭스의 추천 알고리즘은 자체적인 기술만으로 발전한 것은 아니다. 2006년 10월 넷플릭스는 '넷플릭스 프라이즈Netflix Prize'라는 콘테스트를 열었다. 자사의 영화 추천 시스템을 보완하기 위해 외부 전문가의 도움을 얻기 위한 콘테스트였다. 넷플릭스는 자사가 보유하고 있는 약 1만 7,000편에 이르는 영화에 대해 이용자들이 직접 매긴 점수 데이터의 절반을 공개했다. 나머지 절반의 수치를 정확하게 산출해내는 알고리즘을 만들어 기존 체계 대비 정확성을 가장 빠르게 10% 높이는 연구팀에게 당시 100만 달러(약 11억 3,610만 원)의 상금을 내걸었다. 전 세계의 빅데이터 관련 전문가들이 자발적으로 콘테스트에 참여했다. 넷플릭스가 오픈한 엄청난 데이터를 직접 활용해서

2006년 10월 넷플릭스는 '넷플릭스 프라이즈'라는 콘테스트를 열었다.

알고리즘을 만드는 즐거움과 성취 동기 때문이다.

콘테스트는 오픈 후 약 3년 만인 2009년 6월에 통계학자, 인공지능학자, 컴퓨터 엔지니어들로 구성된 연구팀이 알고리즘 정확도 10.06% 향상을 이루어내며 우승을 차지했다. 넷플릭스 자체적으로 해결하기 어려운 문제를 다양한 분야의 지식들이 융합된 외부 전문가들의 크로스오버를 유도해냄으로 내부 핵심 자산인 추천 알고리즘을 개선했다. 동시에 넷플릭스에 대한 시장의 관심을 유발하며 빅데이터로 콘텐츠를 추천하는 기업으로서의 차별화된 브랜드 가치를 홍보하는 부가적 효과도 얻을 수 있었다.[39]

넷플릭스처럼 소비자의 감성과 많이 연결된 서비스는 기술만으로는 해결할 수 없는 영역이 있다. 그래서 큐레이션과 같은 빅데이터 알고리즘 개발의 전문가 집단에는 기술적인 전문가뿐 아니라 인문학 전문가들이 많이 참여한다. 알고리즘 구현을 위한 코딩은 기술의 영역이지만, 그 기술로 인해 마음을 사로잡아야 하는 것은 인간의 본능과 관련이 있다. 따라서 그런 알고리즘의 작동 원리는 철학이나 심리학 같은 인문학의 영역이라고 보는 것이다. 흥미롭게도 2019년 8월 넷플릭스는 알고리즘이 아니라 회사 크리에이티브팀의 전문가들에 의해 만들어진 휴먼 드리븐Human-driven 콘텐츠 큐레이션 '컬렉션Collec-tions'을 테스트 중이라고 밝혔다. 컬렉션은 알고리즘에서 제공하는 것보다 좀 더 감성적이고 디테일한 구분의 영역이다. 2019년 8월 기준 총 40여 개의 컬렉션이 운영 중인데 컬렉션 주제 중에는 'Just for laugh' 'Let's Keep it Light' 'Watch in One Weekend' 등 꼭 집어 말하기 어려운 감성적인 카테고리가 포함되어 있다.[40]

글로벌 콘텐츠 서비스 넷플릭스에 대응하는 국내 OTT 서비스인 왓챠 또한 4억 개의 추천 데이터를 기반으로 OTT 서비스인 '왓챠 플레이'를 운영하고 있다. 왓챠는 이용자가 자신이 본 영화에 별점과 리뷰를 등록할 수 있고 등록된 별점과 리뷰를 빅데이터화해 개인화된 영화 추천 서비스를 한다. 2016년부터는 이용자 추천 데이터를 기반으로 왓챠플레이를 출시하며 OTT 시장으로 본격 진입했다. 왓챠플레이는 약 5만여 편의 콘텐츠를 이용자에게 제공하며 500만 명의 가입자를 보유하고 있고 특히 20~30대가 주를 이룬다. 왓챠의 가장 큰 경쟁력 또한 고객들이 남긴 평점 데이터다. 고객들의 시청 이력과 평점 데이터를 기반으로 각 고객의 취향을 예측하고 그 고객이 좋아할 만한 콘텐츠를 추천해 고객의 지속적인 재구매를 이끌어낸다.[41]

개인화된 쿠폰은 최대 50%의 사용률을 보인다

우리나라에서는 홈플러스가 이미 2008년부터 개인화 쿠폰 큐레이션을 도입해서 고객들에게 적용했다. 2008년에 처음으로 상품 쿠폰을 고객의 구매이력에 맞추어 선별해서 발송하는 테스트를 진행했고

2009년부터 개인화 쿠폰을 점차 확대해 2011년부터는 정기메일의 모든 상품 쿠폰을 개인화해 발송했다.

고객들 입장에서는 개인화된 쿠폰 6장에서 12장을 받는 것이었지만 실제 개인들에게 쿠폰 12장을 보내기 위해 소싱한 상품은 최소 300개에서 최대 2,000~3,000개였다. 쿠폰 행사 대상 상품 중 같은 카테고리의 같은 브랜드 상품으로 묶으면 약 200~1,000개의 쿠폰이 나왔다. 이 쿠폰을 고객들의 지난 1년간 구매이력 기반으로 고객들에게 매칭해 최종 개인화된 쿠폰을 선정하는 방식이었다.

고객별 쿠폰을 매칭하기 위해 사용한 데이터는 구매 상품, 구매 카테고리, 그리고 카테고리 내 구매 브랜드에 대한 구매 최근성과 빈도의 조합으로 고객별로 모든 쿠폰에 대한 점수를 매겼다. 그리고 점수가 가장 높은 쿠폰을 선별하여 각 개인에게 매칭하여 해당 쿠폰을 인쇄하여 발송하는 방식이었다. 개인화된 쿠폰 큐레이션이었다. 가장 사용률이 높은 쿠폰은 최대 50%까지도 나왔는데 이런 쿠폰은 평소 할인 행사가 없는 상품이었다. 평소 행사를 자주 안 하는 상품일수록 고객의 할인 쿠폰 사용률과 만족도가 높았다. 예를 들면 캡슐 커피는 평소 행사를 잘 안 하는 제품이다. 따라서 고객이 소유한 캡슐 머신에 맞는 커피 캡슐 할인 쿠폰을 지급하면 50% 이상의 쿠폰 사용률을 보였다. 고객은 쿠폰 사용을 위해 매장을 방문하고 추가 구매도 유도하는 것이다.

개인화된 쿠폰의 발송은 고객 만족도가 매우 높았다. 고객들이 많은 쿠폰 중에 굳이 찾지 않아도 본인들이 자주 사는 아이템에 대한 할인 쿠폰이었기 때문이다. 그래서 정기 메일 시즌이 되면 발송된 포인트 쿠폰과 함께 상품 쿠폰을 쓰기 위한 방문이 많았고 행사 기간 대상 고객의 방문률은 55~60%에 달했다. 쿠폰 개인화를 위한 매칭 알고리즘은 쿠폰 회수율 결과를 반영해 지속해서 개선해나갔다. 2014년에는 전단 행사 아이템도 고객별로 맞춤 커뮤니케이션을 했다.

고객 조사에서도 패밀리카드의 맞춤형 쿠폰에 대한 만족도가 높았고 홈플러스의 멤버십 제도에 대한 만족도가 대형 마트 중 최고 수준을 달성하는 데 많은 기여를 했다. 무엇보다 고객이 만족스러워 했던 것은 본인들에게 의미 없는 쿠폰이 아니라 자주 구매하는 상품을 제대로 알고 본인들에게만 할인 기회를 주는 것이었다. 고객의 마음을 알아주는 힘은 그때 고객들의 반응을 통해 제대로 느낄 수 있었다.

우편으로 발송하는 지류 쿠폰이기 때문에 고객들이 쿠폰을 잊거나 소지하지 않으면 할인받을 수 없는 문제가 있었다. 어차피 고객들에게 매칭하여 발송한 모든 쿠폰 발행 내역은 데이터로 저장이 되어 있었기 때문에 고객 불편 해소를 위해 오프라인 쿠폰의 디지털화를 추진했다. 우편 발송은 유지하되, 발송된 쿠폰을 고객의 계정에 디지털로 저장해서 앱을 사용하는 고객은 군이 쿠폰을 소지하지 않아도 앱 바코드를 통해 자동으로 할인을 받을 수 있게 만들었다. 그리고 개별 쿠폰을 하나씩 스캔하고 멤버십 카드를 스캔하고 기프트카드를 따로 내고 신용카드를 결제하는 번잡스러움을 해결하기 위해 2013년 통합 결제 시스템인 '스마트 결제' 시스템을 국내 유통 최초로 론칭했다. 모바일 앱 바코드 하나로 포스에서 보유한 모든 쿠폰 사용과 포인트 적립, 사용 등을 할 수 있게 했다. 해당 스마트 결제는 최대 42초까지 걸리는 쿠폰 스캔 시간을 6초로 줄이는 효과로 포스 대기 개선에 크게 기여했다. 한창 모바일 앱의 활성화가 필요한 시점에 홈플러스 고객들이 모바일 앱을 이용해야 하는 이유를 만들어주는 고객 경험의 혁신이었다.

알고리즘과 데이터 개선은 끝이 없다

우리나라의 온라인 쇼핑몰과 콘텐츠 OTT 등 플랫폼에서도 최근 몇 년 동안 추천 알고리즘의 도입이 지속 확대되고 있다. 추천 알고리즘의 효과에 대해 글로벌 플랫폼 중심으로 검증이 되고 있고 전문 솔루션 제공 업체의 등장으로 자체적인 알고리즘 개발이 아니어도 솔루션 도입이 가능해졌기 때문이다. 아직까지는 주로 구매이력 기반의 상품 추천과 해당 상품을 구매한 고객이 구매한 다른 상품 등 연관 상품 추천이다. 고객에게 직접 추천을 한다고 언급하지는 않지만 광고도 고객 관심사 기반으로 큐레이션하여 진행한다. 우리나라 쇼핑몰에 자사의 추천 솔루션을 도입해서 서비스하는 전문 업체의 얘기로는 도입 후 약 15~30%의 매출 성장이 있다고 한다. 고객이 원하는 상품을 큐레이션하는데 매출 증가가 일어나지 않을 리가 없다.

큐레이션의 지속적인 개선은 결국 구독자 또는 이용자의 만족도와 연결되고 신규 상품 및 콘텐츠 수급의 기초 자료가 되며 이를 통해 지속적인 비즈니스 성장 및 이익의 확대와 밀접하게 연결된다. 알고리즘의 개선에는 끝이 없다. 그리고 알고리즘이 제대로 작동하기 위해서는 체계적이고 디테일한 데이터 생성과 관리가 필수다. 앞에서 언급한 것처럼 넷플릭스도 사전 콘텐츠 등록 시의 필수 데이터 입력부터 자동화된 메타 데이터 추출과 전문 태거에 의한 수작업 메타 데이터 생성 등 다양한 방법으로 메타 데이터를 생성하고 관리함과 동시에 추가적인 알고리즘 개선을 위한 다양한 방식의 시도를 계속하고 있다.

현재 전 세계에서 가장 훌륭한 큐레이션 기능을 보유한 아마존이나 넷플릭스도 여전히 그들의 데이터와 추천 서비스 알고리즘을 개선하기 위해 지속적인 노력을 한다. 그러니 지금 추천 서비스를 하고 있다면 현재에 만족하지 말고 지속 개선하자. 고객의 구매 경험이 더욱 좋아지고 고객의 만족도와 충성도는 저절로 따라온다.

204 빅데이터는 어떻게 마케팅의 무기가 되는가

5

—

어떻게 프로모션 상품과 가격 결정을
최적화할 것인가

기업에서 가격을 결정하는 일은 매우 중요한 일이다. 가격에 따라 매출과 이익이 결정되기 때문이다. 가격은 고정되어 있지 않다. 오늘날은 정가의 개념 자체가 크지 않고 동일한 유통 몰 안에서도 프로모션에 따라 가격이 계속 변한다. 고객은 상품을 사기 전에 온라인에서 가격 비교를 하는 것이 일상적이기 때문에 모든 채널의 가격이 실시간으로 오픈되어 있다. 따라서 빅데이터 분석을 통해 적정 가격을 수립하고 상품 판매 촉진을 위해 적정 프로모션 아이템과 할인율을 결정하는 것은 유통이나 제조업체 모두에게 필요한 핵심 업무 중 하나면서도 가장 고민스러운 일이다.

한국 고객은 가격에 매우 민감하다

2018년 8월에 SAP에서 발표한 「2018 SAP 온라인 소비자 성향 보고서」에 의하면 한국의 고객은 온라인 쇼핑을 할 때 가격을 가장 우선적으로 고려한다. 보고서에 의하면 장바구니에 담은 물건을 즉각 또는 1시간 이내에 결제하는 고객은 조사 대상자의 24%밖에 되지 않았다. 그리고 46%의 고객은 만 하루를 넘어서 결제를 진행했는데 결제까지 일주일 이상 소요되는 비중도 24%에 달했다. 결제 버튼을 누르게 하는 요인에 대해 62%의 응답자가 프로모션이나 가격 할인이라고 대답했다. 장바구니를 삭제한 이유에 대해 62%의 응답자가 다른 웹사이트나 브랜드에서 구매했다고 했고 29%의 응답자는 기다리는 가격 할인이나 프로모션이 없었기 때문이라고 했다. 한국의 고객은 다른 아시아 태평양 국가의 소비자와 비교해 매우 가격에 민감하며 가격 비교도 더 많이 하는 것으로 나타났다.[42] 고객은 점점 가격에 민감해지고 있다. 모든 정보가 오픈된 세상에서 고객은 자신이 합리적인 선택을 하기를 원한다. 고객 입장에서 합리적인 결정은 동일한 제품이라면 최저의 비용을 지불하고 사는 것이다. 예전에 구매하기 위해 지불했던 비용 이상으로 지불하고 싶어하지 않고, 더 저렴한 곳을 두고 특별한 이유 없이 더 비싸게 구매하고 싶지도 않다. 그러다 보니 계속해서 가격 비교를 하고 프로모션이 있을 때까지 구매를 미루는 경우가 많다.

　고객이 가격에 민감하긴 하지만 상품에 따라 민감도는 다르다. 즉 제품의 가격 변동이 수요에 미치는 영향은 상품별로 매우 다르다. 브랜드와 품질을 더 중요하게 생각하는 상품이 있고, 가격이나 행사여부를 더 중요하게 생각하는 상품도 있다. 가격에 민감한 고객에게 대응하기 위한 기업의 노력은 처절하다. 일상용품의 경우 패키지 용량과 디자인 차별화는 고객의 니즈를 대응하는 수단이자 유통 채널별 가격 비교를 어렵게 하기 위한 수단이기도 하다. 또한 용량을 줄여 표면적으로 타 브랜드 대비 가격 경쟁력을 확보하기도 한다. 1~2인 중심의 가정이라면 소용량 단위로 나누어 빨리 사용하기를 원할 것이다. 반면 식당의 경우에는 많이 사용하니 무조건 단위당 가격이 가장 저렴한 대용량 상품을 구매할 것이다. 유통 기간이 길면서도 매일 사용하는 상품은 프로모션 기간에 대량으로 구매해놓는 고객도 있다. 반면 아무리 저렴해도 필요한 상품만 구매하고 집에 저장해놓는 것을 싫어하는 고객도 있다. 유통 기간이 짧은 상품은 아무리 싸도 미리 대량으로 구매하지 않는다. 상품의 종류와 고객의 구매 패턴에 따라서 각 유통에서는 가격 결정 방식, 프로모션 방식, 그리고 할인율을 결정한다. 이때 고객의 구매 데이터를 분석하면 상품별로 가격 정책과 프로모션 정책을 좀 더 효과적으로 진행할 수 있다.

글로벌 유통업체는 프로모션 상품 선정에도 기준이 있다

유통에서는 어떤 기준으로 프로모션 상품을 선정하고 효과를 측정할까? 일부 글로벌 유통업체가 사용하는 방법으로 프로모션에 의한 매출 증가율과 장바구니 침투율을 통한 측정방법이 있다. 이 두 가지는 얼마나 많은 고객이 해당 프로모션에 관심이 있고 구매하는지를 보여주는 데이터이다.

기준	정의	계산 방법
프로모션 상품 매출 증가율	프로모션 직전 대비 프로모션 기간의 매출액 증가율	(프로모션 기간 매출 / 이전 기간 매출) −1
프로모션 상품 장바구니 침투율	프로모션 기간의 모든 결제 장바구니(영수증) 숫자 중 프로모션 상품이 포함된 장바구니(영수증) 숫자	프로모션 상품 포함된 영수증 건수 / 전체 결제 영수증 건수

프로모션 매출 증가율은 해당 행사를 통해 해당 상품의 매출이 기존 대비 얼마나 증가하는지를 측정하는 것이다. 예를 들어 1만 원짜리 샴푸를 1+1에 판매한다고 가정해보자. 1만 원짜리 샴푸를 평소에는 100개 팔았는데 1만 원에 1+1 행사를 하면서 300개 세트를 판매했다면 매출은 100만 원에서 300만 원으로 총 200% 증가한다. 대신 수량은 1+1이니 600개를 판매한 것이다. 이런 상품은 프로모션을 하면서 전체 매출 증가 효과를 본 것이다. 같은 기간에 1만 원짜리 로션을 30% 할인해서 7,000원에 팔았다고 하자. 그런데 평소에 30개 팔리던 상품이 프로모션 기간에 40개가 팔렸다고 가정해보자. 그럼 매출은 평소의 30만 원에서 28만 원으로 오히려 줄어들게 되었다. 판매 개수는 33%가 증가했지만 매출 증가가 할인에 따른 매출 감소분을 메우지 못해 매출 측면에서는 오히려 감소 효과를 보는 것이다. 이렇게 각 기존 프로모션 상품을 행사 시점과 행사 직전 데이터를 비교 분석해 프로모션 시행에 따른 판매량과 매출의 증가를 분석하는 것이 필요하다. 당연히 프로모션 효과가 높을수록 매출 증가율이 높다.

장바구니 침투율은 행사 기간 발생한 전체 구매 장바구니 중에 해당 상품이 들어 있는 장바구니 비중을 체크하는 것이다. 예를 들어 하루에 거래되는 장바구니가 1만 개라고 했을 때 해당 상품이 들어가 있는 장바구니 수가 몇 개인지를 놓고 비중을 계산한다. 예를 들어 프로모션 행사 중인 샴푸를 하루에 100개 판매했는데 하루 1만 개의 장바구니 중 해당 상품이 100개의 장바구니에 골고루 들어가 있다면 1%의 장바구니 침투율을 보인 것이다. 수량 100개가 20개의 장바구니에 들어 있다면 장바구니 침투율은 0.2%로 계산된다.

장바구니 침투율이 중요한 이유는 해당 상품이 얼마나 많은 고객에게 어필하는지와 관련이 있기 때문이다. 만약 아주 소수의 고객에게만 판매되는 프로모션 상품이라면 상품 매출 증가율이 높더라도 고객을 매장으로 유도하는 효과는 적은 것이다. 다시 말하면 일부 한정된 고객에게는 저렴한 가격에 상품을 구매할 기회를 주었더라도 집객효과는 부족하다고 판단한다.

유통에서 프로모션을 하는 이유는 고객 방문을 유도해 더 많이 구매하게 하기 위해서다. 고객은 관심 상품을 할인해서 판매하면 그 상품을 구매하려고 매장을 방문하게 된다. 한 번 매장을 방문하면 프로모션 아이템만 구매하지는 않는다. 따라서 유통에서 이익을 줄이면서 상품 가격을 대폭 할인해 프로모션 행사를 진행하는 건 가급적 많은 방문객을 유도하기 위해서이다. 또한 이미 방문한 고객의 객단가를 높이기 위해서다. 저렴한 행사 상품이 많이 보여야 장바구니에 계속 담게

가격 프로모션에 따른 매출 증가율 및 장바구니 침투율

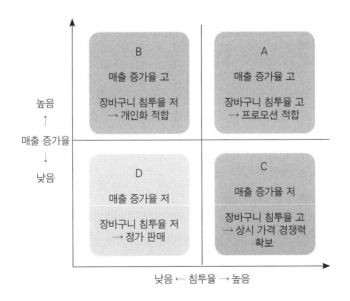

된다. 따라서 프로모션에 의해 해당 아이템의 단위당 이익은 작아지더라도 판매량의 확대와 프로모션을 진행하지 않는 상품들의 추가 매출을 통해 줄어든 이익을 상쇄한다. 그런데 프로모션을 해도 매출의 증가율이 낮다는 것은 해당 상품에 대한 고객의 구매 니즈가 커지지 않는다는 것이다. 프로모션을 할 이유가 없다. 장바구니 침투율이 낮다는 것은 그 상품을 구매하는 고객의 수가 적다는 의미이므로 소수의 고객에게만 어필한다는 것이다.

프로모션 효과에 따라 가격 전략 차별화가 필요하다

프로모션을 위한 판매 가격 변동 시 상품별 매출의 증가율과 장바구니에서 차지하는 비중의 증가율을 분석하면 앞과 같은 네 가지의 사분면의 어딘가에 속하게 된다. 매출 증가와 장바구니 침투율 모두 높은 우상향 'A' 영역은 프로모션 시 매출과 집객을 모두 증가시키는 프로모션에 적합한 상품들이다. 하지만 매출 증가율은 높지만 낮은 장바구니 침투율을 보이는 좌상향 'B' 영역의 상품은 대규모 프로모션을 진행하기보다 구매 가능성이 높은 고객 대상의 한정된 오퍼를 진행하는 것이 더 낫다. 예를 들어 일부 고객에게만 타깃팅해서 할인 쿠폰을 발행하는 것이다. 다른 고객들에게는 관심 없는 상품이지만 해당 상품의 잠재 고객에게는 할인율과 상관없이 구매를 유도하는 상품이다.

매출 증가율은 낮지만 장바구니 침투율이 높은 우하향 'C' 영역의 상품들은 많은 사람들이 구매는 하지만 프로모션에 의해 매출 증가에는 한계가 있는 상품들이다. 이 영역에 있는 상품들은 프로모션 행사보다는 상시저가판매EDLP, Everyday Low Price에 더 어울리는 상품들이다.

자주 사는 상품에 대해서는 이미 고객들이 적정한 가격 범위에 대한 인식을 가지고 있다. 따라서 유통 채널별로 해당 상품의 가격을 비교하게 되는데 결과가 고객의 가격 이미지에 영향을 주게 된다. 이 상품들의 경우도 대규모 프로모션을 하면 당연히 고객들의 집객을 유도한다. 하지만 할인 폭에 비해 실제 해당 상품 매출의 증가는 미미하기 때문에 자체적인 비용 투자가 많이 들어가게 된다.

마지막으로 프로모션을 해도 매출 증가율도 낮고 장바구니 침투율도 낮은 좌하향 'D' 영역의 상품군은 프로모션 진행은 멈추고 일반 판매만 하는 것이 좋다. 이런 상품은 프로모션에 의해 구매가 독려되는 상품이 아니다. 고객이 필요한 상황이 되면 사는 상품이다.

상품군별 프로모션 효과 분석 진행 후에는 상품별로 적정한 프로모션 스킴별 효과 분석도 필요하다. 당연히 가격 할인을 많이 할수록 판매 수량은 확대되겠지만 반대로 이익이 줄어들기 때문에 매출과 이익의 적정한 밸런스가 필요하다. 또한 같은 50% 할인이더라도 1+1은 기본 두 개씩 판매가 가능한 반면 50% 행사는 한 개씩 판매될 가능성이 많기 때문에 할인에 의해 상품 매출의 증가 효과가 상대적으로 1+1에 비해 적게 나타난다.

프로모션 빈도도 중요한 의사결정이다. 프로모션을 너무 빈번하게 하면 프로모션 가격이 고객의 인식에 각인되서 일반 가격으로 판매 시 판매가 거의 일어나지 않게 된다. 반대로 프로모션을 거의 하지 않는 상품은 1년에 한두 번 프로모션을 진행할 때 엄청난 집객 효과를 보게 될 수 있다. 하지만 이런 상품도 프로모션 행사가 자주 반복되면 그 행사 가격이 고착되어 다시 가격을 정상으로 받는 것은 어려워진다. 따라서 프로모션 주기, 프로모션 유형, 프로모션 할인율 등 데이터를 지속적으로 활용해 분석하고 프로모션 목적에 따라 적정한 스킴과 할인율과 방식을 적용해야 한다.

상품별 가격 민감도와 프로모션 효과 분석을 해서 가격을 결정하더라도 개별 고객의 구매를 유도하기 위해서는 경쟁사를 생각하지 않을 수 없다. 유통 회사라면 주요 아이템별로 자사의 판매 가격과 경쟁사의 가격을 비교해서 10원이라도 싸게 책정하기 위해 노력한다. 대형마트들은 목요일 전단을 출고하기 전에 경쟁사가 같은 상품을 더 저렴하게 낸다는 정보가 있으면 전단 인쇄를 중지하고 가격을 경쟁사 가격 대비 10원에서 100원 아래로 내리기도 했다. 이미 행사가 시작된 후 알게 되면 고객들에게 추가할인에 대한 행사 문자를 보냈다. 그만큼 가격은 고객의 구매를 유도하면서 동시에 어디에서 쇼핑할지 결정하는 데 중요한 요소이기 때문이다. 최근에는 대형마트도 모두 온라인몰을 운영하므로 실시간으로 경쟁사의 가격을 체크한다.

아마존은 하루에도 몇 번씩 가격을 바꾼다

아마존은 고객에게 최저가로 판다는 미션을 가지고 있다. 따라서 월마트, 이베이, 타깃, 베스트바이 등 온오프라인 경쟁사 및 전문몰의 가격을 지속적으로 체크하면서 그에 따라 가격을 변경한다. 아마존은 가격을 통해 고객 방문과 구매 유도를 하기 위해 적극적으로 빅데이터 수집과 분석을 한다. 온라인 사이트에서 가격은 고객의 검색, 조회, 구매 전환율, 경쟁사의 가격, 그리고 상품의 재고와 상품에 대한 선호도 및 구매 히스토리, 기대 이익 등 여러 가지 요소들에 의해 결정된다. 아마존은 하루에도 수천 개 상품의 가격을 변경한다. 아마존의 가격은 관련한 빅데이터 정보가 업데이트되고 분석되는 10분 단위로 변경된다. 아마존은 많은 사람들이 구매하는 베스트셀링 아이템의 가격을 할인해서 판매하고 덜 인기 있는 아이템에서 이익을 남기는 방법을 선택한다.[43]

인기 아이템은 많은 사람들이 관심이 있는 만큼 판매자도 많고 수요자도 많지만 가격 민감도도 높기 때문에 가격 비교가 필수적이다. 이런 아이템을 비싸게 받으면 가격 이미지를 해칠 뿐 아니라 판매 측면에서도 경쟁사에 밀릴 수밖에 없다. 가격을 낮추어 단위당 이익은 적더라도 많은 판매로 매출과 이익을 늘린다. 그리고 가격에 대한 확고한 경쟁우위를 유지한다. 가격 할인으로 인해 해당 상품의 이익이 커지지 않더라도 가격 경쟁력과 고객의 가격 이미지 확보는 매우 중요하다. 따라서 경쟁사와의 실시간 가격 비교는 온라인몰에서 필수라고 볼 수 있다.

『포브스』에 의하면 아마존은 크리스마스 시즌에 경쟁사의 가격에 매칭하기 위해 하루에 8,000만 개의 아이템 가격을 변경했다고 한다. 잘 팔리지 않고 재고도 많지 않은 아이템은 굳이 저렴하게 팔지 않아도 된다. 저렴하게 판매한다고 판매가 더 되는 상품도 아니다. 이런 경우는 굳이 가격을 많이 낮출 필요가 없다. 경쟁사와 비슷한 수준을 유지만 해도 된다. 예를 들자면『뉴욕타임스』가 선정한 베스트셀러 책들은 정가 대비 25% 할인을 해서 팔지만 비인기 책들의 경우 경쟁사에서 판매하는 가격보다도 더 비싸게 받기도 한다.[44]

아마존은 상품의 수요를 테스트하기 위해 또는 수요가 많은 핵심 아이템에 대해 경쟁사와의 가격 경쟁에서 우위를 차지하기 위해 가격을 자주 변경하는 것으로 유명하다. 미국의 가격 추적 회사인 캐멀캐멀캐멀닷컴에 의하면 아마존은 2010년부터 2014년까지 킹 제임스 버전

아마존에서의 『성경』(KJ 버전) 가격 변동 그래프

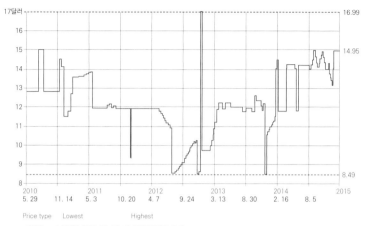

Price type　　Lowest　　　　　　　　Highest
■ 아마존　　8.49달러 (2013. 12. 19)　16.99달러 (2013. 4. 5)

(출처: 캐멀캐멀캐멀닷컴, 이미지: Quartz)

의 『성경』의 가격을 최저 8.49달러에서 최대 16.99달러까지 100번 이상 변경했다.[45]

　오래된 아이템인 『성경』의 가격이 그래프처럼 크게 움직인다는 것은 아마존이 그때그때의 수요 상황을 가격에 반영하고 있다는 것을 보여준다. 아마존은 자사 가격, 경쟁사 가격, 그리고 그에 따른 수요 변동과 재고 수준에 따라 자동으로 가격을 변경한다. 『성경』 가격과 관련해서 흥미로운 사실은 2012년 말 『성경』 가격이 가장 크게 올랐던 시기는 세계가 멸망한다고 예측되던 시기와 동일하다. 또한 2013년 3월에 미국의 히스토리 채널에서 미니 시리즈 『성경』이 방영되기 시작했을 때 아마존의 『성경』 가격도 조금씩 올랐다. 구글 트렌드 '신God'과 '성경Bible'의 검색량 트렌드와도 가격 변동 추세가 비슷한 것을 알 수 있다.[46]

제조업체도 실시간 가격 모니터링은 필수다

가격 모니터링이 필요한 것은 제조 브랜드 입장에서도 마찬가지다. 시장의 수요와 가격은 서로 민감하게 반응한다. 제조업체는 자사 상품의 가격, 가격별 판매량, 그리고 경쟁사의 가격 데이터를 지속적으로 수정하고 점검할 필요가 있다. 유통 채널별로의 가격에 따른 판매량의 변화를 통해 가격 결정과 수요 예측을 진행해야 한다.

디지털 고객에게 구매 전 상품의 가격 비교는 필수인 시대다. 그리고 이런 무조건적 가격 비교를 통한 저가 경쟁은 유통과 제조회사 모두가 이익을 보기 어려운 구조를 만들고 있다. 전자 제품처럼 가격 비교에 의해 가격을 무한정 낮추기 어려운 제품들은 온라인 판매 제품과 오프라인 매장 판매 제품의 모델명을 다르게 사용하고 일부 기능을 변경함으로써 직접적인 가격 비교가 어렵게 만들기도 한다. 하지만 공산품의 경우는 모델명을 바꾸기는 힘들다. 그래서 많이 사용하는 방법이 제품의 단량을 변경하거나 패키지의 종류를 바꾸어서 단가 비교도 어렵지만 단가가 일부 비싸더라도 원하는 용량과 패키지를 구매하는 수요를 공략한다. 그럼에도 불구하고 합리적인 선택을 원하는 고객들은 영리하게 가격 비교를 한다. 유통 업체의 경우 경쟁사의 가격을 지속적으로 추적하고 경쟁사 가격과 우리의 판매 가격의 차이를 확인해서 필요한 경우 고객별 맞춤형 가격 오퍼나 장바구니 할인 쿠폰을 지급하는 등의 행사를 진행해 결제를 독려할 수 있다.

이미 우리나라 대부분의 유통은 네이버 쇼핑에 자사 온라인몰에서 판매하는 상품들과 가격을 연동해서 노출하고 있다. 상품 구매 시 온라인몰로 직접 오는 비율보다 네이버 쇼핑에서 검색 후 가격 비교를 통해 온라인몰을 방문하는 고객이 더 많기 때문이다. 빅데이터 크롤링 기술을 활용하면 각 온라인몰의 실시간 가격과 판매량을 가져오는 것이 가능하다. 다른 사이트의 가격을 수집해서 함께 분석하면 경쟁사가 어떤 상품에 중점적으로 투자하는지도 알 수 있고 그에 따라 자사의 객수와 상품 판매에 어떤 영향을 주는지도 분석이 가능하다. 물론 의사결정에 의해 가격을 경쟁사 최저가와 맞추거나 일정률의 차이를 두고 낮추거나 높이는 것도 알고리즘으로 가능하다. 보이는 가격은 그대로 하되, 가격에 민감한 고객을 대상으로 구매 유도하는 프로모션을 진행할 수도 있다. 이제 상품처럼 가격도 고객별로 개인화할 수 있다.

가격은 이미 제조업체와 유통업체의 통제력을 벗어났다. 디지털 세상의 오픈된 정보는 가격이 통제권 안에서 움직이도록 내버려두지 않는다. 특히 온라인 쇼핑이 대세가 되면서 그 안에서 채널과 판매자 간의 가격 경쟁은 가격을 지속 하향 압박하고 있다. 그렇기 때문에 더욱 가격과 판매량의 지속적인 모니터링과 가격 결정이 중요하다. 판매량에 영향을 주지 않는 무리한 가격 할인은 기업의 손익을 악화시킨다. 계속 움직이는 시장을 제대로 파악해야 적시에 최선의 의사결정을 할 수 있다. 고객의 구매에 가장 큰 영향을 미치는 것이 가격이고, 기업의 매출과 이익에 가장 큰 영향을 주는 것도 가격이다. 내부 데이터와 외부 데이터의 수집과 분석을 통해 구매전환율을 높이고 고객의 구매 경험에서의 만족도를 높이면서도 기업의 손실은 최소화하는 것이 필요하다.

6

—

어떻게 고객의 라이프스타일을
알아낼 것인가

'당신이 사는 것이 당신이 누구인지를 말해준다You are what you buy.'

소비가 미덕인 디지털 시대에 빅데이터가 고객을 어떻게 이해하는지를 단적으로 표현한 문장이다. 고객을 이해하고 싶다면 고객이 무엇을 사는지를 보면 된다.

사람은 태어나서 죽을 때까지 연령에 따라 각 생애 단계를 지난다. 이러한 생애 단계는 사람들의 소비에 영향을 준다. 무엇을 사는지를 보면 그 사람의 생애 단계의 추정이 어느 정도 가능하다. 마찬가지로 라이프스타일 또한 사람들의 소비에 영향을 주는 중요한 요소다. 이 또한 고객이 사는 것을 통해 추정할 수 있다. 생애 주기는 사람이 태어나서 성장하고 죽기까지의 단계를 시간의 흐름으로 포착한 것을 말한다. 그리고 그 각각의 단계를 생애 단계라고 한다. 연령 기준으로 유아기, 학령기, 청년, 성인, 노년의 단계로 구분한다. 가족 사회적으로는 출생, 교육, 근로, 결혼, 양육, 노후 등으로 구분할 수 있고, 소비 측면에서는 출산, 양육과 교육, 취업, 결혼, 이사, 주택 구입, 은퇴 등으로 구분할 수 있다.

고객의 생애 단계 변화 시점 파악이 중요하다

기업 관점에서는 고객의 생애 주기에서 생애 단계가 변하는 그 시점을 알아내는 게 매우 중요하다. 왜냐하면 생애 단계에 따라 고객의 라이프스타일, 소비 패턴, 방식이 극적으로 변하기 때문이다. 고객의 구매 데이터와 행동 데이터를 분석해 고객의 생애 단계 변동을 조기에 파악할 수 있다면, 라이프스타일 변화에 따른 고객의 구매 수요를 매출로 연결시킬 수 있는 기회가 많아진다. 취업하고 안정된 월급을 받기 시작하면 차를 사려는 니즈가 커질 것이고, 결혼을 준비하는 예비 신혼부부는 결혼식 관련 소비와 신혼여행을 준비하고 가구와 가전제품을 구매할 것이다. 갓 결혼한 신혼부부는 집안의 인테리어 소품 등의 구입에 관심이 많을 것이고, 임신을 하거나 출산한 부모는 당연히 출산과 육아 관련 용품들을 구입할 것이다.

소비의 규모, 기간, 종류는 생애 주기 변화 단계의 상황에 따라 다르지만, 확실한 것은 고객들의 생애 단계와 라이프스타일을 파악해 그에 맞는 오퍼를 제공하는 것이 중요하다. 기업이 신규 고객을 창출하고 고객의 지속적인 재구매를 유도할 수 있는 가장 좋은 기회이기 때문이다. 문제는 해당 고객의 생애 단계 변화에 대한 정보를 어떻게 누구보다 먼저 알고 관련한 상품 구매를 제안하는가 하는 것이다. 이 또한 경쟁이 된다. 타이밍이 중요하다. 오프라인 중심의 시대에는 고객의 생애 주기 정보를 파악해 적시에 고객에게 필요한 오퍼를 제공하기 쉽지 않았다. 데이터 대부분이 고객의 과거 구매 데이터기도 하고 내가 판매하는 카테고리 안에서의 구매 상품으로 파악해야 하다 보니

생애 단계 이벤트

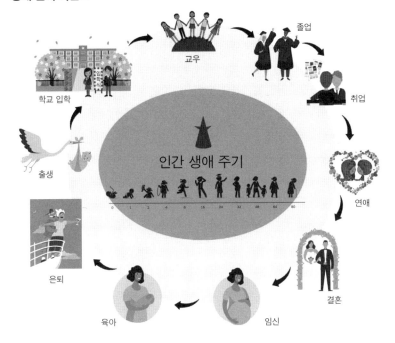

대상의 한계가 있었다. 또한 데이터를 가지고 있더라도 제대로 생애 단계를 분석할 수 있는 데이터 역량을 가진 곳도 많지는 않았다.

고객의 생애 단계 변화 정보를 파악하거나 고객의 행동과 라이프스타일 변화를 미리 알아챌 수 있다면 큰 무기를 손에 넣는 것이나 다름없었다. 이것은 디지털 시대인 오늘날도 마찬가지다.

타깃은 고등학생의 임신도 먼저 알아냈다

빅데이터를 통해 고객의 생애 단계에 따른 구매 변화를 분석하고 예측한 사례 중 가장 잘 알려진 사례는 2002년 『뉴욕타임스』 기사를 통해 알려진 미국의 유통회사 타깃Target의 사례다. 어느 날 타깃 매장에 한 중년 남자가 우편으로 발송된 쿠폰을 들고 와서 점장에게 크게 항의했다. 중년 남자의 고등학생 딸에게 타깃에서 아기 옷과 아기 침대 등의 할인 쿠폰을 보냈기 때문이다. 하지만 그 중년 남성은 며칠 후 타깃 점포에 전화를 걸어 사과했다는 내용이다. 이 스토리는 고객 데이터를 정교하게 분석하여 예측한 타깃이 아버지도 모르는 고등학생의 임신을 타깃이 알았다는 타깃 마케팅Targeted Marketing 초기 사례다.[47]

위의 타깃 사례는 많이 들어봤을 것이다. 그런데 그 비하인드는 잘 모르는 사람이 많다. '무엇What'을 했는지보다 더 중요한 것은 그런 마케팅을 '왜Why' 그리고 '어떻게How' 했는지다. 타깃은 '왜' 유독 임신한 고객 대상으로 쿠폰 마케팅을 시도했을까? 타깃은 '어떻게' 임신한 고객들을 알아낸 걸까? 우선 타깃이 왜 유독 임신한 고객에게 집중해 쿠폰 마케팅을 시행했을까? 이유는 '아기'와 관련된 모든 쇼핑에 대해 고객의 루틴을 만들어내기 위해서다. 쇼핑은 습관이다. 고객은 다양한 물건을 사지만 구매하는 모든 물건을 한곳에서 구매하지 않는다. 고객들은 물건을 살 때 구매 품목에 따라 주로 이용하는 쇼핑 채널을 따로 가지고 있다. 이 책을 읽고 있는 독자도 생각해보자. 나는 과일과 채소를 살 때 어디로 가고 고기는 어디서 사는가? 라면과 우유는 어디서 사고 의류와 신발이 필요하면 어디로 가는가? 나의 옷을 살 때와 아이의 옷을 살 때 어떻게 쇼핑 장소가 바뀌는가? 인테리어 소품은 어떤 식으로 구매하는가?

동일한 사람도 각 상품을 구매할 때 중요하게 생각하는 속성이 조금씩 다르기 때문에 모든 것을 다 판매하는 유통 채널이 있다 하더라도 모든 아이템을 그곳에서 다 구매하지는 않는다. 어떤 물건을 구매할 때 사전 정보 확인과 쇼핑 경험을 통해 각 소비자의 루틴이 정해지고 나면 그 이후에는 의사결정 과정이 많이 생략되고 보통 루틴대로 움직이게 된다. 그래서 쇼핑에서 고객의 습관을 잡아주는 것이 매우 중요하다. 쇼핑의 루틴을 만드는 것이다.

이런 습관을 새로 형성하는 데 가장 좋은 시점이 생애 단계가 변할 때이다. 취업하고 이사하고 결혼하고 아이가 생기면 그동안의 생활과는 달라지는 부분이 생기고 달라진 생활에 맞추어 새로 구입하게 되는 쇼핑 카테고리가 생기게 마련이다. 이때 새로운 카테고리에 관련해서는 아직 고객의 선호도나 루틴이 없는 상태다. 따라서 이때 쇼핑 습관을 만들어놓으면 생애 단계가 유지되는 상당한 기간 동안 해당 고객의 쇼핑 트립Shopping Trip을 유도할 수 있게 된다. 굳이 새롭게 쇼핑하는 점포일 필요도 없다. 기존 점포에서도 마찬가지다.

예를 들어 백화점이라면 층별로 판매하는 카테고리가 다르고 대부분의 고객은 본인이 주로 가는 층의 동선에 루틴이 있다. 대형마트라면 입구로 들어와 계산대에서 계산할 때까지 진열대 사이를 선택해 지나가는 동선도 사실 습관이다. 아기가 태어나거나 이사를 하는 등의 이유로 새로운 동선을 개발하면 그 동선을 지나가는 동안 해당 아이템과 함께 추가적인 상품을 판매할 기회가 생겨난다.

임신과 출산은 고객의 생애 단계 중에서도 고객의 소비 패턴이 가장 크게 변하는 이벤트다. 그동안 부부끼리 살다가 아기가 태어나는 것이다. 생활 방식뿐 아니라 소비 방식과 물품이 완전히 바뀔 수밖에 없다. 아기가 필요로 하는 물품은 어른이나 청소년이 필요로 하는 물품과는 100% 다르다. 무엇보다 임신부터 출산 후 육아에 이르기까지 아기가 자라는 동안 월령과 연령에 따라 지속적인 소비가 불가피하고 그 규모도 상당하다. 그런데 아직 고객에게는 출산과 육아와 관련된 카테고리 구매와 관련한 습관 형성이 없다. 유통 업체로서는 이때 고객의 쇼핑 습관을 잡으면 아기가 커가는 오랜 기간 고객의 소비를 기업의 매출로 유도할 수 있게 된다.

상품 브랜드 기업 입장에서도 마찬가지다. 임신과 출산 기간에 가급적 빨리 고객의 인식 속에 자사 브랜드를 노출하고 자사 브랜드에 대한 우호적인 감정과 구매 연결을 만들어내야 한다. 특히 기저귀나 분유 등은 한 번 선택이 이루어지면 웬만해서는 중간에 브랜드를 바꾸지 않는다. 유통 업체 입장에서도 입점 상품 브랜드 입장에서도 임신과 출산 고객에게 쇼핑 습관을 형성해야 하는 미션이 있다. 누군지만 미리 알 수 있다면 미래 우량 고객 확보를 위한 브랜드 홍보와 쇼핑 습관 형성에 적극적인 투자를 아끼지 않는다. 타깃이 유독 임신한 고객에게 초점을 맞추어 쿠폰 마케팅을 시작한 이유다.

타깃이 임신 고객을 알아챈 것도 구매 데이터를 통해서다

그럼 타깃은 어떻게 임신한 고객들을 미리 알아낼 수 있었을까? 정답은 (이미 예측했겠지만) 고객이 구매한 물품 중 임신을 한 사람이 구매해야 하는 무엇인가를 구매한 것을 고객 데이터 분석을 통해 알아냈기 때문이다. 진짜로 궁금한 것은 '생애 단계의 변동을 사전 예측할 수 있는 모델은 어떻게 만들 수 있는가?'이다. 2002년 통계 담당자인 앤드류 폴Andrew Pole과 그 팀들은 생애 단계, 특히 아기가 태어나면서 고객들의 소비가 늘어날 뿐 아니라 소비 패턴이 바뀐다는 것을 알고 있었다. 그는 그때 고객들이 타깃에서 더 많은 카테고리를 구매할 수 있는 기회로 만들기로 했다. 그런데 항상 타이밍이 문제였다. 이미 아기가 태어나고 고객들이 관련 상품을 구매하기 시작한 이후에는 타깃뿐만 아니라 다른 유통기업들이 다 같이 광고를 진행하기 때문에

타깃

타깃 매장

기회를 선점할 수 없다고 생각했다. 그래서 실제 대부분의 구매 활동은 출산과 함께 이루어지더라도 임신한 고객을 대상으로 먼저 커뮤니케이션과 오퍼를 진행하기로 했다. 마케팅팀에서는 임신 중기에 출산 및 아기용품과 관련된 오퍼를 보내는 것이 가장 좋을 것으로 판단했다. 문제는 어떻게 알아낼 것인가였다.[48]

당시 타깃은 이미 회원가입한 고객들에게 게스트 ID 코드를 부여해 모든 데이터를 몇십 년 동안 수집 중이었다. 고객의 구매 데이터, 신용카드와 쿠폰 사용 데이터, 고객 설문 응답 데이터, 반품 데이터, 콜센터 통화 데이터 및 이메일 수신과 오픈 데이터 등 오프라인과 온라인에서 고객이 하는 모든 행동들은 하나의 게스트 ID로 통합 수집해 관리되고 있었다. 게다가 타깃은 '베이비샤워 가입Baby Shower registry' 제도가 있었다. 그들은 베이비샤워에 이미 가입하여 출산 후 쇼핑을 한 고객들의 과거 데이터를 분석해보기로 했다.

해당 고객들의 출산일을 기준으로 임신 40주 동안 그 이전의 쇼핑과 비교해서 어떻게 상품 구매 패턴이 변하는지에 집중해서 데이터 분석 테스트를 진행했다. 몇 번의 테스트 후 임신 초중기에 갑자기 향이 없는 로션을 대량으로 구매한다든지, 20주 정도 되는 시점에 칼슘, 마그네슘, 아연 같은 영양 보충제를 구입하는 등의 패턴을 찾아내게 되었다. 데이터 전체의 디테일한 분석 결과 임신을 판단할 수 있는 25개의 제품을 구별할 수 있었다. 이 제품들의 구매 조합에 따라 각각의 쇼핑 고객들의 임신 주차를 예측하는 모델을 만들 수 있게 되었다. 그리고 타깃은 이 예측 모델을 통해 각 고객들의 임신 단계에 맞추어 적합한 쿠폰을 보낸 것이다.[49]

그런데 기사화된 사례와 마찬가지로 임신을 예측하는 것은 가능하더라도 고객의 입장에서는 매우 불쾌할 수 있는 일이었다. 타깃이 베이비샤워 등록 같은 고객의 자발적인 가입 절차 없이 고객의 구매 데이터를 기반으로 임신을 예측하고 아기용품 할인 쿠폰을 보내는 것에 거부감을 가진 고객들도 있었다. 그래서 고민 끝에 임신한 고객들에게 아기용품 쿠폰뿐 아니라 타깃에서 판매하는 신선식품, 가공식품, 일상용품의 쿠폰을 함께 보내는 것으로 변경했다. 그래서 고객들이 보기에는 임신하거나 아기가 있는 고객에게만 보낸 쿠폰처럼 보이지 않도록 했다. 여러 가지 쿠폰 중 아기용품 쿠폰도 함께 들어 있는 것이고 특별히 임신이나 출산과 관련한 언급이 있는 것은 아니어서 앞서 발생했던 것과 유사한 고객들의 불만도 없어졌다.[50]

고객의 생애 단계를 파악하기 위한 방법은 두 가지다. 한 가지는 베이비샤워 가입 제도처럼 고객이 정보를 제공하게 하는 것이고, 또 다른 한 가지는 고객의 구매 데이터를 통해 분석하는 것이다. 타깃은 고객이 베이비샤워에 가입 전에 미리 정보를 파악해 다른 유통보다 먼저 고객의 습관을 자신들에 유리한 방향으로 변경하고 싶어했다. 그래서 이미 임신과 출산 시기를 보냈고 아기의 출산일 정보를 알고 있는 '베이비샤워 가입' 고객들의 과거 구매 데이터를 거꾸로 분석해 예측 모델을 만들어냈다. 그 과정에 구매 변화와 관련된 데이터 분석만 있었던 것은 아니다. 마케팅 직원들과 데이터 분석팀 직원들은 고객들의 행동 변화에 대해 분석하여 도출한 인사이트를 지속적으로 미팅을 통해 논의했다. 그리고 많은 테스트와 시험 단계를 거쳐 알고리즘을 최종 셋업했다.

타깃이 한 것과 마찬가지로 새로운 생애 단계로 넘어가는 시점을 미리 알아채기 위해서는 변하는 구매 패턴과 해당 고객의 인구학적 데이터를 결합해 예측 모델을 만들어야 한다. 구매 패턴만을 활용하지 않고 인구학적 데이터를 함께 고려해야 하는 이유는 선물 수요 등으로 인한 일시적인 물품 구매 수요를 제외하기 위해서다.

페이스북은 고객들이 작성한 피드로 고객을 파악한다

현재 고객들의 라이프스타일과 생애 단계의 변동에 대해 정확한 정보를 가지고 있는 플랫폼은 어디일까? 소셜 네트워크 플랫폼이다. 소셜 네트워크 플랫폼은 디지털 세상에서 다른 사람과 라이프스타일을 공유하기 위해 만든 것이다. 공유 사진, 제목, 텍스트, 사진을 찍은 위치와 글을 올린 위치 등을 분석하면 그 고객의 라이프스타일이 보인다. 어디에서 무엇을 하며 보내고 어떤 상황에서 어떤 사람과 있는지를 알 수 있다. 요즘은 청첩장도 디지털로 보낸다. 카카오톡이나 페이스북에 청첩장이나 웨딩 사진을 올린 고객은 결혼하는 고객이다. 아기

페이스북 피드

고객들이 직접 올린 글과 함께 '공유'하고 '좋아요'로 그 사람의 라이프스타일과 관심도를 파악한다.

사진이 올라오기 시작한다거나 강아지 사진이 올라오기 시작한다면 가구 구성원에 변동이 생긴 것이다. 사진을 찍는 위치와 글을 올리는 위치가 자주 바뀐다면 여행을 자주 하는 사람일 수 있다.

유통 업체는 검색하고 조회하고 구매하는 데이터를 통해 그 사람이 어떤 사람인지를 파악한다면 소셜 네트워크는 어디서 누구와 어떤 것을 하며 시간을 보내는지를 가지고 그 사람을 파악할 수 있다. 페이스북은 고객들이 무료로 온라인상에서 본인들의 네트워크를 만들고 그 네트워크 안에 있는 사람들과 일상과 정보를 나눌 수 있게 만들어주는 대신 고객들에게 광고를 노출해 수익을 만든다. 고객들이 직접 올린 글과 함께 '공유'하고 '좋아요'로 그 사람의 라이프스타일과 관심도를 파악한다. 그리고 그런 데이터를 기반으로 페이스북은 광고주들이 정확한 타깃 소비자에게 광고를 노출할 수 있도록 만들어준다.[51]

2004년 2월 창립한 페이스북은 2019년 말 기준 전 세계적으로 25

억 명의 가입자를 가지고 있다. 2019년 7월 기준 전 세계 인구는 77억 명으로 전 세계 인구 세 명 중 한 명이 페이스북을 사용한다. 2019년 1일 이용자수가 1.66억 명이다. 페이스북은 페이스북 외에 왓츠앱, 인스타그램, 페이스북 메신저 서비스를 가지고 있다. 왓츠앱과 인스타를 포함한 패밀리 플랫폼의 1일 이용자수는 2.26억 명이다. 가장 많은 사용자를 가진 소셜 네트워크 플랫폼으로 고객들의 데이터를 활용해 엄청난 광고 수입을 올리고 있다. 페이스북 발표를 보면 2019년 페이스북은 707억 달러(83조 7,000억 원)의 매출을 올렸다. 이 중 광고 매출이 696억 달러이다. 페이스북 매출의 대부분은 광고로부터 나온다. 영업 이익이 240억 달러(약 28조 원)로 영업 이익률이 38%에 달한다. 구글 검색 광고 2019년 매출이 981억 달러(116조 원)이고 유튜브 광고 매출이 151억 달러(17조 9,000억 원)로 페이스북은 구글 검색 광고 다음으로 가장 많은 광고 매출을 일으키고 있다.[52] 페이스북이 이렇게 큰 광고 매출을 올리는 비결은 무엇일까?

페이스북은 가족들과 친구들을 연결하고 일상을 공유하게 하는데 그렇게 연결하고 추천하기 위해 실명으로 가입해야 한다. 그리고 가입할 때 본인의 출생 연도부터 학교 정보, 직장 정보, 사는 지역 등을 다 입력하게 되어 있다. 가입 이후 자신의 프로필을 만들고 사용자들을 친구로 추가하고 메시지를 작성하고 공유할 수 있다. 페이스북은 고객이 제공한 정보를 기반으로 같은 학교나 같은 직장을 다닌 친구들을 자동으로 추천해주며 연결을 확장해준다. 페이스북이 광고 플랫폼으로써 인기 있는 이유는 페이스북 가입 시 고객이 직접 제공한 데이터뿐 아니라 사용자들이 작성하거나 공유한 콘텐츠 및 '좋아요'를 누른 콘텐츠의 정보를 통해 성향과 관심사와 라이프스타일 분석이 가능하기 때문이다.

　페이스북은 이런 사용자의 모든 정보를 바탕으로 광고를 진행하고 싶은 브랜드가 본인의 타깃 고객군을 특정해 광고할 수 있도록 해주고 있다. 특히 인스타그램이나 페이스북에 고객들이 올리는 일상의 사진이나 텍스트 메시지는 고객들의 생애 주기와 생애 단계 변동을 빠르게 알아채게 해준다. 어느 날부터 결혼, 임신, 아기 등의 메시지나 이미지가 많이 올라오기 시작했다면 해당 사용자의 생애 단계가 변했다는 신호다. 페이스북은 사용자가 관계 네트워크를 바꿀 때마다 그 결과로 어떤 행동 변화가 일어나는지를 분석하고 알고리즘을 통해 해당 사용자의 라이프스타일에 대한 이해도를 높여나간다.

라이프스타일 커뮤니티 플랫폼은 타깃 고객을 끌어모은다

　최근 몇 년간 급격히 성장하는 모바일 플랫폼 중 하나는 '라이프스타일 커뮤니티' 플랫폼이다. 마치 관심사 기반으로 모인 다음이나 네이버의 '카페'와 같다. 하지만 작동 방식은 카페와는 완전히 다르다. 라이프스타일 커뮤니티 플랫폼의 특징은 다섯 가지이다. 첫째, 독립적인 모바일 앱 플랫폼 기반으로 운영한다. 둘째, 관련 주제에 대해서만 얘기한다. 셋째, 주로 이미지 기반으로 공유한다. 넷째, 정보를 쇼핑과 연결해준다. 다섯째, 가입 절차는 필요 없거나 소셜 로그인으로 가입 장벽을 없앤다. 즉 모바일 앱에서 관심 있는 주제에 대해 '이미지' 기반으로 사용자 간에 정보를 공유하는 플랫폼이다.

　라이프스타일 '커뮤니티' 플랫폼이라고 말하는 이유는 이런 플랫폼의 운영 방식이 고객의 자발적인 '정보 공유'와 '질의응답' 형식으로 이루어지기 때문이다. 쇼핑은 부가적인 부분이다. 할 수도 있고 안 할 수도 있다. 중요한 것은 나의 관심사를 다른 사람과 공유하고 다른 사람을 통해 더 많은 정보를 얻는 것이다. 고객들이 라이프스타일 앱을 다운받는 이유는 다른 방해 없이 본인이 관심 갖는 콘텐츠에 대해서만 얘기하기 때문이다. 원하는 만큼 자랑하고 공유하며 기쁨을 느낀다. 남들은 어떻게 사는지 보는 것도 즐거움이자 정보 습득이 된다. 그리고 부가적으로 소비자와 공급자가 만나게 해주고 해당 콘텐츠에서 얻게 된 정보를 쇼핑으로 편리하게 연결해준다.

인테리어에 관심 있는 사람들은 '하우스앱'이나 '오늘의집'을 다운받아 내 집의 인테리어도 공유하고 다른 사람들의 인테리어를 보며 즐거움을 느낄 것이다. 화장품의 성분과 정보를 중요하게 생각하는 사람들은 '화해' 앱을 이용할 것이다. 육아와 교육에 관련해 궁금한 것이 많다면 관련 커뮤니티 앱을 찾아보게 될 것이다. 어떤 앱에서 시간을 보내는지가 그 사람의 관심사를 정확히 보여주는 시대가 되었다.

라이프스타일 커뮤니티 앱에 모인 사람들의 특징은 해당 분야에 엄청난 관심을 가지고 있다는 것이다. 그리고 본인들이 자발적으로 관련한 정보를 생성하고 공유하며 해당 커뮤니티를 키워나간다. 고객들이 앱에서 자발적으로 공유하는 모든 정보는 플랫폼 입장에서 핵심 콘텐츠이면서 동시에 데이터 자산이기도 하다. 인테리어 앱의 경우라면 외부에서 데이터를 모으지 않아도 어느 지역에 사는 어떤 고객이 몇 평에 사는데 어떤 스타일의 인테리어를 좋아하는지, 어떤 색상과 어떤 가구를 사용하는지, 소품은 주로 어떤 것들을 사용하는지 정보를 알게 된다. 고객별로 보면 고객의 취향 데이터가 되고 전체 데이터를 통계적으로 분석하면 인테리어 트렌드와 취향이 연령대별, 지역별로 어떻게 형성되어 있는지 알 수 있게 된다.

하우스 앱

(출처: 하우스 앱 이미지 캡처)

리빙·가구·인테리어 브랜드 입장에서 보면 명확한 타깃 고객들이 모여 있으면서 고객들의 취향을 확인할 수 있는 플랫폼이다. 플랫폼으로서는 서로 업로드해 공유하는 정보를 통해 해당 카테고리의 데이터를 자산화하면서 동시에 해당 고객들에게 광고하고자 하는 광고주를 쉽게 확보할 수 있게 해준다. 이런 커뮤니티 플랫폼의 역할은 앱 이용자들이 쉽고 편리하게 관심사의 정보를 조회할 수 있도록 만들어주는 것이다. 쇼핑이나 광고 또는 소위 '업자'가 커뮤니티를 해치지 않도록 관리하는 것이다. 앱에서의 쇼핑은 고객의 자발적인 선택에 의한 결과이지 목적이어서는 안 된다. 쇼핑이 주요 목적이 되면 해당 커뮤니티는 크기를 키우지 못하고 고객들은 떠난다.

몇 년 전 나는 테라스가 있는 아파트로 이사 오면서 '모야모'라는 식물 앱을 다운받게 되었는데 이유는 단순했다. 겨울에 이사한 우리 집 테라스에 봄이 되니 여러 가지 새싹과 꽃들이 피기 시작했다. 식물에 무지했던 나는 도대체 저 식물들이 무엇인지, 왜 저 나무는 4월이 되었는데 아직도 가지만 앙상한지, 지금 저 상태가 맞는지 알 방법이 없었다. 그렇다고 그때마다 이전에 살던 사람에게 물어볼 수도 없고 해서 네이버에서 식물 이름을 물어보다가 모야모를 알게 되었다. 모야모 앱의 핵심 콘텐츠는 바로 '이름이 뭐예요?'다. 앱을 열면 가입이든 뭐든 아무것도 없고 바로 식물 사진을 올려 '이름이 뭐예요?'라고 물어볼 수 있게 되어 있다. 꽃이든 나무든 풀이든 야생화든 상관없다. 산에서 길가에서 예쁘고 궁금한 식물을 만났을 때 편하게 사진을 올리면 된다. '이름이 뭐예요?'는 디폴트 질문이다. 심지어 질문을 작성할 필요도 없다는 것이다. 사진만 올리면 된다. 그러면 식물 전문가들이 댓글로 식물 이름을 알려준다.

그렇게 앱을 사용하다 보니 해당 시즌에 뿌리는 씨앗 정보와 함께 씨앗을 구매할 수 있는 메뉴가 있어 '씨앗'도 구매하고 가끔 '모종'도 구매하게 되었다. 쇼핑 카테고리에 올라와 있는 다양한 꽃들의 이미지, 파종 시기, 방식 등을 보는 게 재미있어서 그냥 보기도 하고 그러다가 도전해보겠다는 마음으로 씨앗도 몇 번 구매했다. 물론 정성이 부족해서 발아하고 크게 키운 식물은 몇 개 되지 않는다.

기업의 비즈니스가 무엇이든 비즈니스의 대상이 되는 고객의 생애 단계와 고객의 라이프스타일에 관심을 가져야 한다. 고객들이 자발적으로 본인의 관심사와 흥미를 말하게 하면 더욱 좋다. 그렇지 못하다면 고객의 구매 데이터와 조회와 검색 데이터 등 다양한 데이터를 활용해 생애 단계와 관심사를 파악하려고 노력하자. 만약 플랫폼을 가지고 있지 않다면 우리 브랜드가 타깃으로 하는 고객이 어디에 있는지, 어떻게 고객을 구분할 수 있을지를 고려해 광고를 노출하자. 아예

우리 고객들이 모일 수 있는 모바일 커뮤니티 플랫폼을 만드는 방법
도 있다. 마케팅 비용을 최소화하면서도 효과를 극대화할 수 있는 방
법은 내 브랜드가 대상으로 하는 잠재 고객이 있는 곳에서 내 브랜드
를 포함한 관심사를 얘기하게 하는 것이다. 자연스럽게 나오는 공유
와 조회와 질문과 구매 데이터 안에 고객의 관심사가 있다.

고객이 사는 것이 고객이 누구인지 알려주는 것처럼 고객이 시간을
보내는 곳이 고객이 누구인지를 알려준다. 이 두 가지를 결합하면 고
객의 생애 단계와 라이프스타일의 파악이 가능하고 내 고객을 쉽게
만날 수 있다.

7

어떻게 고객과 TPO에 맞는
커뮤니케이션을 할 것인가

스마트폰과 빅데이터를 통해 가장 큰 혁신이 이루어진 분야 중 하나는 고객 커뮤니케이션이다. 디지털 플랫폼 기반으로 고객의 구매 여정과 비즈니스의 가치사슬을 운영하기 때문에 고객의 관심사와 고객의 구매 행동을 데이터로 수집하고 적정 시점에 고객의 위치와 상황에 맞게 고객에게 필요한 오퍼를 전달할 수 있게 되었다. 온라인 큐레이션 서비스가 가장 대표적이다. 고객이 앱에 접속해 있는 바로 그 순간에 고객이 가장 관심있어 하는 것을 보여주는 것이 큐레이션 서비스기 때문이다.

아날로그 시대의 브랜드 커뮤니케이션은 광고라는 매스 마케팅에 의존했다면 디지털 시대의 브랜드 커뮤니케이션은 빅데이터를 활용한 디지털 미디어와 개인별 타깃 커뮤니케이션으로 급속 전환 중이다. 광고 매출을 통해 사업을 영위하던 방송국과 신문사는 수익 확보에 큰 어려움을 겪고 있다.

광고 시장과 고객의 커뮤니케이션 채널이 바뀌었다

제일기획이 2020년 2월 집계 발표한 「2019년 대한민국 총 광고비 결산」에 따르면, 2019년 국내 총 광고비는 전년(2018년) 대비 2.3% 성장한 11조 9,747억 원으로 집계됐다. 그중 디지털 광고비가 사상 처음으로 5조 원을 돌파하며 15%의 성장을 이루었다. 반면 지상파TV 광고비는 전 매체 중에서 가장 큰 하락률을 기록했다. 지상파, 케이블, IPTV 등 모든 방송 광고비를 합해도 3조 6,905억 원으로 디지털 광고 시장의 70%를 약간 상회하는 수준이다.

매체로는 모바일 광고비가 전체 매체 중 가장 높은 성장률(17.2%)을

매체별 총 광고비 (2018~2020년)

구분	매체	광고비(억 원)			성장률(%)		구성비(%)	
		2018년	2019년	2020년(F)	2019년	2020년(F)	2019년	2020년(F)
방송	지상파TV	14,122	11,958	12,200	−15.3	2.0	10.0	9.7
	라디오	2,498	2,319	2,350	−7.2	1.3	1.9	1.9
	케이블·종편	19,903	19,477	19,830	−2.1	1.8	16.3	15.7
	IPTV	1,161	1,239	1,280	6.7	3.3	1.0	1.0
	위성, DMB 등 기타	1,980	1,912	1,858	−3.4	−2.8	1.6	1.5
	방송 계	39,664	36,905	37,518	−7.0	1.7	30.8	29.7
인쇄	신문	14,294	13,997	13,850	−2.1	−1.1	11.7	11.0
	잡지	3,082	2,832	2,687	−8.1	−5.1	2.4	2.1
	인쇄 계	17,376	16,829	16,537	−3.1	−1.7	14.1	13.1
디지털	PC	15,924	17,706	18,730	11.2	5.8	14.8	14.8
	모바일	28,011	32,824	37,520	17.2	14.3	27.4	29.7
	디지털 계	43,935	50,532	56,250	15.0	11.3	42.2	44.5
OOH	옥외	3,255	3,583	3,800	10.1	6.1	3.0	3.0
	극장	2,213	2,143	2,200	−3.2	2.7	1.8	1.7
	교통	4,874	4,654	4,600	−4.5	−1.2	3.9	3.6
	OOH 계	10,342	10,380	10,600	0.4	2.1	8.7	8.4
	제작	5,731	5,101	5,379	−11.0	5.5	4.3	4.3
	총계	117,048	119,747	126,284	2.3	5.5	100.0	100.0

(출처: 제일기획)

기록했는데 3조 2,824억 원으로 집계됐다. 단일 매체가 3조 원을 돌파한 것은 제일기획이 1977년부터 광고비를 집계한 이래 처음이다. 유형별로는 검색광고가 쇼핑 검색 등 다양한 광고 상품 출시로 인해 전년 대비 9.8% 성장한 1조 7,158억 원을 기록했으며 동영상 광고를 중심으로 한 노출형 광고가 26.5% 성장하며 1조 5,666억 원을 기록했다.[53]

광고 시장이 디지털 매체 중심으로 전환되는 이유는 무엇인가? 크게 세 가지로 볼 수 있다. 첫째, 고객의 시간점유율 때문이다. 고객이 TV나 신문 등의 전통적인 매체보다 온라인에서 더 많은 시간을 보내고 있다. 특히 핵심 소비층인 10~40대는 TV 대신 모바일 OTT, 소셜 네트워크, 그리고 관심 있는 플랫폼에서 대부분의 시간을 보낸다. 둘째, 효과 검증 가능성 때문이다. 매스 미디어 대비 디지털 미디어는 광고 효과를 더 객관적인 지표로 측정 가능하게 해준다. 조횟수, 클릭수, 사이트 방문율, 구매 전환율 등 지표화가 가능할 뿐 아니라 연령대별 지역별 세부 정보 파악도 가능하다. 셋째, 표적 시장의 명확성이다. 디지털 미디어는 브랜드가 원하는 특정 소비자 그룹을 대상으로 타깃 광고를 진행할 수 있다. 지역별, 연령별, 관심사 기반으로 타깃팅이 가능하기 때문에 브랜드에 대한 소구력이 훨씬 크다.

개인화된 타깃 커뮤니케이션 시대가 시작됐다

디지털 매체 광고보다 더 명확하게 고객을 선정하고 메시지를 전달하면서도 고객의 행동을 바로 유도해 비즈니스 성과로 연결하는 방법이 고객 데이터를 이용한 개인화된 타깃 커뮤니케이션이다. 디지털 매체 광고도 플랫폼에 따라 매체별 고객 타깃을 선정하고 메시지를 차별화할 수는 있지만 대상고객과 콘텐츠 운영의 변화폭에는 한계가 있다. 하지만 내부 데이터를 활용해 커뮤니케이션을 할 때는 앱 푸쉬, 문자 메시지, 카톡 알림 등을 통해 각 고객의 상황에 맞는 콘텐츠와 오퍼 메시지를 전달할 수 있다.

2000년대까지만 해도 데이터 기반 고객 관리에는 한계가 많았다. 유통과 서비스 기업 중심으로 멤버십 제도가 운영되고 고객 데이터도 확보되었으나 수집 데이터의 종류, 데이터 분석 기술, 활용 방안의 수준이 미미했다. 무엇보다 개인별 고객 커뮤니케이션이 우편, 이메일, 문자 SMS 등을 통해 진행되더라도 비즈니스의 디지털 전환이 이루어지지 않아 고객의 즉각적인 반응을 유도하는 데는 한계가 있었다.

TV나 신문 중심의 광고, 유통 중심의 판촉 활동에 초점을 맞춘 매스 커뮤니케이션에 비해 투자 규모도 적거니와 활동 자체가 눈에 띄지 않아서 마케팅 실무자 입장에서는 CEO 및 경영진에게 마케팅 활동을 하고 있는지, 그 활동을 통해 매출에 얼마만큼 기여하고 있는지를 보여주는 것이 힘들었다. 똑같이 효과를 검증할 수 없다고 해도 TV 광고는 TV를 틀면 눈에 띄기 때문에 실행 자체는 보이는 활동이다. 그런데 개인별로 보내는 이메일, 문자, 우편물은 받는 사람만 알기 때문에 눈에 띄지 않는다.

그래서 보통 고객관계관리CRM, Customer Relationship Management라 불리던 고객 마케팅은 타깃 마케팅의 가치를 아는 유통회사 중심으로만 이루어졌다. 영국의 유통회사 테스코, 한국의 홈플러스, 그리고 미국의 타깃이나 크로거 등이다. 고객 데이터의 가치를 알고 개인별 고객 커뮤니케이션 활동을 체계적으로 진행하는 유통 기업들에게 고객관계관리는 고객의 충성도와 매출 확대를 이루어내는 비밀병기였다. 경쟁사가 자사의 활동을 파악하기 힘들었기 때문이다.

상황에 맞는 고객 커뮤니케이션

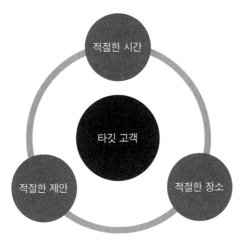

2010년 중반에 들어서면서 앱 중심의 모바일 플랫폼과 빅데이터 기술의 시너지가 점점 커졌다. 온라인 사이트나 모바일 앱 자체에서의 큐레이션과 앱 푸시 메시지와 카카오톡 메시지를 통한 스마트 커뮤니케이션은 초 실시간, 초 개인화로 진화해가고 있다. 모든 마케팅 활동과 그에 대한 고객의 반응 활동이 온·오프라인의 데이터 수집을 통해 분석이 가능해졌다. 실제 구매 전환의 성과 측정과 마케팅 활동 개선이 지속적으로 이루어지고 있다.

실시간 초개인화 커뮤니케이션의 핵심은 고객에게 '꼭 필요한 시점'에 '꼭 필요한 커뮤니케이션'만 진행하는 것이다. 이메일을 통한 커뮤니케이션의 문제는 실시간 소통이 어렵고 고객에게 전달되는 광고성 메일이 너무 많아 스팸 메일화되고 있다는 것이다. 고객에게 발송하는 무분별한 광고는 고객의 수신 거부를 부른다. 고객 커뮤니케이션에서 양의 많고 적음은 상대적으로 중요하지 않다. 커뮤니케이션의 타이밍과 내용이 중요하다. 꼭 필요한 시점에 고객이 필요로 하는 유

우버와 카카오택시는 실시간으로 고객의 위치를 확인해서 필요한 정보를 제공한다.

용한 정보를 보내는 것이 중요하다. 그런 측면에서 가장 중요한 고객 커뮤니케이션 경험은 적합한 고객Right Customer에게 적합한 시간Right Time에 적합한 곳Right Place에 있을 때 필요한 오퍼Right Offer를 전달하는 것이다. 각 고객이 필요로 하는 정보를 필요한 시점에 보내주는 것, 그게 브랜드 커뮤니케이션에서 고객 경험의 핵심이다. 커뮤니케이션의 TPO, 시간Time, 장소Place, 오퍼Offer라고 이해하면 가장 쉬울 것이다.

가장 훌륭한 예로 우버와 카카오택시를 들 수 있다. 두 개의 모델은 비즈니스 모델 자체가 스마트폰 앱으로 오프라인에 있는 승객과 차량을 이어주는 서비스다. 우버나 카카오택시를 이용하려면 앱을 켤 때 위치정보 수집에 동의해야 한다. 둘 다 위치 기반 서비스기 때문에 위치정보 수집 동의가 없으면 서비스가 불가능하다. 우버와 카카오 택시는 실시간으로 고객의 위치를 확인해서 필요한 정보를 제공한다.

우버는 고객이 필요로 하는 정보를 다 알려준다

내가 처음 우버를 이용한 것은 2015년 봄에 샌프란시스코로 여행을 갔을 때다. 우버는 2010년 샌프란시스코에서 제일 먼저 시작됐고 이미 2014년 7월경 세계 41개국의 150개 도시로 서비스가 확장됐다. 내가 여행했던 2015년 4월에 샌프란시스코에는 이미 우버 기사가 1만 2,000명 정도였는데 택시만큼의 우버 차량이 운행 중이었다. 우버 앱을 이용하기 위해서는 세 가지를 해야 한다. 앱을 다운받는다. 계정을 만들고 본인의 휴대폰 인증을 한다. 마지막으로 신용카드를 등록한다. 준비가 다 되었다.

　앱을 열면 자동으로 현재의 위치를 인식한다. 그리고 내 주변의 지도와 함께 주변에 다니고 있는 우버 차량들의 위치를 실시간으로 지도에 표시해 주변에 얼마나 많은 우버 차량들이 있는지를 보여준다. 출발지와 도착지를 등록하면 가까운 곳에 있는 우버를 자동으로 매칭해준다. 현재 위치에서 출발한다면 출발 위치는 지정할 필요가 없다. 목적지만 입력하면 된다. 이용 가능한 우버 차량을 자동으로 매칭시켜주며 목적지까지의 금액, 우버 드라이버의 이름, 차종, 차량 번호, 그리고 이미 동승했던 승객들이 남긴 평점을 보여준다. 마음에 들면 선택하고 아니면 다른 차량을 요청하면 된다.

　우버 차량이 매칭이 되면 해당 차량이 오는 동선을 실시간 지도로 보여준다. 혹시 복잡한 도심에 있어 위치를 찾기 어렵다면 우버 기사와 톡을 할 수도 있고 전화 통화도 가능하다. 차량이 도착하면 차량 번호를 확인하고 타면 된다. 우버에서 내릴 때 별도의 계산도 필요 없다. 사전에 등록해둔 카드로 자동으로 결제가 되고 우버 기사에 대한 평점을 요청한다. 평점까지 마치고 나면 모든 것이 끝났다. 나중에 등록한 이메일로 내가 이용한 기록과 요금 계산서가 전송된다.

　나는 우버를 처음 경험하자마자 우버가 성공할 수밖에 없는 모델이라는 것을 직감했다. 관광객으로서 나는 낯선 샌프란시스코 여기저기를 여행하는 동안 이동 수단 때문에 불편했던 적이 거의 없었다. 바로 앞에 있는 택시를 타는 것보다 절반 이상 저렴한 금액에 자가용을 이용했고 내가 차량을 타고 이동하는 동안 이동 동선을 모두 보여주었기 때문에 안심이 되었다. 다섯 살 된 딸아이와 같이 여행을 하는 중이었기에 지갑을 꺼내는 것도 불편했다. 그런데 우버는 지갑을 꺼낼 필요도 없었다. 우버의 모델이 성공한 것은 너무 당연한 일이었다. 말 그대로 내가 경험한 최고의 대중교통 고객 경험이라고 할 수 있다. 물론 이미 5년 전이고 지금은 우버와 같은 모델이 전 세계에 많이 생겼다. 특히 동남아는 나라별로 해당 나라의 스타트업이 만든 차량 공유 앱이 우버보다 더 활성화되어 사용되고 있다.

우리나라 카카오택시도 우버와 비슷한 고객 경험을 준다. 다만 카카오 택시는 차량 공유라기보단 예전의 콜택시가 모바일 앱 안으로 들어온 것으로 가격 메리트가 없고 결제도 택시 기사에게 직접 하며 기사 평가가 따로 없다. 우버를 벤치마킹한 우리나라의 버전의 택시 매칭 앱이다. 우버나 카카오 택시가 시간, 장소, 제안에 맞는 커뮤니케이션의 가장 좋은 사례인 것은 이동이 필요한 그 순간 필요한 정보를 고객이 말하지 않아도 다 알려주기 때문이다.

우버가 론칭한 지 이미 10년이 지났다. 혁신이 이미 일반화되어 고객들에게 보편적으로 사용되는 지금의 우리에게 우버나 카카오 택시의 서비스는 너무 당연해 보일 것이다. 하지만 몇 년 전만 하더라도 우리는 추운 겨울 택시가 잘 오지 않는 시간에 택시가 잘 다니지 않는 골목길에서 30분 이상 택시를 기다리다가 큰길로 슬슬 걸어나가던 때가 있었다. 혹시 이동하는 사이에 내가 서 있던 자리에 택시가 올까 봐 계속 눈치 보면서. 그때는 그게 당연했다. 지금은 바쁜 출퇴근 시간의 복잡한 도심 말고는 택시를 그냥 기다리는 일은 별로 없다. 이제는 집에서 나가기 전에 또는 나가면서 카카오 택시 앱을 열고 택시를 불러놓고 예약한 택시가 오면 번호를 확인하고 탄다. 익숙해진 지금은 당연하지만 이런 일이 가능하리라 생각하지 못했던 시절이 있었다. 우리가 지금 진행하고 있는 비즈니스 모델에서, 아니면 우리가 지금 고객으로서 이용하는 서비스 중에 장차 우버가 될 수 있는 서비스가 여전히 있다. 다만 아무도 혁신하지 않았기 때문에 우리가 예전의 방식으로 하고 있을 뿐이다. 비즈니스 관점에서 내가 하는 사업은 현재 고객의 상황context에 맞는 커뮤니케이션을 하고 있는지 생각해보자.

우버는 어떤 빅데이터를 수집해 활용하고 있을까? 서비스 흐름을 따라가면 필요한 데이터와 수집되는 데이터가 보인다. 첫째, 우버는 위치 기반 서비스답게 지도, 주소, 건물 정보 데이터를 보유한다. 우버가 서비스하는 모든 지역의 지도 정보와 각 도로와 건물 이름과 주소 정보를 보유한다. 둘째, 우버 드라이버의 개인 정보와 차량 정보를 가지고 있다. 그리고 우버 드라이버 휴대폰의 우버 앱을 통해 차량의 현재 위치 정보를 실시간으로 확인한다. 이미 승객을 태우고 있는 우버는 승객 정보와 이동 경로 정보도 실시간으로 수집하고 분석해 앱의 지도에서 이동 사항을 실시간으로 보여준다. 셋째, 우버를 이용하는 고객 정보, 승차 인원 정보, 자주 이용하는 동선 정보도 파악이 된다. 이용 시간에 따라 근무지나 자택의 위치도 추정이 가능하다. 우버도 가격이 저렴한 우버 풀Uber Pool부터 우버 프리미엄 모델도 있기 때문에 고객의 차량 선택에 따른 라이프스타일 파악이 가능하다. 그리고 고객의 우버 앱을 통해 고객의 실시간 위치를 지속적으로 파악할 수 있다. 넷째, 우버 고객과 드라이버의 상호 평가 점수와 코멘트 정보를 누적 수집 및 활용한다. 다섯째, 우버 앱을 이용하는 고객과 우버 기사의 이동 정보를 통해 도로의 교통 흐름 데이터를 실시간으로 측정하고 날씨 정보도 체크한다. 그리고 해당 데이터를 통해 수요와 가격을 실시간으로 예측해 가격 결정에 바로 반영한다.

비 오는 날 또는 출퇴근 등 교통량이 많은 시간에 우버를 이용하면 초과 가격Surge Price을 받는다. 일반적인 시간대에 이용할 때보다 가격이 1.5배에서 최대 3배까지 증가한다. 이용하고 싶은 승객 수요가 많거나 도로의 교통 상황이 혼잡하면 수요와 공급의 원칙에 의해 이동 비용이 증가하는 것이다. 물론 초과 가격이 적용될 때도 도착지에 가서야 결과적으로 요금을 알게 되는 것이 아니다. 차량을 매칭하면서 먼저 초과 가격을 명확히 사전 고지한다. 택시를 타면 교통 상황에 따라 당연히 탑승 시간이 늘어나면서 비싼 비용을 내게 되지만 도착하기 전까지는 그게 얼마까지 올라갈지 알 수 없다. 우버는 이미 축적된 데이터를 통해 경험적으로 가격 체계에 대한 알고리즘을 가지고 있고 모든 데이터를 실시간으로 분석하여 활용하고 적용한다. 모든 가격은 승차 전에 확정된다. 수요가 많거나 혼잡한 시간에 초과 가격 제도인 서지 프라이스Surge price는 있지만 말도 안 되는 요금을 도착지에서 알게 하는 서프라이즈Surprise는 없다.

구글맵은 낯선 곳에서의 편안한 여행을 선사한다

또 다른 적합한 시간, 장소, 제안 사례는 구글맵 서비스다. 구글맵 서비스는 낯선 곳에서 더욱 그 진가를 발휘한다. 2019년 6월 프랑스 파리에 가족 여행을 갔다. 한국에서야 네이버 길찾기나 네이버 교통 정보를 활용하고 네이버 검색으로 맛집을 찾았지만 프랑스 파리니까 한국과 달리 별로 이용해보지 않았던 구글맵을 사용할 수밖에 없었다. 프랑스어를 제대로 읽을 줄도 모르고 말하는 것은 더더욱 불가능했다. 지하철에서 얻은 지도든 스마트폰으로 다운받은 지도든 지도에서 나의 현재 위치 찾는 게 어려웠고 이동 동선 확인이 오래 걸렸다. 물어보는 것도 말이 통해야 하니 의미 없었다.

파리 여행 3일째 되던 날 아침, 계속 파리 지하철만 타던 나는 루브르 박물관 근처에서 몽마르뜨 언덕까지 가는 버스를 타기 위해 구글맵을 열었다. 버스 노선 외에도 버스를 기다리고 타고 이동하는 동안 현재의 버스 정류장 위치와 목적지까지 남은 정류장 수를 실시간으로 업데이트해주고 있었다. 버스 정류장을 놓칠까봐 오디오 방송에 귀를 기울이는 수고가 필요 없었다. 물론 오디오 방송에 집중했어도 알아듣지 못했을 것이다.

버스 정류장에서 성당을 가는 동안에도 구글맵이 함께했고 몽마르트르 광장에서 그림들을 구경하다가 배가 고프면 구글맵을 눌러 근처의 레스토랑 정보를 확인했다. 레스토랑의 위치와 오픈 시간, 별점과 후기와 메뉴, 전화번호까지 없는 정보가 없었다. 레스토랑 외에도 인근의 모든 카페 정보, 식료품점, 관광명소, 호텔, 약국, 주유소 등 미술관 정보를 위치와 관광객으로서 내가 궁금해할 만한 모든 정보를 굳이 묻지 않아도 지도 위에 다 표현해주었다. 내가 할 일은 보이는 정보 중에 내가 자세히 보고 싶은 아이콘을 누르는 정도였다.

물론 우리나라 네이버나 카카오 맵도 길 찾기 정보, 내비게이션 정보, 맛집 정보 등 다 가지고 있다. 그리고 검색하면 찾을 수 있다. 하지만 구글맵의 가장 큰 강점은 구글맵 지도 내에 포함된 모든 건물과 상

구글맵의 경로 제공과 연관 정보

(출처: 구글맵 캡처)

업용, 관광용 시설과 관련된 정보들을 지도 내에서 편하게 볼 수 있게 해준다는 데 있다. 지도 앱을 연 그 순간 앱은 고객이 궁금해할 것을 이미 판단해서 보여주었다. 길도 언어도 낯선 파리에서 내가 읽을 수 있는 한글로 말이다. 아마 전 세계에서 구글이 지금 가장 똑똑하지 않을까? 전 세계의 모든 정보는 구글 안에 있다고 해도 과언이 아니다. 구글은 아는 것에서 그치지 않는다. 적절한 시점에 사용자가 구글맵을 여는 순간 사용자가 원할 만한 정보를 쉽게 이용할 수 있게 보여준다.

구글의 사례는 단순히 보유하고 있는 방대한 정보 데이터를 넘어 그 데이터들을 어떻게 통합해서 고객이 필요로 하는 바로 그 시점인 적시에 말 그대로 끊임없는 편안한 고객 경험Seamless Customer Experience 을 줄 것인지에 대한 고민을 통해 만들어진 결과물이다. 즉 지도를 열어서 고객이 위치를 확인하면서 할 수 있는 모든 활동을 고객 관점에서 정리하고 연결했다. 그래서 지도 위에 가장 찾기 편한 방법으로 표시해준 것이다.

우버와 구글의 사례는 오프라인에서의 고객 여정 전체를 모바일 앱을 통해 알려주는 시간, 장소, 제안의 TPO에 맞는 개인화된 커뮤니케이션의 극단적으로 좋은 사례다. 비즈니스 모델 자체가 앱을 통해 이루어지는 것이니까 당연하게 생각한다면 이 세상에 당연한 것은 없다. 모든 서비스는 앱의 서비스를 기획하고 개발해 고객이 사용하는 단계에서 필요사항과 기능을 추가하며 완성된다. 데이터가 쌓이면서 그 데이터를 사용하는 또 다른 서비스로 연결하고 확장하면서 완성도를 높여가는 것이다.

물론 구글은 전 세계에서 가장 많은 데이터와 기술과 기술자를 가진 플랫폼 기업이다. 우버는 처음부터 데이터와 플랫폼 기반으로 만들어진 혁신 기업이다. 이렇게까지 데이터를 수집하는 기업이나 플랫폼도 별로 없지만, 막상 데이터를 가지고도 어느 시점에 어떻게 고객과 커뮤니케이션을 해야 하는지 제대로 아는 기업도 많지 않다. 구글맵이나 우버가 만들어내는 고객 경험이 고객에게 적정하고 편리함과 즐거움을 주는 이유는 목적에 맞는 커뮤니케이션이기 때문이다. 플랫폼과 브랜드의 목적에 맞지 않는 데이터의 활용은 오히려 고객에게 불쾌감을 준다. 각 플랫폼은 그리고 각 브랜드는 각자의 존재 목적과 고객의 이용 목적에 맞는 데이터를 수집하는 것이 필요하다. 그리고 그 데이터를 충분히 활용해서 고객이 적시에 필요한 정보를 얻을 수 있도록 도와주는 것, 그것이 가장 중요하다.

적시 커뮤니케이션은 구매 전환율과 재방문을 확대한다

온라인 쇼핑몰에서 가장 중요한 것은 방문한 고객들이 결제까지 완료하도록 만드는 것이다. 국내 온라인 쇼핑몰의 구매 전환율은 평균 6%대라고 한다. 쇼핑몰까지 방문하도록 유도하는 광고나 마케팅에 클릭률이 1% 이상만 나와도 효과가 좋다고 평가받는 현실에서 1%의 확률을 뚫고 방문한 고객의 94%는 구매 행동 없이 사이트를 나간다. 하지만 그냥 나가는 것은 아니다.

메인 페이지에 디스 플레이된 행사 상품이나 베스트 셀링 아이템을 조회하며 사이트를 둘러보기도 하고 구매하고 싶은 상품이 있는 경우는 직접 검색을 하기도 한다. 메뉴에서 카테고리 검색을 통해 원하는 곳으로 들어가기도 한다. 우리는 이런 고객들의 행동을 통해 고객의 쇼핑 패턴과 관심사를 알 수 있다. 특히 장바구니에 담겨 있는 상품은 구매 의도가 상당히 많다는 의미이기 때문에 쇼핑몰 운영자에게는 매우 중요한 정보다.

추천 알고리즘이 잘되어 있는 사이트는 고객이 쇼핑하는 동안 고객이 검색한 상품, 고객이 조회하고 클릭한 상품, 고객이 장바구니 담은 상품을 바탕으로 큐레이션 서비스를 제공해 관심 있어 할 만한 상품을 계속 찾아준다. 만약 상품을 장바구니에 담았다면 해당 상품과 비슷한 다른 상품 또는 해당 상품과 함께 구매하면 좋은 상품을 장바구니 하단에 보여준다. 장바구니에 담고 결제는 안 한 상태로 계속 쇼핑을 하는 고객에게는 '3만 원 이상 구매 시 무료 배송'이나 '5만 원 이상 구매하면 3,000원 할인' 등의 프로모션으로 구매를 독려한다.

만약 고객이 장바구니에 5만 원 이상의 아이템들을 담은 채로 계속 상품 검색만 하고 있다면 지금 5만 원 이상 결제하면 5% 할인이나 추가 적립 등의 결제 유도 문구를 보여줄 수도 있다. 구매로 연결하기 가장 좋은 시점은 사이트에서 쇼핑하는 바로 그 시점이기 때문이다. 쇼핑을 하고 있는 바로 그 시점에 고객의 행동과 상황에 맞춘 구매 유도 커뮤니케이션은 구매전환율을 높이는 가장 적절한 타이밍이다. 예를 들어 3만 원짜리를 장바구니에 담아두고 아직 결제를 안 하고 있다면 '3만 원 이상 무료 배송' 문구를 보여주어 바로 결제로 유도할 수도 있다.

쇼핑몰 입장에서는 한 번 거래할 때 최대한 객단가를 높이고 싶어 한다. 하지만 고객들은 장바구니에 물건이 많아져서 결제 금액이 커지면 결제를 망설이는 경향이 있다. 실제 구매할 물건과 빼야 할 물건 사이에 고민하면서 결제를 미루는 사이 그 장바구니는 그대로 며칠간 보관 상태로 존재하고 고객은 잊는다. 따라서 빠르게 결제하고 다시 장바구니 놀이를 하게 하는 것은 온라인 쇼핑몰에는 꼭 필요한 전략 중의 하나다.

고객별 구매 전환율과 구매 아이템 건수 및 결제액 정보를 개인별로 데이터로 분석해놓으면 개인별 오퍼와 커뮤니케이션을 차별화할 수 있다. 객단가가 높고 구매 전환율이 높은 고객에게는 관심 상품을 보여주며 객단가 확대를 위한 오퍼를 주고 구매 전환율이 낮고 객단가가 낮은 고객에게는 추가적인 상품 구매 유도보다는 빠른 결제 유도로 구매 전환율을 높이는 것이 중요하다. 같은 상황이더라도 그 고객의 쇼핑 패턴에 맞추어 메시지와 오퍼를 차별화하는 것이다. 고객별 쇼핑 패턴에 따른 타깃 커뮤니케이션은 사전에 각 고객의 쇼핑 습관에 대해 분석한 결과를 바탕으로 시점과 오퍼에 대한 시나리오 설계를 필요로 한다. 자동화된 타깃 솔루션은 시나리오에 지정된 트리거포인트thigger point가 왔을 때 미리 설계된 제안을 고객별로 진행한다.

고객의 관심 정보, 장바구니 상황, 그리고 해당 쇼핑몰의 행사정보를 연결해서 고객별 차별화된 메시지 전달이 가능하다. 물론 결제 전환 유도를 위해 해당 고객에게만 특별히 개인화된 쿠폰을 주어 더욱 적극적으로 구매 연결을 하는 것도 필요하다. 미국의 6피엠닷컴6pm. com은 장바구니 놀이를 하거나 상품 조회를 오랜 시간 하는 고객들이 있으면 팝업 상담 메시지를 띄운다. 상황에 따라 도움이 필요한지 묻는 경우도 있고, 지금 장바구니에 있는 물건 구입할 때 사용할 수 있는 5% 또는 10% 할인권을 준다고 하기도 한다. 도움이 필요한지 물을 때 "노 땡스No, thanks."로 답하면 "엔조이Enjoy!"라고 말하며 쿨하게 사라진다. 상품 검색을 도와주고 난 후 즐겁게 쇼핑하라며 쿠폰을 주고 가기도 한다. 기분 좋은 쇼핑이다.

아무 정보도 없는 고객과 비교해서 장바구니나 관심 상품 정보가 있는 고객은 크지 않은 할인과 쿠폰 오퍼로도 상대적으로 쉽게 결제 전환 유도가 가능하다. 신규 고객이나 이미 다른 쇼핑몰로 이탈해 상당 기간 방문이 없던 고객들은 웬만한 오퍼를 해도 방문을 유도하기 쉽지 않다.

지금 나의 쇼핑몰에서 구매하고 싶어진 상품이 있는 고객이 실제 구매할 수 있도록 도와주자. 고객의 쇼핑 만족도가 높아지면서 재방문 확률도 확실히 높아진다. 장바구니만 담아놓고 나갔다면 다시 돌아올 수 있게 적극적으로 커뮤니케이션하자. 결제를 위해 다시 방문하는 고객이 그냥 나가는 경우는 많지 않다. 새로운 행사가 시작되었으니 또 다른 장바구니를 만들게 마련이다. 장바구니의 결제 유도는 기존 장바구니의 구매 전환과 함께 또 다른 장바구니를 생성하게 만들도록 유도해 한 명의 고객에게 두 번의 매출 기회를 만들어준다.

상품 구매가 완료된 고객 대상으로 배송 정보를 전달하고 만족도를 체크하고 다음 쇼핑에 사용할 수 있는 기한 있는 쿠폰 등을 주는 것도 고객의 만족도를 높이고 재방문을 유도하는 좋은 커뮤니케이션이다. 특히 배송 정보는 쇼핑을 마친 고객에게는 가장 궁금한 정보이기 때문에 빠른 배송 정보 업데이트는 필수적인 커뮤니케이션 대상이다. 재방문 유도 쿠폰을 줄 때 일률적으로 쿠폰을 주는 것보다 고객의 충성도, 재방문 주기, 구매 금액에 따라 차별화하는 것이 좋다.

고객별로 어떤 쿠폰에 더 크게 반응을 하는지는 고객의 상황과 쇼핑 패턴에 따라 다르다. 특히 쇼핑몰에 해당 쿠폰이나 할인 관련 고객 반응 데이터가 충분하지 않다면 고객 구매 성향별로 그룹을 나누고 각 그룹에 A 쿠폰과 B 쿠폰을 나누어주고 반응률과 구매 전환율을 데이터로 분석하면서 점차 성과를 높여가는 것이 필요하다. 기존 데이터로 고객의 반응에 대한 가설을 세우고 테스트를 하면 가설 없이 접근하는 것보다 시간과 비용을 적게 들이고 빠른 결과를 볼 수 있다.

고객 커뮤니케이션의 혁신이 가능해진 것은 온라인과 오프라인에서의 고객의 동선과 행동이 빅데이터로 수집되고 있기 때문이다. 고객의 온라인 이동 경로상에서 각각 어떤 커뮤니케이션을 하면 고객의 행동을 유도할 수 있을지 기획하고 실행해보자. 고객의 체류 시간과 구매 전환율이 달라진다. 다행히도 상용화된 웹·앱 로그 솔루션들은 확장 기능을 통해 대부분 로그 분석뿐 아니라 트리거Trigger 기능을 가지고 있다. 어떤 행동을 한 고객을 자동으로 타깃팅해서 정해진 시나리오 메시지를 실시간으로 또는 정해진 시간에 전달하는 기능을 지원한다. 안타까운 것은 대부분의 기업이 로그 분석 솔루션을 분석용으로만 활용하고 실제 가장 중요한 고객 커뮤니케이션의 활용에는 미온적이라는 점이다. 실제 로그 솔루션을 활용하는 효과는 고객 상황별로 타이밍에 맞는 커뮤니케이션을 즉시 실행하는 데 있다. 고객의 행동 패턴을 아는 것이 분석이라면 타이밍에 맞는 타깃 커뮤니케이션과 오퍼는 구매행동을 이끌어내기 때문이다.

오프라인에서 어떻게 적합한 커뮤니케이션을 할 것인가

오프라인에서의 시간, 장소, 제안에 적합한 커뮤니케이션을 하려면 어떤 데이터의 수집이 필요할까? 온라인상의 고객 행동을 웹·앱 로그로 추적한다면 오프라인에서의 고객 행동은 위치정보와 구매 데이터를 통해 추적한다. 오프라인 고객도 스마트폰의 위치정보를 통해 이동 동선을 확인하고 적절한 시점과 장소에서 쿠폰이나 행사정보 전달이 가능하다. 자사 모바일앱을 사용하는 위치정보 동의 고객이라면 고객 개인별로 쇼핑에 필요한 정보를 전달할 수 있다. 만약 위치 동의가 되지 않았거나 앱을 소지하지 않은 고객이라면 통신사나 카드사와의 제휴를 통해 고객이 매장 인근에 방문했을 때 나의 매장까지 와서 구매하도록 유도하는 쿠폰이나 행사정보를 제공할 수도 있다.

오프라인 기업도 고객의 구매 경험은 모바일 앱으로 진행하는 디지털 전환이 가속화되고 있다. 포인트 적립, 쿠폰사용, 스마트오더, 배송서비스 등 다양한 목적으로 앱을 활용한다. 모바일 앱은 고객에게 적시에 적정한 오퍼를 전달하며 행동을 이끌어낼 수 있는 가장 훌륭한 채널이다. 게다가 앱 자체가 고객의 위치정보와 행동정보를 추가로 확보하게 만들어주기 때문에 세부적인 타깃 커뮤니케이션이 가능해진다. 예를 들어 레스토랑에서 식사를 마치고 돌아가는 고객에게 멤버십 포인트를 적립해준다면 적립 메시지와 함께 감사 메시지와 재방문 쿠폰을 보내줄 수도 있고 또는 이번 식사가 만족스러웠는지에 대한 별점 리뷰를 받을 수도 있다. 이미 예약한 고객에게 예약 전날과 당일 리마인드 메시지 전달이 가능하다. 또한 식사 후 만족스러웠는지에 대한 감사와 리뷰 메시지도 가능하다. 모두 시간, 장소, 제안에 맞는 적절한 커뮤니케이션으로 볼 수 있다.

매장 내에서의 고객의 위치도 추적이 가능하다. 소프트웨어 비콘 Beacon 방식을 이용하면 굳이 별도의 하드웨어 비콘을 설치하지 않더라도 매장 내에서 각 고객의 동선 추적이 가능하다. 이 말은 온라인 고객의 온라인몰 사이트 내에서의 동선이 로그로 추적 가능한 것처럼 오프라인 고객의 매장 내에서 이동 동선도 추적이 가능하다는 것이다. 고객이 구매한 상품 데이터는 동선의 움직임까지는 알려주지 않는다. 그리고 실제 진열대의 여기저기 카트를 끌고 돌아다녔더라도 실제 해당 동선의 상품을 구매하지 않았다면 고객이 어떤 동선으로 움직였는지 알 수는 없다.

각 시간대의 실시간 매장 내 고객들의 숫자, 위치, 이동 동선 등도 이런 비콘 방식이나 카메라 센서를 통해서도 체크가 가능하다. 고객이 가장 많이 방문하는 동선을 알게 되면 해당 동선에 상품 판매를 촉진하기 위한 배치 상품의 종류와 진열 방식과 가격 등에 의해 고객들의 구매율을 추적해 체크할 수 있게 된다. 이는 오프라인 매장의 정해진 공간 내에서 최적의 판매를 만들어낼 방법을 찾게 해준다. 소프트웨어 비콘은 각 고객의 앱과 연동해 개별 고객의 위치와 동선 측정을 가능하게 한다.

앱을 가지고 있지 않은 고객들의 동선은 어떻게 측정할 수 있을까? 사물인터넷 기술과 이미지 인식 기술을 활용하면 매장 입구에 고객이 도착한 시점부터 매장을 나가는 순간까지 매장에 방문한 모든 고객을 개별적으로 인식해 동선 추적과 움직임 추적이 가능하다. 대형마트라면 누구나 사용해야 하는 카트에 사물인터넷 기기를 부착해 카트의 움직임을 파악할 수 있다. 물론 누구인지의 개인정보는 모를 것이다. 하지만 어떤 한 사람이 들어와서 어느 경로로 이동해서 무슨 행동을 했는지에 대해 독립적으로 식별은 가능하다. 이 또한 다른 방식의 오프라인 로그 수집 방식이다. 이를 통해 역시 매장 전체의 공간 구성과 프로모션에 따른 성과 측정 테스트가 가능하다.

아마존고는 오프라인 고객 경험 혁신을 위한 테스트 베드이다

이미 카메라 센서와 사물인터넷 센서와 이미지 인식 기술을 활용해 오프라인 무인 결제 시스템을 운영하는 일부 선도업체가 있다. 대표적인 예가 시애틀에 있는 아마존고Amazon Go다. 2019년에는 한국 이마트24도 아마존고를 벤치마킹해 김포에 무인 결제 테스트 매장을 오픈했다.

아마존고에 입장하려는 고객은 입장 전에 아마존고 앱을 다운받고 아마존 계정으로 로그인을 해야 한다. 온라인 아마존 이용 고객들은 이미 아마존에 등록된 카드 번호로 원클릭 결제를 하기 때문에 아마존고 앱을 사용하면서 별도 카드 등록이 절차가 필요하지 않다. 만약 아마존 회원이 아니라면 아마존고를 통해 회원가입과 카드 등록을 진행해야 한다.

아마존고 입장 시 고객들은 로그인된 본인의 앱을 열어 체크인을 한다. 그 순간부터 매장 내의 카메라, 사물인터넷 센서, 비콘 센서가 고객을 따라 다닌다. 진열대 사이를 왔다갔다하는 것부터 선반에서 물건을 집어 제품을 확인하는 것도, 그 물건을 진열대에 되돌려놓거나 아니면 장바구니에 넣는 것도 모두 추적을 진행한다. 아마존고의 천장은 무수한 카메라와 센서들로 가득 차 있다. 사고 싶은 물건을 다 봉투에 담고 나면 그냥 밖으로 나오면 된다. 결제는 필요없다. 이미 각 개인의 움직임과 물건의 이동을 카메라 센서와 이미지 인식을 통해 실시간으로 체크하고 매장을 나오면서 가지고 나온 상품들을 구매상품으로 식별한다.

아마존고는 이미 아마존 계정의 원클릭 결제 카드 정보와 연동되어 있기 때문에 해당 카드로 결제가 이루어진다. 매장 밖으로 걸어나와 약 4~5미터 이동하는 시점에 아마존고 앱은 결제 금액과 영수증을 보여준다. 2018년 초 내가 아마존고를 방문했을 때 점포 안에 유일하게 고객이 직접 구매 수량을 체크해야 하는 상품이 있었는데 바로 장바구니였다. 0.05달러 종이백과 0.99달러 오렌지색 플라스틱 백은 본인이 가지고 나올 만큼 직접 추가해야 한다. 나는 미리 고지된 POP물을 통해 알고 장바구니를 추가했지만 그걸 잘 몰랐던 몇 명은 장바구니도 그냥 들고 나왔다는 걸 나중에 알았다.

아마존고

아마존은 온라인에서의 고객 구매 경험을 혁신을 통해 유통을 혁신한 것처럼 오프라인에서의 구매 경험 혁신을 아마존고에서 테스트 중이다. 이미 아마존은 미국의 대표 친환경 식품 유통인 홀푸드마켓을 인수해서 온라인과 오프라인 시너지를 준비 중이다. 이미 아마존은 전 세계적으로 뛰어난 데이터 사이언스팀과 고객들의 쇼핑 행동 및 관심 분야 데이터를 보유하고 검증된 수많은 인공지능 알고리즘을 통해 온라인 고객 경험을 혁신해왔다. 아마존고를 통해 현재 테스트 중인 오프라인의 빅데이터 수집과 고객의 오프라인 구매 패턴 데이터와 작동 방식에 대해 온라인과 데이터를 연결하고 통합해 분석과 알고리즘 테스트가 끝나면 아마존은 스마트폰과 PC에서 나와서 오프라인 유통에 다시 한 번 대대적인 혁신을 가져올 것이다.

어떤 오프라인 유통도 아마존처럼 고객 경험의 혁신에 집착하며 끊임없이 기술을 선도하지도, 디지털 소비자의 쇼핑 패턴과 각 고객의 관심사를 정확히 알고 있지도 못하다. 아마존이 각 고객의 오프라인과 온라인의 멀티채널 쇼핑 경험을 어떻게 연결하고 어떻게 혁신해

나가게 될까? 방식은 일부 다르겠지만 오프라인에서도 실시간 상품 큐레이션이 가능해질 것이다. 아마존의 오프라인 매장이 온라인 배송의 전초 기지 역할도 할 것이다. 오프라인 쇼룸 역할도 할 수 있다. 그것이 무엇이든 온라인과 오프라인의 고객 경험의 연결은 온라인 세상에서 머무는 것보다 훨씬 파괴적인 결과를 가져올 것이다. 그저 지켜만 보고 있을 수는 없다.

고객 체류 시간을 늘리면 구매전환율이 높아진다

매장 내에서 고객의 동선을 체크하여 개인별 상황에 맞는 적절한 커뮤니케이션을 진행하는 것은 매출에 어떤 효과를 줄까? 오프라인 매장인 백화점이나 복합 쇼핑몰의 경우, 일부러 에스컬레이터나 엘리베이터 동선을 불편하게 하는 경우가 많다. 고객에게 이동의 편리함을 주는 것보다 복잡해진 동선을 이동해 목적지를 찾아가는 동안 더 많은 상품을 노출하기 위한 전략이다. 상품의 노출이 곧 체류 시간의 증대와 구매로 연결되기 때문이다.

남성은 목표 상품을 향해 직진하지만 여성은 목표 상품이 명확히 있어도 그 매장에 가기 전에 눈에 들어오는 상품들을 다 둘러보며 쇼핑하는 경향이 있다. 그래서 오프라인에서의 이런 복잡성은 고객의 체류 시간을 늘리고 구매 금액을 키운다. 마케팅의 대가 톰 피터스가 JC 페니에서 남녀를 대상으로 쇼핑 미션을 실험한 재미있는 결과가 있다. 조사에 의하면 남자와 여자에게 갭 브랜드의 검정색 바지를 사오라는 미션을 주었다. 다른 제약 조건은 없었다. 해당 바지를 사기만 하면 된다. 남성인 잭Jack은 바지를 사는 데 6분의 시간과 총 33달러를 소비했다. 반면 여성인 제인Jane은 바지를 사고 나오는 데 무려 3시

남자와 여자가 백화점에서 바지를 사는 데 걸린 시간

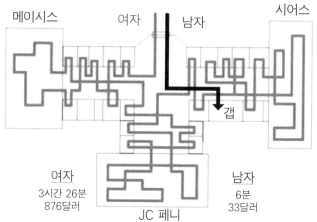

미션: 갭에 가서 바지를 산다

메이시스   여자   남자   시어스

갭

여자
3시간 26분
876달러

남자
6분
33달러

JC 페니

(출처: 톰 피터스 엑셀런스 슬라이드)

간 26분의 시간과 총 876달러를 소비했다.[54] 잭은 미션에 맞추어 갭 매장으로 직진해 바지를 사고 바로 나왔다. 하지만 제인은 갭 바지를 사러 가는 동안 눈에 띄는 상품들을 구경하며 갭 매장으로 갔고 돌아오는 길에도 계속해서 쇼핑했다. 결국 제인의 손에는 갭의 바지뿐 아니라 다른 상품이 든 쇼핑백이 많이 들려 있었다.

온라인뿐 아니라 오프라인에서도 고객이 매장에서 원하는 상품을 입어보고 관심을 보이고 구매를 할 때 고객의 동선과 현재까지의 누적 금액에 맞추어 그에 맞는 추가적인 오퍼나 오늘의 구매액별 사은품을 리마인드해준다면 또는 행사 중인 카드 정보를 알려준다면 고객의 구매 경험 만족도를 훨씬 더 높여줄 수 있을 것이다. 이런 커뮤니케이션은 고객이 방문해 있는 그 시점에 고객의 구매 객단가를 높이는 데 도움이 된다.

고객 커뮤니케이션을 각 개인의 상황과 구매 전후 시점에 맞게 하려면 데이터를 실시간으로 수집하고 처리해 필요한 시점에 실시간 커뮤니케이션이 가능하도록 인프라 체계가 만들어져야 한다. 모든 고객에게 정해진 시점에 커뮤니케이션을 한다면 군이 실시간 타깃 마케팅 솔루션이 없더라도 고객별로 오퍼와 메시지 내용만 다르게 해서 진행할 수 있을 것이다. 하지만 어떤 위치나 어떤 상황에서 적시에 커뮤니케이션이 이루어지려면 실시간 마케팅 체계가 없이는 한계가 있다. 보통의 구매 데이터는 실시간으로 처리되지만 분석이나 활용이 가능한 데이터베이스 형태로의 저장은 매일 밤에 배치 작업을 통해 이루어지는 경우가 많다. 비즈니스의 기본이 되는 운영 시스템의 정보는 다른 시스템에서 직접적으로 가져다 활용하기 어렵기 때문이다.

따라서 분석 가능한 데이터베이스로 실시간으로 저장하고 사전에 세팅한 고객 커뮤니케이션 시나리오에 맞는 트리거 상황이 발생했을 때 자동으로 시스템에서 해당 커뮤니케이션 시나리오를 작동시키는 것이 효과를 가장 극대화할 수 있다. 시나리오가 많지 않다면 프로그래밍을 통해 자동으로 어떤 메시지가 전달되게 하는 방법도 있다. 하지만 그럴 경우, 시나리오가 바뀌면 커뮤니케이션 프로그래밍 자체가 바뀌어야 하고 시나리오가 추가될 때마다 새로운 프로그래밍을 작업해야 하므로 추가적인 시간 소요와 함께 매 시나리오의 우선순위를 결정하는 데 자원을 써야 한다. 고객들은 스마트 기기를 개인별로 가지고 있고 웬만한 브랜드는 모두 앱을 가지고 있는 시대다. 고객의 상황에 맞는 커뮤니케이션, 즉 '적합한 시간, 적합한 장소, 그리고 적합한 오퍼'는 비즈니스가 오프라인과 온라인 어디에서 이루어지는지와 상관없이 무조건 필요하다.

내 비즈니스의 처음과 끝까지의 구매 여정을 고객의 관점에서 다시 그려보자. 내가 고객이 되어 해당 서비스를 이용하는 순간뿐 아니라 서비스를 이용하지 않는 그 이전의 순간과 서비스를 이용하고 난 후의 시점에 무엇을 궁금해할지, 무엇을 원할지, 무엇을 가장 불편해할지 고민하고 그 고민한 결과를 고객 경험 시나리오로 만들어보자. 그리고 어느 시점에 어떤 정보를 고객이 원할지, 어떤 메시지가 고객의 마음을 사로잡을지의 커뮤니케이션 시나리오를 만들자. 처음 기획한 것에서 그치지 말고 끊임없이 테스트하고 고객의 반응 결과를 반영해 더 나은 방법과 더 나은 서비스를 고민하자. 더 많이 고민할수록 더 나은 고객 경험이 만들어진다. 데이터보다 서비스를 먼저 고민하면 그 서비스를 위한 데이터를 정의할 수 있고 수집 방법, 분석 방법, 활용 방법을 적정하게 찾을 수 있다. 기술의 도입과 역량의 개선은 그 이후 부족함을 느낄 때 추가해도 되지만 고객 관점에서의 서비스 기획이 먼저 되지 않으면 고객에게 불편함과 부담을 주는 단순 IT 기술이 될 뿐이다.

'말 한마디로 천 냥 빚을 갚는다.'라고 했다. 고객의 마음을 얻는 데 필요한 것은 고객과의 소통이다. 고객이 필요로 하는 그 순간 고객에게 전하는 소통의 메시지는 어떤 디지털 기술보다 고객을 즐겁게 하고 편하게 하며 감동을 줄 수 있다.

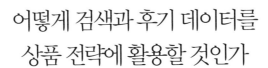

8

어떻게 검색과 후기 데이터를
상품 전략에 활용할 것인가

쇼핑에서 검색어는 굉장히 중요한 데이터다. 상품을 판매하는 온라인몰에서의 검색어는 방문한 고객들이 어떤 상품에 가장 관심이 많고 구매하고 싶은지를 직접적으로 보여준다. 네이버나 구글 같은 포털에서 가장 중요한 핵심 경쟁력 중 하나가 검색 결과의 양과 질인 것처럼 쇼핑몰도 마찬가지다. 원하는 결과를 찾을 수 없다면 사용자는 바로 다른 곳으로 이동한다.

오프라인이든 온라인이든 취급하는 카테고리와 상품의 구색은 유통의 핵심 경쟁력이다. 아마존이 "모든 것을 다 팝니다."라고 말하는 것은 유통의 핵심 가치가 고객이 원하는 상품을 구매할 수 있게 해주는 것이기 때문이다. 따라서 빅데이터 측면에서 상품 전략 의사결정에 중요한 데이터는 '판매' 데이터뿐 아니라 '검색'과 '후기' 데이터다. 검색과 후기 두 가지는 기업이 만들어내는 데이터가 아니다. 고객이 스스로 만들어내는 데이터다. 검색은 쇼핑 전에 고객의 관심사를 나타내주는 데이터라면 후기는 상품을 구입한 고객이 구매 후 쇼핑과 상품에 대한 만족도를 보여주는 데이터다. 검색 – 탐색 – 구매 – 이용 – 후기의 단계에서 가장 처음과 마지막 단계에 만들어지는 데이터다. 그래서 이 두 가지 데이터는 상품에 대한 고객의 니즈와 사용 후의 만족도를 알려주는 핵심 데이터다.

상품 구색과 경쟁력은 검색어로 알 수 있다

보통 쇼핑몰에서 상품 전략을 수립하고 구색을 확대할 때 판매하고 있는 상품의 판매량, 매출, 손익을 보고 의사결정을 하기 쉽다. 판매 데이터는 현재 취급하는 상품 내에서의 데이터라는 한계가 있다. 취급하지 않는 상품이 판매될 리 없고 재고가 없는 상품이 판매될 수는 없다. 재고가 있더라도 가격이 다른 곳보다 비싸서 팔리지 않을 수도 있다. 내부 데이터의 판매량 순위는 단순히 가장 많이 팔렸다는 의미이지, 고객이 가장 좋아하고 구매하고 싶은 상품 순위는 아닐 수 있다.

상품에 대한 고객의 관심과 구매 의지가 실제 구매로 연결되기까지의 여정에서 최종 구매전환은 상품 취급 여부부터 재고, 가격, 쿠폰 할인, 경쟁 사이트의 가격 등 여러 가지 내외부 원인에 의해 방해를 받는다. 따라서 고객의 관심이 어디에 있는지 확인하고 싶으면 검색 데이터를 적극적으로 활용할 필요가 있다. 고객이 오늘 하루 우리 사이트에서 가장 많이 검색한 단어 10개는 무엇인가? 각 검색어에 대해 연결된 상품의 결과는 어떤가? 충분히 상품 구색을 갖추고 있는가? 그중 실제 고객이 클릭해서 조회한 상품은 무엇인가? 조회한 상품이 장바구니에 담겼는가? 구매로 전환되었는가? 혹시 취급하는 상품이 있는데도 결과가 보이지 않은 경우가 있는가? 검색어로부터 출발해서 고객의 이동 동선에 따라 데이터를 분석하면 상품과 관련해서 고객이 가진 불편점을 확인하고 문제를 개선해나갈 수 있다.

판매량에서 출발하지 않고 검색량에서 출발하는 이유는 명확하다. 검색량은 고객의 관심도이다. 관심도가 가장 높은 상품에 대해 이슈가 없다면 기업은 적어도 기회손실은 최소화하고 있는 것이다. 하지만 검색량이 높은데 판매량이 높지 않다면 고객이 구매하고 싶은 것을 구매하지 않은 것이므로 기업으로서는 기회손실이 발생하는 것이다. 검색 데이터를 실시간으로 일 단위와 주 단위로 분석해서 디테일하게 관리하자.

고객들이 어떤 상품들을 검색하는지 확인하는 일은 특히 상품과 마케팅 담당자들에게는 매우 중요한 일이다. 고객의 관심사를 체크해 중요한 상품의 취급을 확대하고 판매로 연결할 수 있게 해야 한다. 무엇보다 고객이 찾는 상품 중 우리가 취급하지 않는 상품에 대해서는 상품과 브랜드의 구색 확대의 문제인지, 아니면 카테고리의 문제인지 파악해서 제대로 된 상품 전략을 수립하고 시행해야 한다. 취급 상품 중 우선순위를 정하는 일도, 시즌 이슈에 선제 대응하는 것도 검색어 기반으로 도움을 받을 수 있다. 조회 상품의 구매 전환율은 우리 상품의 가격 경쟁력이나 품질 경쟁력을 평가하는 수단이 될 수도 있다.

계절이 사계절로 나뉘어 있어 어느 시즌이 되면 아주 자연스럽게 구매가 확대되는 제품들이 있다. 시즌 아이템이다. 사계절 변함없이 대한민국 국민 누구나 사용하는 일상 제품도 있다. 그리고 특별한 이벤트에 의해 단기적으로 구매가 일어나는 제품들도 있다. 검색어 데이터는 이런 제품들의 일상성과 시즌성을 잘 보여준다. 그리고 검색어 트렌드를 이용해서 사전에 시즌 상품의 판매 시기, 진열 위치, 이벤트 여부 등을 결정하는 것도 가능하다.

제품을 검색할 때 카테고리를 검색하는지, 아니면 브랜드를 검색하는지도 중요한 사항이다. 브랜드를 검색하는 제품이라면 검색 상위에 있는 해당 브랜드는 반드시 구색을 갖추고 있어야 한다. 또 가격 경쟁력을 유지하기 위해 노력해야 한다. 중요하고 많은 고객이 찾는 상품일수록 고객들은 필수적으로 타 사이트와의 가격 비교를 한다. 따라서 중요한 시즌에 중요한 아이템을 경쟁사 대비 높은 가격에 판매하는 것은 단순히 경쟁 사이트에서 구매하게 만드는 판매 손실을 넘어서 쇼핑몰의 가격 이미지와 평판에 악영향을 줄 수 있다. 품질에 의해 얼마든지 가격 차이를 인정할 수 있는 상품이라면 예외가 있다.

만약 고객들이 온라인 쇼핑몰에 들어와서 반복적으로 입력하는데도 불구하고 검색되지 않는 제품이 있다면 제품 취급을 고민해야 한다. 물론 검색하는 모든 상품과 브랜드를 취급할 수는 없다. 하지만 고객이 해당 사이트에서 판매할 것이라고 예상하고 검색하는 상품이라면, 그리고 그런 검색에 대해 해당 상품이 조회되지 않는다는 문구를 반복해서 보게 된다면, 해당 온라인몰을 방문하는 빈도는 점점 줄어들 수밖에 없다.

그런 의미에서 검색 데이터를 볼 때 '결과가 조회되지 않는 검색어'에 대해서는 더 세부적으로 관리가 필요하다. 검색 시스템의 문제인지, 아니면 검색어와 상품 사이의 연결 문제인지, 상품이 실제 판매되고 있지 않은지 확인하고 조치해야 한다. 시스템의 문제라면 검색 시스템의 솔루션이나 알고리즘 개선이 필요하고 검색어 연결의 문제라면 혹시 제품 등록 시 필요한 검색어들이 제대로 등록되지 않은 것이 아닌지 확인해야 한다. 해당 상품을 판매하고 있지 않다면 빠른 시일 안에 판매 검토가 이루어져야 한다.

검색어에 따라 어떤 카테고리의 어떤 상품을 보여줄 것인지도 온라인몰의 검색 솔루션의 경쟁력 중 하나다. 한 개의 검색어에 대해 다양한 카테고리에 걸쳐 상품과 브랜드 단위에서 많이 조회된다면 어떤 상품과 어떤 카테고리를 먼저 보여줄 것인가는 구매 전환율에 결정적으로 영향을 미치는 부분이다. 해당 검색어와 관련해서 가장 많이 팔리는 상품을 보여줄 것인지, 지금 행사 중이어서 가격 경쟁력이 있는 상품을 먼저 보여줄 것인지, 아니면 고객 개인별로 구매이력이나 연령이나 지역 프로필에 따라 검색 결과를 차별화해서 보여줄 것인지와 관련해서 끊임없는 데이터 테스트와 함께 성과 분석이 필요하다.

그러려면 검색 결과를 보여준 디스플레이 순서와 실제 고객이 조회한 상품과 구매한 상품 사이에 상관관계가 데이터로 저장되어 분석되어야 한다. 그리고 그 분석 결과에 맞추어 알고리즘을 지속 개선해가야 한다. 검색 솔루션은 그만큼 어렵다. 구글이나 네이버나 아마존 등 플랫폼들은 검색 결과 개선을 위해 엄청난 금액을 투자한다. 그리고 그런 검색 데이터 알고리즘 및 분석에 대한 투자는 실제 고객의 구매 전환을 높이는 데 결정적인 역할을 한다.

MZ세대의 검색어를 눈여겨보자

뷰티 영상 큐레이션 앱 잼페이스는 최근 만 13세~24세의 Z세대 사용자가 자사 앱에서 검색한 약 233만 건의 검색량 데이터를 분석해 「Z세대 뷰티 보고서」를 발표했다. 이를 통해 Z세대의 뷰티 관심사와 소비 성향을 예측할 수 있는 4가지 지표에 관한 순위를 공개했다. 보고서에 따르면 Z세대가 가장 많이 검색한 화장법 1위는 '무쌍·속쌍 메이크업'으로 13만여 건에 달했다. 뒤를 이어 '학생·학교 메이크업'(5

만 3,000건), '투명·데일리 메이크업'(3만 3,936건) 순이었다. 특히 13만 건이 넘게 검색된 무쌍·속쌍 메이크업은 Z세대 중에서도 쌍꺼풀 수술 경험이 많지 않은 10대들이 화장을 할 때 고민하는 부분을 알려주는 데이터다. 무쌍의 연관어로 '쌍액(쌍꺼풀 액)' '쌍테(쌍꺼풀 테이프)' 등도 1만 7,000건이나 언급됐다. 그다음으로 많이 검색된 '학생·학교 메이크업'은 많은 중고등학생들이 색조 화장을 하고 있는 현실을 보여준다.[55]

Z세대의 화장품 소비 성향을 보여주는 화장품 검색어 1위에는 '섀도우'가 올랐다. 뒤를 이어 2~5위에는 팔레트, 틴트, 쿠션, 아이라이너가 차지했다. Z세대 검색량 중 아이 메이크업 관련 제품 비중이 60% 이상을 차지한다. 데이터를 통해 Z세대의 아이 메이크업에 대한 높은 관심도를 알 수 있다. 잼페이스 윤정하 대표는 언론과의 인터뷰에서 "디지털 시대에 새로운 소비 주역으로 떠오른 Z세대와 소통하기 위해서는 끊임없이 변화하는 그들의 관심사와 취향에 발맞춰 새로운 브랜드 전략을 세워야 한다."라고 말했다.[56]

디지털 시대에 소비자 라이프스타일이 변화하면서 핵심 소비 계층으로서의 MZ세대가 주목받고 있다. MZ세대는 밀레니얼세대Millenial 와 Z세대Generation Z를 통합한 단어다. 밀레니얼 세대는 1981년부터 1994년경 태어난 세대다. PC와 인터넷이 일상화된 정보통신 사회에 태어나 온라인에 익숙한 세대다. 그보다 더 어린 Z세대는 1995년 이후 태어나 어려서부터 모바일폰과 스마트기기 사용에 익숙한 디지털 네이티브Digital Native 세대다. 디지털 시대의 비즈니스는 디지털 활용이 자유로운 이들 MZ세대를 이해하고 소비 습관을 알아야 경쟁력을 갖출 수 있게 됐다. 어느 시대를 막론하고 20~30대는 핵심 소비자층이

였지만 오늘날 디지털 시대의 20~30대인 MZ세대는 스마트폰과 소셜 네트워크 기반의 연결된 세상 중심으로 살아왔기 때문에 기존의 세대와는 완전 다른 가치관, 생활방식, 소비패턴, 정보 수집 방식을 가지고 있다.

대부분 기업의 주요 의사결정자와 업무 책임자는 MZ세대와 거리가 멀다. 기업의 의사결정자와 실무책임자는 30대 후반에서 50대 후반에 이르는 베이비부머와 X세대다. 기업들은 살아남기 위해 그들이 이해하기 어려운 MZ세대를 충성 고객으로 만들어야 한다. 그들을 이해하기 위해 필요한 것도 결국은 빅데이터다. 고객들이 남긴 데이터를 세대별로 카테고리별로 쪼개서 분석해야 한다. 전체 검색량이나 전체 판매량을 통합해 분석하는 것은 세대별 차이를 이해할 수 있는 좋은 기회를 버리는 것이다. 새로운 소비 계층을 이해하고 그들이 원하는 상품을 확대하지 못하면 기업과 브랜드는 기존의 고객들과 함께 나이를 먹는다. MZ세대가 중요한 이유는 다음 세대의 주 소비 계층이어서만은 아니다. 그들이 사회적으로 소비를 이끌어가는 트렌드 리더이기 때문이다. 그들의 소비 패턴과 구매 성향은 기존 세대 고객들에게도 영향을 미친다.

브랜드 홈페이지도 브랜드 경험의 일부다

상품을 판매하는 쇼핑몰이 아닌 일반 브랜드 홈페이지에서도 검색어는 중요하다. 브랜드 홈페이지나 플랫폼에 방문한 고객이 내 브랜드에 가장 궁금해하는 것이 무엇인지를 알려주는 데이터이기 때문이다. 어떤 상품을 찾는지, 어떤 모델명을 검색했는지, 아니면 어떤 점포를 찾고 있는지 등 검색어 분석을 통해 웹사이트에서 고객의 관심사를 파악하고 고객이 궁금해하는 것을 쉽게 찾을 수 있도록 만들어줘야 한다. 상품 정보라면 정확히 상품에 대해 알려줘야 하고 스토어 정보라면 스토어를 쉽게 찾도록 만들어줘야 한다. 상품 사용과 관련한 문의라면 사이트가 고객이 찾고 있는 정보를 찾기 쉽게 만들어주는지, 내용은 충분한지, 고객이 제대로 필요한 정보를 얻고 갔는지 확인해서 사이트 개편에 지속적으로 반영해야 한다.

외부 쇼핑몰에는 판매를 위해 각각의 상품 소개 페이지에 상세하게 정보를 업데이트하면서 막상 회사의 브랜드 홈페이지에서는 상품 정보나 구매 정보를 찾기 어려운 회사가 너무 많다. 그런 홈페이지를 방문한 고객의 느낌은 어떨까? 자사의 판매 채널을 가지지 못한 브랜드에게 브랜드 홈페이지는 고객에게 브랜드 이미지를 전달하고 고객의 소리를 직접 들을 수 있는 중요한 채널이다. 검색을 통한 메뉴 이동이나 Q&A 이용은 고객들이 자주 방문하지 않는 사이트일수록 필수적으로 잘 만들어야 하는 기능이다. 어쩌다 방문한 고객에게 브랜드와 상품과 서비스에 대해 좋은 경험을 남겨야 한다.

브랜드 경험은 상품의 구매나 사용 단계에서만 생겨나는 것이 아니다. 브랜드 홈페이지 방문 경험은 그 브랜드의 아이덴티티를 경험하게 하는 중요한 순간이다. 우리 사이트에서 고객이 쉽게 원하는 것을 찾게 하고 브랜드 경험을 나누게 하고 불편한 것도 얘기하게 만들어야 한다. 디지털 시대의 고객들은 낯설고 힘든 경험은 거부한다. 고객이 오지 않으니 사이트에 투자를 적게 하는 것인가? 아니면 사이트에 투자가 적어 불편하고 힘드니 고객이 오지 않는 것인가? 분명한 건 어디에서 출발했든 이 두 가지는 악순환을 불러 일으키고 악순환은 선순환보다 더 쉽게 더 빨리 작동한다.

빠르고 편하고 보기 좋은 앱들과 웹사이트에 익숙해진 온라인 사용자들은 클릭 후 1~2초만 지나도 기다리지 않는다. 원하는 메뉴가 나오지 않으면 짜증이 난다. 바로 다른 사이트로 넘어간다. 다시 방문하지 않는다. 온라인 사이트에 검색이 중요한 이유다. 검색은 고객이 원하는 곳을 지름길로 가게 만들어주면서, 동시에 고객의 필요를 회사가 데이터로 수집할 수 있게 해준다.

고객 리뷰는 아마존을 상품 검색 포털로 만들었다

아마존이 세계 최고의 온라인 상점인 이유 중의 하나는 안 파는 물건이 없기 때문이다. 그런데 그보다 더 중요한 이유가 있다. 바로 고객들의 리뷰다. 2019년 말 기준 아마존은 450만 개의 아이템수SKU를 판매한다. 보통 대형마트가 5~7만 개의 아이템수를 취급하는 걸 고려하면 엄청난 숫자다. 아마존은 상품 포털 서비스가 되고 싶어한다.

미국의 리서치 회사인 점프샷Jumpshot에 따르면 2018년 제품을 구매하려는 소비자의 54%는 구글이 아니라 아마존에서 직접 제품을 검색했다. 이는 2015년의 46%에서 8%포인트가 증가한 숫자이다. 같은 기간 제품 검색 시장에서 구글의 비중은 54%에서 46%로 하락했다. 아마존의 제품 리뷰를 본 고객의 90%는 아마존의 자체 검색을 통해서 리뷰를 확인한다.[57] 제품 검색 시장에서는 이미 아마존이 포털 서비스인 구글을 넘어섰다는 말이다.

고객들의 검색 패턴이 바뀌자 놀라운 일이 일어나고 있다. 아마존은 더 이상 판매만을 위한 온라인 쇼핑몰이 아니라는 것이다. 아마존은 검색 광고를 통해 큰 수익을 일으키고 있다. 시장 조사기관 E마케터에 따르면 아마존은 2019년 검색 광고 시장에서 12.9%의 점유율로

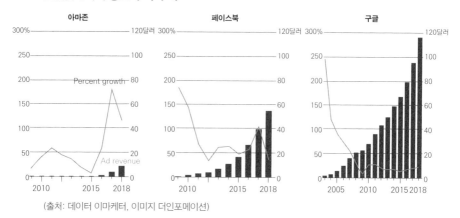

플랫폼 3사의 광고 수익 추세

아마존   페이스북   구글

(출처: 데이터 이마케터, 이미지 더인포메이션)

구글에 이어 2위를 달성하면서 약 71억 달러(한화 약 8조 3,000억 원)에 달하는 광고 사업 매출을 일으키고 있다. 그리고 2021년이 되면 15% 이상의 검색 광고 시장을 차지할 것으로 예상된다. 아마존에서의 검색 광고의 작동 방식은 아마존닷컴에서 사용자가 상품 검색을 하면 특정 단어의 상품을 상단에 노출해주는 방식이다. 이런 검색 광고를 통해 판매자는 상품 판매를 확대하고 아마존은 광고주를 모집해 판매와는 별개의 검색 광고 수익을 얻는다.[58]

아마존이 온라인 쇼핑몰에서 포털을 위협하는 검색 광고 업체가 된 것은 하루이틀 만에 이루어진 일이 아니다. 브래드 스톤Brad Stone이 쓴 책『아마존, 세상의 모든 것을 팝니다』의 제목에서도 알 수 있듯이 아마존은 고객이 원하는 상품은 무엇이든, 고객이 원할 가능성이 있는 것은 다 판매하는 것을 목표로 했다. 처음에 도서에서 시작해서 미디어 상품으로 확대하고 지금과 같은 모든 카테고리를 취급하는 종합몰이 되었다. 모든 상품을 판매하기 위해 아마존은 '제3자 마켓 플레이스'를 도입했다. 전 세계 유통업체와 제조업체들이 원한다면 아마존에서 자사의 상품을 판매하도록 플랫폼을 개방했다. 아마존은 취급하는 상품군을 늘리기 위해 심지어 아마존에서 팔지 않는 상품도 취급한다. 무슨 말인가? 아마존은 자기네는 팔지 않지만 경쟁사인 이베이가 팔고 있다면 이베이의 상품 판매 페이지로 연결되도록 한 것이다. 전 세계에서 가장 많은 상품의 취급은 고객들이 필요한 제품이 있을 때 아마존으로 오게 하는 힘이 되었다. 하지만 아마존의 진정한 힘은 단순히 많은 상품에서 온 것이 아니다.

아마존의 절대적인 힘은 판매하는 모든 제품에 대한 고객들의 꼼꼼하고 진정성 있는 후기에서 나온다. 아마존은 개별 상품을 구매한 고객들이 상품 후기를 남기게 하는 데 엄청난 공을 들였다. 아마존은 해당 상품들의 실제 구매 고객의 리뷰 숫자, 별점, 그리고 사용 후기 및 실사용 이미지 등 리뷰를 꼼꼼히 작성할 수 있게 체계를 만들어놓았다. 또한 고객들이 리뷰를 쓰도록 독려하기 위해 구매 후 세 번에 걸쳐 후기 작성을 독려한다. 고객들은 본인들이 상품 구매 시에 리뷰의 도움을 받았기 때문에 아마존에 상품 후기를 꼼꼼히 남기게 된다.

결국 아마존이 가장 온라인 쇼핑 고객들에게 가장 믿을 만한 상품 정보를 주는 검색 플랫폼이 된 것은 세 가지 때문이다. 첫째, 세상에서 가장 많은 상품을 판매하는 곳이다. 둘째, 상품 판매 페이지에 상세한 제품 소개, 사용 설명, 이미지, 동영상, 스펙 비교와 판매자별 가격 비교 등 고객들에게 넘치게 제공하는 상품 설명서를 가지고 있다. 그리고 셋째, 이미 구매해서 사용하는 고객들의 생생한 후기와 별점이다. 즉 필요한 상품을 검색했을 때, 다양한 브랜드 상품들을 상세 스펙과 사용후기, 가격 등을 직접 비교하며 구매할 수 있는 사이트인 것이다. 고객들은 믿을 만하다고 인식한다. 아마존의 상품 정보는 세계 그 어느 온라인 쇼핑몰보다 세부적이다. 그리고 비슷한 상품의 스펙, 성능, 가격 등 비교도 가능하다. 그것이 믿을 만한 좋은 제품을 찾아내기 위해 고객들이 아마존을 상품 검색 포털로 활용하는 이유다. 상품의 스펙, 상품의 사용 후기, 상품의 실제 사용 이미지, 상품의 가격 등 무엇이든 아마존에 없으면 다른 곳에서도 찾기 힘들다는 것을 안다.

온라인으로 구매할 때 고객을 가장 불안하게 만드는 포인트는 눈으로 직접 보지 않고 구매함으로써 생기는 '믿을 수 없음'이다. 아마존은 이 부분을 판매자로서 제공하는 상세 스펙 소개에 더해 실제 사용하는 고객들의 리뷰를 통해 해소했다. 고객들이 남긴 리뷰는 다른 고객들이 상품을 구매할 수 있게 유도하고 리뷰의 도움을 받은 고객들은 충분한 정보를 가지고 구매했기 때문에 구매에 대한 만족도가 높다. 아마존의 재구매율이 70%나 되는 이유다.

고객의 후기는 상품 전략에 필수다

디지털 세상에서 고객들의 제품 구매에 가장 큰 영향을 주는 요인은 이미 사용한 고객들의 사용 경험이다. 아마존에서 아마존 셀러들의 제품을 비교할 때 제품의 기능과 디자인과 가격이 비슷하다면 사람들은 어떤 셀러의 상품을 선택할까? 리뷰가 더 많고 별점이 더 높은 셀러의 상품을 구매하게 된다. 심지어 가격이 조금 더 비싸더라도 합리적인 가격 차이 안에서는 구매 후기가 훨씬 많은 상품을 구매하는 경향이 있다. 셀러의 만족도와 상품의 만족도는 매출 확대로 연결되고 셀러들은 자발적으로 구매자에게 만족을 주기 위해 노력한다. 구매 경험을 통한 고객의 만족, 재구매, 브랜드 로열티의 선순환이 이루어지는 것이다.

이미 많은 온라인몰들은 후기의 중요성을 알고 있다. 그래서 아마존이 하는 것처럼 구매 후 후기를 남기는 것을 독려하고 있고 일부 사이트는 후기를 남기면 적립 포인트라는 보상을 통해 후기 작성을 독려한다. 하지만 실제 그렇게 남겨진 후기 데이터를 고객의 구매 참고용으로 보여주는 것 말고 더 적극적으로 활용하는 방법을 고민해야 한다. 후기는 이미 말한 것처럼 고객이 남긴 제품과 브랜드와 판매자에 대한 평판이다. 그리고 고객의 구매 결정에 대한 선호도를 나타내기도 한다. 따라서 후기에 점수가 높다면 앞으로 지속 구매할 의향도 높을 것이고 점수가 낮다면 다시는 구매하지 않을 것이다. 이런 사용 후의 만족도는 고객에게 상품을 추천할 때 단순히 구매 여부로만 추천하지 않고 후기가 낮았던 상품이나 브랜드를 제외하고 추천하는 알고리즘을 통해 고객의 구매 경험을 더 개선하는 데 사용할 수 있다. 검색 결과 노출이나 행사 상품을 선정할 때에도 후기 점수를 참고해서 반영할 수 있다. 의류 사이트라면 사이즈 정보나 색상 정보에 대한 만족도를 후기를 통해 참고할 수도 있다. 쇼핑몰의 추천 엔진에 가장 실망하는 경우는 불만을 남기고 반품한 상품을 추천해주는 경우다. 고객의 의견을 제대로 보지 않는 것이다.

상품 제조 브랜드라면 각 온라인 쇼핑몰과 소셜 네트워크에서 자사 상품의 리뷰에 대해 세부적인 모니터링을 해야 한다. 필요하다면 모든 후기를 크롤링하여 텍스트 분석을 하고, 긍정적인 워드와 부정적인 워드를 분석하여 핵심 메시지를 재정비하고 제품 개선 포인트를 찾아내야 한다. 그리고 온라인몰 사이트별로 리뷰가 어떻게 다른지, 연령대별로 만족도가 어떻게 다른지 분석해서 마케팅 전략에 반영해야 한다. 구매 고객의 후기가 곧 상품과 브랜드의 평판으로 연결되는 세상이다.

제품이 판매가 잘되지 않거나 판매량이 감소하고 있다면 또는 경쟁 브랜드의 시장점유율이 확대되고 있다면 후기 데이터를 통해 원인을 분석하고 대책을 마련해야 한다.

고객이 남긴 후기와 내부 판매 데이터를 연결해라

고객이 남긴 검색과 후기 데이터에 내부 판매 데이터 정보를 결합하면 새로운 데이터 가치를 만들어낼 수 있다. 롯데제과는 2018년 제품 트렌드 예측 시스템 '엘시아LCIA, Lotte Confectionery Intelligence Advisor'를 구축했다. 엘시아는 IBM과 2년간의 협업을 통해 구축한 시스템이다. IBM의 인공지능 콘텐츠 분석 플랫폼인 'IBM 왓슨 익스플로러'를 기반으로 수천만 건의 소셜 데이터와 포스 판매 데이터, 날씨, 연령, 지역별 소비 패턴 등 내외부 자료 등을 종합해 미래에 뜨는 상품을 예측해주는 솔루션이다.

내부의 인공지능 알고리즘을 통해 식품에 대한 미래 트렌드를 예측하고 이상적인 조합의 신제품을 추천해준다. 게다가 추천한 신제품 조합의 예상 수요량도 예측해준다. 엘시아는 제품 트렌드를 분석하기 위해 제품의 속성을 맛, 소재, 식감, 모양, 규격, 포장 등 7~8가지의 큰 카테고리로 나누고 다시 수백 개의 세부 속성으로 나눴다. 과거 성공 제품을 새롭게 도입한 제품 속성으로 분석해서 알고리즘을 완성시켰고 딥러닝 기술을 적용해 시간이 흐를수록 지속적인 데이터 학습을 만들어 예측의 정확도를 개선할 예정이다.[59]

2020년 3월에 롯데제과는 엘시아를 통해 분석한 올해의 식품 트렌드를 언론을 통해 공개했는데 2020년 트렌드를 아우르는 단어로 'PLEASSANT(pleasant: 즐거운, 기분 좋은)'를 제시했다. 'PLEASSANT'

는 식물성 식품(P; Plant‑based), 줄이거나 빼거나(L; Low or non), 쉽거나 간편하거나(EA; Easy eat‑snack bar), 스트레스 완화·숙면(S; Stress less·deep sleep), 딸기의 무한 변신(S; Strawberry), 노화 방지, 건강한 노화(AN; Anti‑aging), 차의 귀환(T; Tea)을 의미한다.[60] 해당 트렌드를 분석한 롯데제과는 트렌드 정보를 제품 전략과 마케팅 전략에 반영하게 될 것이다.

성공하는 제품은 고객에게 어필하는 제품이다. 고객에게 어필하기 위해서는 제품을 사용하는 고객이 중요하게 생각하는 것을 알아야 한다. 이미 상품화되어서 고객이 구매하고 사용하면서 나타나는 고객의 크고 작은 만족과 불만들은 고객이 기대하는 것과 사용하면서 실제 느끼는 만족도 사이에서 중요한 것이 무엇인지를 알게 해준다. 고객들이 상품을 이용하면서 만족하고 불만족하는 이유, 그리고 고객이 기대하는 속성은 상품 전략 수립에 가장 중요한 데이터다.

대부분의 온·오프라인 유통 실무자라면 판매 데이터는 실시간으로 보겠지만 검색어 순위나 검색량이 급상승한 상품·브랜드, 또는 검색되지 않은 단어에 대한 분석 자료를 매일 보는 일은 거의 없을 것이다. 후기가 얼마나 올라오는지, 구매자 평점은 어떻게 나오는지, 어떤 상품이 높고 어떤 상품이 낮은지 등의 후기 관련 데이터도 얼마나 정기적으로 점검하는가? 결과는 과정을 통해 나온다. 고객의 소리를 듣지 않고 좋은 결과를 얻기는 힘들다. 검색은 고객의 관심사고 후기는 고객의 구매 경험 만족도. 이 두 가지는 다른 데이터지만 서로 연결되어 시너지를 만들어낸다. 특히 고객 관점에서 제품 전략을 운영하려면 기업이 우선적으로 수집하고 분석해서 마케팅과 상품 전략에 반영해야 한다.

9

어떻게 브랜드 전략에 빅데이터를
활용할 것인가

성공한 브랜드는 고객에게 어필하는 좋은 제품과 서비스를 만든다. 하지만 좋은 제품과 서비스가 항상 고객에게 선택받는 것은 아니다. 아무리 좋은 제품과 서비스를 가지고 있더라도 고객이 알아보지 못하면 소용이 없다. 고객에게 나의 상품과 서비스를 경쟁사의 것과 구분할 수 있도록 만드는 총체적이고 종합적인 인식과 느낌이 브랜드다. 브랜드의 역할은 자사의 상품과 서비스를 고객의 니즈와 연결해 기억하기 쉽고 구매하고 싶게 만드는 것이다. 그러려면 다른 경쟁사와는 다른 자사 브랜드만의 차별화된 강점과 가치를 소비자들에게 인식시켜야 한다.

브랜드의 성공은 고객의 인식에 달려 있다

브랜드가 지향하는 속성을 고객에게 인식시키기 위해서는 타깃 고객을 명확히 하고 해당 고객군에게 어필하는 브랜드 메시지와 캠페인 슬로건을 만들어야 한다. 고객과 진행하는 모든 커뮤니케이션에서 반복적으로 해당 브랜드 메시지를 일관성 있게 전달해야 한다. 온라인에 고객이 남긴 텍스트를 분석하면 타깃 고객을 확인하고 브랜드 메시지를 정하는 데 필요한 데이터를 확보할 수 있다. 텍스트 분석을 통해 고객이 어떤 단어나 브랜드에 대해 어떤 속성을 중요하게 생각하는지, 어떤 상황에서 주로 사용하는지 알 수 있다. 이런 데이터 정보는 브랜드 전략에 중요한 인사이트를 제공한다.

브랜드는 사실보다 고객의 인식이 중요하다. 물론 사실에 바탕을 둔 인식이다. 고객은 제품 자체가 가진 수많은 속성과 장점을 일일이 기억하기 어렵다. 그래서 고객들에게 브랜드를 노출할 때는 가지고 있는 장점이 100개가 있더라도 그중 하나를 뽑아 제대로 핵심 키워드로 연결하는 것이 중요하다. 장점이 많다고 다 알려주려고 하면 소비자는 하나도 기억하지 못한다.

차별화된 브랜드를 만들기 위해 가장 중요한 것은 첫 브랜드가 되는 것이다. 첫 브랜드의 핵심은 아무도 갖지 못한 속성을 나의 브랜드와 연결시키는 것이다. 고객은 어떤 속성에 대해 특정 브랜드와 연결시키고 나면 그다음 2등은 기억하지 못하기 때문이다. 해당 속성을 가진 첫 번째 브랜드가 되어야 한다는 것이다. 콜라 하면 코카콜라, 접착식 메모지 하면 3M, 복사기 하면 여전히 제록스인 것은 다른 브랜드들이 없어서가 아니라 그 제품의 카테고리 영역에 처음 들어간 브랜드이거나 그 속성과 강하게 연결된 첫 브랜드이기 때문이다.

오늘날은 브랜드의 천국이다. 어떤 카테고리나 제품이 인기가 많으면 그 시장에 경쟁사들이 뛰어들어 시장 전체를 키우면서 그 시장의 일부를 나누어 갖는다. 그래서 최근 기업들은 틈새시장Niche Market을 찾기 위해 노력한다. 새로 진입하는 브랜드가 고객의 기억 속에 자리 잡고 살아남으려면 기존 브랜드가 놓치고 있는 시장을 파고들어 가야 한다. 처음이 되기가 어려우면 같은 서비스더라도 속성이나 기능에서 틈새시장을 확보해서 자기 브랜드만의 위치를 잡는 것이다.

베노플러스-겔은 소셜 분석으로 브랜드 리포지셔닝에 성공했다

소셜 네트워크와 포털의 텍스트 데이터를 활용하여 연관어 분석을 진행하고 그 결과로 브랜드를 성공적으로 리포지셔닝하여 매출을 확대시킨 사례가 있다. 유유제약의 베노플러스-겔이다. 이 사례는『동아 비즈니스 리뷰DBR』의 2013년 12월호에 소개되면서 빅데이터의 활용에 대한 기업의 관심도를 높이는 데 일조했다.

유유제약의 베노플러스-겔은 새로 출시된 상품이 아니었다. 그 당시 연고 시장에서의 베노플러스-겔은 20년된 브랜드였지만 거의 존재감이 없었다. 회사 전체의 매출 급감에 대책을 마련하던 유유제약의 유원상 상무는 당시 회사 매출 비중은 크지 않았던 연고 제품의 브랜드 리포지셔닝에 빅데이터를 활용하기로 결정했다. 그는 내부의 우려에도 불구하고 경영대학원에서 데이터 마이닝 수업을 들었던 경험을 활용해 빅데이터 분석을 통해 시장과 소비자 분석을 다시 하기로 결정한다.[61]

베노플러스-겔은 원래 부기 완화나 벌레 물린 데나 멍들거나 타박상에 효과 있는 제품으로 허가받았다. 각각의 효능에 대해 빅데이터로 검색해보니 부종이나 타박상이나 벌레 물린 데나 상처에는 각각 고객에게 각인된 연고 브랜드가 명확히 있었다. 그런데 키워드 검색 결과 '멍'에 대해서는 특별히 각인된 브랜드가 없다는 점을 발견했다. 그리고 다른 상처와 다르게 멍과 연관된 조합에는 아이보다 여성이 많다는 걸 발견하게 된다. 그때까지 베노플러스-겔은 아이들을 타깃

멍과 연관된 키워드 기준 분류

No.	2008년		2009년		2010년		2011년		2012년(~5월)	
	연관 대상	빈도	연관 대상	빈도	연관 대상	빈도	연관 대상	빈도	연관 대상	빈도
1	여성	956	여성	1,651	친구	3,185	여성	3,091	여성	905
2	남성	517	남성	878	여성	2,576	남성	1,484	남성	510
3	친구	282	친구	579	남성	1,126	친구	1,143	친구	275
4	환자	153	환자	274	아이	709	아이	788	아이	201
5	혼자	128	아이	249	환자	301	직장인	255	손님	135
6	아이	124	직장인	223	직장인	237	환자	216	학생	73
7	동생	85	혼자	179	혼자	220	혼자	166	환자	65
8	아기	66	동생	124	동생	177	부모	149	혼자	57
9	직장인	66	애기	57	학생	145	동생	144	아기	51
10	부모	44	동양인	53	부모님	124	할머니	92	동생	42

※ 다음소프트 분석(블로그 3억 4,000만 건)

(출처: 『동아 비즈니스 리뷰DBR』, 142호, 유유제약 사례)

멍과 함께 언급된 키워드 발현 빈도

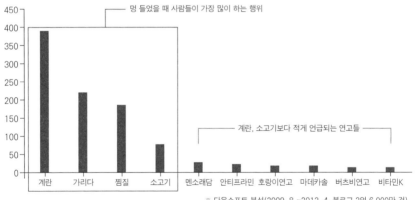

※ 다음소프트 분석(2009. 8.~2012. 4. 블로그 2억 6,000만 건)

(출처: 『동아 비즈니스 리뷰DBR』, 142호, 유유제약 사례)

고객층으로 삼았는데 타깃 설정이 잘못되었을 수 있다는 생각을 하게 된다.

'멍'과 관련된 재미있는 사실은 멍과 관련된 연관어 상위에서 계란, 찜질, 소고기 등의 키워드가 발견되었다는 점이다. 연고 브랜드는 거의 언급이 없었다. 멍이 생기면 계란을 문지르거나 소고기를 붙이는 등 예전에 약이 없던 시절의 치료법을 사람들이 여전히 사용하고 있었던 것이다. 게다가 멍과 관련된 연관어 두 번째는 '가리다'라는 행위였다. 멍이 들면 일단 없어질 때까지 시간이 걸리니 가려야 하고 여성들이 멍을 가리기 위해 메이크업을 하는 등 노력을 한다는 것을 확인했다.

이러한 분석 결과를 조합해 유유제약은 베노플러스-겔의 브랜드 리포지셔닝 전략을 수립했다. 기존 '아이의 상처 치료 목적의 연고'에서 '여성 대상의 미용과 성형 목적의 멍 빼는 연고'로 브랜드 포지셔닝을 새롭게 했다. 그리고 새로운 브랜드 포지셔닝에 맞게 여성들이 많이 보는 잡지 중심으로 브랜드 광고 노출을 확대했다. 여성들이 병원이나 미용실에서 대기하는 동안 또는 머리를 하는 동안 주로 잡지를 보는 것에 착안해 광고 채널도 바꾼 것이다. 바꾼 전략은 성공해 불과 1년 만에 전년 동기 대비 매출 50%가 성장했다. 동시에 온라인에서의 베노플러스-겔의 브랜드 검색량이 다섯 배 넘게 증가했다. 반면에 '멍 빨리 없애는 법'이라는 검색량이 33%나 줄어들었다.[62]

새롭게 브랜드를 론칭할 때, 기존의 브랜드를 리포지셔닝할 필요가 있을 때, 겉으로 드러나지 않는 고객의 니즈를 파악할 때 포털과 소셜 데이터를 활용하는 것은 모든 기업들이 참조할 만한 좋은 사례다.

소셜 데이터로 브랜드 전략 수립을 넘어 경험 관리도 하자

이를 거꾸로 적용하면 실제 브랜드가 고객에게 어떻게 인식되는지를 분석하고 마케팅 전략이 효과적으로 성과를 얻는지를 판단하는 데 유용하게 사용될 수 있다. 운영 중인 광고 및 채널 전략을 통해 타깃으로 하는 고객에게 브랜드 메시지가 전달되는지를 빅데이터의 연관어 분석을 통해 검증하는 것이다.

브랜드 메시지는 장기적으로 일관성 있게 끌고 가야 하기 때문에 브랜드 론칭 초기부터 시장과 고객 조사를 통해 제대로 수립하는 것이 매우 중요하다. 그리고 일단 정해졌으면 고객에게 각인시키기 위해 미디어 광고 노출 및 고객별 커뮤니케이션을 통합적으로 진행해야 한다. 고객이 브랜드와 만나는 모든 접점에서 일관성 있게 브랜드의 속성과 가치를 전달할 수 있어야 한다.

타깃 고객군에게 제대로 우리의 브랜드가 알려지는지, 우리가 원하는 핵심 키워드와 연결이 되는지, 실제 고객이 경험한 가치가 우리가 전달하려고 하는 가치와 동일한지 지속적으로 추적하는 것이 필요하다. 만약 제대로 전달되지 못하고 있다면 커뮤니케이션의 개선과 고객 접점에서의 브랜드 경험에 개선이 필요하다. 매체가 문제일 수도 있고 타깃 고객군을 잘못 선정했을 수도 있다. 아니면 기존에 고객이 해당 키워드로 이미 각인된 브랜드가 있어 그 시장을 파고들기 어려울 수도 있다. 브랜드 전략의 수립, 실행, 고객 접점에서의 브랜드 경험의 일관성에 대해 모니터링하는 수단으로 소셜 데이터 분석은 큰 도움을 줄 수 있다.

디지털 시대 브랜드 전략을 단순히 마케팅 전략의 일부로 생각하는 기업은 없다. 브랜드는 단순히 고객의 신뢰를 얻고 구매를 유도하는 마케팅 역할 외에 장기적으로 고객의 충성도를 확보하는 중요한 비즈니스 자산이다. 아날로그와 매스미디어 시대의 브랜딩은 광고 전략의 일환이었다. 하지만 디지털 시대에 브랜드는 비즈니스 운영의 기본이다. 브랜드 전략에 맞추어 연구개발과 제품 생산부터 영업, 마케팅, 플랫폼 및 유통 채널 전략 등 모든 기업 활동이 진행된다. 브랜드 전략은 마케팅 부서만의 영역이 아니라 회사 비즈니스 전략의 핵심이 되었다. 브랜드는 그 자체가 기업의 가장 큰 전략적 무형자산이다.

디지털 시대가 되면서 브랜드 관점에서의 변화는 브랜드가 더 이상 기업이 고객에게 전달하는 가치 속성 체계 안에 머물지 않는다는 것이다. 즉 고객의 실제 경험에 의해 브랜드가 정의되는 시대다. 기업이 일방적으로 전달하는 브랜드 가치가 고객들이 실제 경험한 가치와 충돌할 때 고객들은 더 이상 기업의 메시지를 받아들이지 않는다. 기업이 주장하는 가치가 아니라 고객들이 실제 제품과 서비스를 이용하고 경험하면서 느끼는 가치를 기준으로 브랜드 속성을 인지하게 되는 것이다. 따라서 브랜드의 속성과 가치를 브랜드 메시지로 전달할 때는 실제 고객이 경험하는 가치와 일관성을 갖도록 만들어주어야 한다. 따라서 소셜 데이터 분석은 고객들의 실제 브랜드 경험이 브랜드와 일치하는지를 확인하기 위해서도 필요하다. 고객의 소리를 기반으로 브랜드 전략을 수립하고 브랜드 전략이 제대로 수행되는지 또한 고객의 소리를 통해 모니터링하는 것이다.

시장의 수많은 경쟁사가 가진 속성과 고객이 원하는 속성 사이에 빈틈을 찾아내는 가장 좋은 방법은 소셜 데이터 분석이다. 그리고 우리가 전달하고자 하는 브랜드 메시지를 실제 고객이 경험하고 있는지를 알려주는 것도 소셜 데이터다. 고객이 밖으로 드러내지 않는 자연스러운 내면의 소리를 듣는 창구이자 브랜드 관리를 체계적으로 할 수 있게 만들어주는 소중한 데이터다. 결국 고객에게 답이 있다.

10

—

어떻게 온라인과 오프라인 경험을
연결할 것인가

디지털 시대는 누가 더 많이 연결하고 누가 더 잘 연결하느냐가 경쟁력을 결정하는 시대다. 플랫폼은 사람과 사람을 연결하고, 공급자와 사용자를 연결하고, 온라인과 오프라인을 연결하고 가치와 가치 서비스를 연결한다. 온라인과 오프라인의 데이터를 고객 기준으로 연결하게 되면 고객의 24시간의 모든 경험의 연결이 가능해진다. 어떻게 고객과 서비스를 시공간을 초월하여 연결할 것인가.

몇 년 전부터 옴니채널Omni-channel이라는 용어가 대세가 되었다. 옴니채널은 라틴어로 모든 것을 뜻하는 'omni'와 유통 경로를 의미하는 'channel'의 합성어로 모든 유통 채널을 하나로 만든다는 의미이다. 즉 고객이 어떤 유통 경로를 이용하든지, 기업 입장에서는 고객의 모든 구매 경험을 하나의 서비스로 만들겠다는 의미이다. 옴니채널을 가능하게 하는 핵심 기술이 바로 플랫폼과 데이터다. 플랫폼은 시공간을 뛰어넘어 한 명의 고객과 24시간 연결 상태를 유지하게 해준다. 고객이 어느 곳에 있든지 동일한 제품과 서비스를 동일한 가격과 품질로 이용할 수 있게 한다. 그리고 그 연결된 플랫폼을 통해 수집하는 모든 조회, 구매, 검색, 이동 등 행동 데이터가 고객을 360도로 이해할 수 있게 해준다.

세포라는 온라인과 오프라인 경험을 특화했다

세포라는 디지털 혁신을 통한 온라인과 오프라인의 연결에 가장 앞장서는 세계적인 화장품 전문 유통업체다. 세포라는 고객들이 화장품을 구매하는 여정이 '온라인 정보 확인 - 오프라인 방문 체험 - 온라인 구매'로 이어진다는 것에 착안해 온라인과 오프라인의 고객 방문과 경험을 끊임없이 연결하는 데 집중했다. 세포라의 고객 조사 결과, 고객의 70%는 오프라인 매장에 오기 전에 온라인을 통해 관심 사항을 미리 파악하고, 검색 후 24시간 안에 매장을 방문해 상품을 확인하고 구입한다. 이를 위해 모바일에서는 뷰티 관련 개인의 취향 파악과 구매 후기를 창출하고 고객이 필요한 정보를 얻는 것에 초점을 두었고, 오프라인에서는 상품 체험의 경험을 특화하고 직원의 도움 없이도 모바일 앱을 활용해 원하는 상품을 쉽게 찾을 수 있게 하는 데 집중했다.[63]

세포라의 모바일 앱은 단순한 온라인 판매 사이트가 아니라 고객에게 최적화된 정보를 제공하고 개인의 취향에 맞는 상품을 추천하는 뷰티 정보앱으로서의 기능을 한다. 화장품은 각 개인의 피부 색상과 톤, 지성·건성 여부, 트러블 유무 등을 고려해야 해서 상품 선정 및 구매에 굉장히 신중한 상품이다. 스킨케어는 피부 특성에 맞추어야 하고 메이크업 제품은 피부톤, 색상, 얼굴형에 따라 선택해야 하기 때문에 선택 기준도 제품별로 다르다. 이런 화장품의 특성에 맞추어 세포라는 고객과 상품의 구체적인 360도 데이터 확보에 초점을 맞추었고, 확보된 데이터를 통해 고객이 최적의 제품을 선택하도록 돕는다. 세포라의 고객 데이터 확보는 모바일 앱의 가입 정보부터 8가지 제품군에 대한 퀴즈, 그리고 상품별 세부 취향 정보를 확인하는 것에서 시작한다.[64]

모바일 앱에 방문한 고객은 본인의 피부 타입과 뷰티 취향에 대한 퀴즈를 통해 개인의 취향 정보를 제공하고 상품을 추천받는다. 상품 정보는 고객의 피부 타입, 피부 색상, 피부 특성을 포함해 정보를 제공하고 성분에 민감한 트렌드에 맞추어 모든 상품의 상세 성분 정보가 포함되어 있다. 세포라 앱의 후기 정보에는 특히 고객이 제공한 나이, 헤어컬러, 헤어 컨디션, 아이Eye 컬러, 스킨 톤과 스킨 타입 등을 포함해 정보를 확인하는 고객이 자신의 피부 상황과 비슷한 후기를 찾아볼 수 있도록 돕는다. 이런 모바일 앱의 상품 정보와 후기 정보는 단순히 모바일 쇼핑만을 위한 것이 아니다. 매장에 방문한 고객들은 매장 내에서도 편리하게 세포라앱 '세포라투고Sephora-to-go'를 통해 상품의 상세 정보, 평점, 후기를 검색할 수 있다. 매장의 매대에 있는 상품만 가지고는 알 수 없는 수많은 정보를 모바일을 통해 제공하고 관련 상품을 추천받을 수 있도록 해준다.[65]

세포라의 디지털 신기술과 고객 데이터를 확보하는 수많은 솔루션을 매장에 도입해 매장이 단순히 상품을 체험하는 공간을 넘어 고객의 실 데이터를 수집하는 플랫폼으로 역할을 할 수 있게 한다. 세포라는 컬러 회사 팬톤과 제휴해 아이큐 스테이션IQ station 서비스를 론칭했다. 매장의 아이큐 스테이션 단말기로 얼굴의 뺨과 이마를 촬영하면 팬톤 컬러칩 기준으로 피부색을 판별해 그에 맞는 파운데이션과 메이크업 제품을 추천해주는 서비스다. 1.8초 만에 27장의 사진을 찍고

가상 메이크업 서비스 세포라 버추얼 아티스트 앱

(출처: pxhere.com)

RGB 기준으로 컬러 IQColor IQ를 측정하면 기계에 코드가 뜨게 되고 그 코드를 바로 옆의 아이패드에 입력하면 얼굴에 맞는 파운데이션을 보여주는 것이다. 10년 이상 화장을 해도 피부 색상을 잘 모르고 파운데이션을 사용하는 고객이 본인에게 맞는 적합한 상품을 고를 수 있도록 도와준다. 고객이 본인의 데이터를 제대로 알게 해준다. 동시에 세포라는 고객의 피부 데이터와 취향을 수집하여 맞춤화된 서비스를 제공한다.[66]

또한 스마트폰에 세포라가 제공하는 '버추얼 아티스트' 앱을 설치하면 세포라 매장에서 판매하는 전 제품을 가상으로 발라볼 수 있다. 가상 아티스트 앱은 얼굴을 트래킹하고 증강현실로 이미지를 시각화하여 고객들의 얼굴이 예뻐 보이게 만들어준다. 이 솔루션을 이용하면 매장에서 판매하는 메이크업 상품을 얼굴에 가상으로 발라볼 수 있다. 립스틱이나 아이섀도 등 시연이 필요한 상품들을 일일이 발라보지 않고도 느낌을 알 수 있게 해줄 뿐 아니라 친구들에게 공유해 의견을 들을 수도 있다. 무엇보다 증강현실을 통해 예쁘게 보이는 상품은 구매 전환율이 높아지는 효과를 얻는다.[67]

신세계와 롯데는 온·오프라인을 통합했다

우리나라에서 가장 큰 유통 그룹인 신세계와 롯데도 기존에 별도로 운영되던 오프라인과 온라인의 통합을 추진해왔다. 신세계는 그룹 내의 모든 온라인 채널의 통합에 집중했다. 백화점 온라인몰인 신세계몰과 이마트 온라인몰인 이마트몰, 트레이더스몰을 모두 통합해 2013년 쓱(SSG.com)을 론칭했다. 백화점 상품과 마트 상품을 모두 쓱으로 통합해 고객에게 더 다양한 상품을 한 번에 구매할 수 있게 해주기 위한 온라인몰 통합이었다. 지금도 신세계는 다양한 상품의 구색을 갖추고 배송 물류를 혁신하며 온라인 쇼핑의 강자가 되는 것에 집중한다.

롯데그룹은 최근 롯데 ON을 런칭하며 온라인몰을 통합했지만, 그전에는 백화점과 대형마트 등의 각 유통 내에서의 온라인과 오프라인의 구매 경험을 통합하는 옴니채널 전략을 추진해왔다. 롯데의 주요 전략은 첫째, 매장에서 제품을 확인하고 구매는 온라인 가격비교를 통해 모바일로 구매하는 쇼루밍 대응 전략과 둘째, 온라인에서 구매하고 오프라인에서 사이즈를 체크하고 상품을 픽업하는 방식으로 온라인 고객을 오프라인으로 유도하는 것이다. 온라인과 오프라인 쇼핑의 단점을 서로 보완해 고객의 채널 선택 폭을 넓혀주면서 동시에 온라인과 오프라인에 각각 고객 방문을 유도하는 전략이다.

고객의 위치정보를 확인해서 백화점이나 마트에 들어섰을 때 고객에게 필요한 쿠폰을 실시간으로 받을 수 있게 해주고 온라인에서 판매되는 베스트 아이템을 실제 매장에서도 표시해주는 브랜드별 인기 상품 큐레이션 서비스도 운영한다. '스마트픽' 서비스는 롯데 닷컴 구매 고객이 롯데 백화점에서 물건을 픽업하는 서비스이고 '야간 매장 픽업 서비스'는 롯데마트에서 온라인으로 장을 본 고객들이 퇴근 이후인 밤 9시부터 11시까지 매장에 방문해 물건을 픽업해가는 서비스다. 집이 비어 있어 택배를 받기 어려운 고객을 대상으로 주문 상품을 오프라인 거점인 편의점 등에서 배송받을 수 있는 배송 연계 서비스도 진행하고 있다.

이런 옴니채널 고객 경험은 당연히 온라인으로만 또는 오프라인으로만 쇼핑이 가능한 채널 대비해서 훨씬 더 고객의 사정과 취향에 맞는 구매 방식을 택할 수 있는 편의성을 준다. 점차 커지는 온라인 쇼핑시대에 백화점부터 대형마트와 슈퍼 등 다양한 오프라인 유통 채널을 보유한 장점을 최대한 활용하는 전략이다. 동시에 고객의 온·오프라인의 모든 행동 데이터를 확보해 적시에 적절한 커뮤니케이션할 수 있게 해준다.

노드스트롬은 판매가 없는 매장을 운영한다

미국의 백화점 노드스트롬 또한 옴니채널 전략을 적극적인 방식으로 전개하고 있다. 오후 2시 이전에 온라인으로 상품을 주문하면 같은 날 원하는 매장에서 고객이 직접 픽업해 갈 수 있다. 또한 모바일로 사전 예약한 후 오프라인 피팅룸에서 입어본 후 마음에 들면 모바일로 주문할 수도 있다.[68] 노드스트롬 온라인 사이트 매출의 25%는 오프라인 매장에서 이루어진다. 온라인과 오프라인 쇼핑 결합의 힘은 온라인 고객을 오프라인으로 불러들이고 오프라인 고객을 온라인에 방문하게 유도한다. 고객에게 쇼핑 경험의 일관성과 편의성을 제공하면서 동시에 고객이 양쪽 채널을 모두 방문하도록 유도하는 효과를 발휘한다.

자주 방문하면 익숙해지고 방문할수록 구매하고 싶은 상품도 늘어나는 법이다. 옴니채널 서비스에 의해 각 채널의 구매 전환율을 확대할 뿐만 아니라 하나의 거래를 위해 양쪽 채널을 계속 방문하는 동안 고객은 노드스트롬 매장의 상품과 행사에 더 많이 노출될 수밖에 없고 이는 고객이 더 많은 쇼핑을 하도록 만든다. 그런 이유로 노드스트롬에서 오프라인과 온라인을 모두 이용하는 고객은 한 채널만 이용하는 고객보다 평균 매출이 네 배 더 큰 것으로 나타났다.

더 나아가 노드스트롬은 2017년 3월 노드스트롬 로컬 매장을 오픈했다. 철저하게 온라인 주문 고객을 위한 매장이다. 백화점 매장의 크기와는 비교도 안 되는 84평의 매장이다. 이 매장은 고객에게 바로 상품을 판매하지는 않는다. 이 매장에는 재고가 없다. 스타일리스트는 디지털 디스플레이로 고객에게 어울릴 만한 스타일의 옷을 추천하고, 고객은 마음에 드는 옷을 입어볼 수 있다. 옷을 선택하는 동안 고객은 음료와 네일 서비스도 받을 수 있다. 피팅 후 구매를 결정한 옷은 모바일로 주문한다. 옷은 며칠 후 신체 사이즈에 맞추어 집으로 배송된다. 반대의 경우도 가능하다. 온라인으로 미리 주문한 옷을 노드스트롬 로컬 매장에 와서 받아 착용해보고 마음에 안 들면 그 자리에서 바로 환불하는 '드랍앤고Drop&Go' 정책도 운영한다.[69]

아마존을 비롯한 온라인 유통에 고객을 뺏긴 오프라인 유통들은 살아남기 위해 온라인 고객 유치에 사활을 걸고 있다. 노드스트롬 로컬 매장은 심지어 노드스트롬이 아닌 전국 333개 백화점, 아웃렛에서 구매한 상품도 환불을 받을 수 있게 각 백화점, 아웃렛과 제휴를 맺고 있다. 이러한 옴니채널을 통한 온·오프라인 구매 연결과 타 백화점 아웃렛과의 서비스 연결 등의 노력을 통해 노드스트롬의 매출은 2013년 122억 달러(13조 7,000억 원)에서 5년 후인 2017년 151억 달러(17조 원)로 24% 증가하는 성과를 거두었다.[70] 시어스 백화점이나 토이저러스 등 오프라인 매장들이 몇 년간 마이너스 성장을 거듭하며 파산 신청한 데 비해 노드스트롬은 고객 구매 경험의 연결을 통해 오프라인에서 지속 성장을 유지하고 있다.

디즈니 매직밴드는 놀이공원 여정을 혁신한다

유통이 온라인과 오프라인을 연결하는 구매 경험을 만들어가고 있다고 하면 오프라인에 방문한 고객의 전체 여정을 디지털을 통해 연결하는 디지털 혁신 기업도 있다. 세계적인 테마파크 디즈니랜드도 그중의 하나다. 디즈니랜드는 2013년 봄에 디즈니 테마파크 리조트에 매직밴드Magic Band 서비스를 론칭했다. 매직밴드는 손목에 차는 밴드로 디즈니랜드의 모든 서비스를 이용할 수 있는 웨어러블 기기다. 디즈니랜드를 가는 고객은 종이 티켓 대신 매직밴드를 구매하고 사전에 앱을 통해 자신의 계정과 연결한다. 밴드는 계정 연결을 통해 고객의 정보와 신용카드 결제 정보를 가지게 된다(최근에는 스마트폰 앱으로도 동일한 서비스를 받을 수 있다).

고객은 디즈니랜드 입장부터 놀이기구 대기와 이용에 매직밴드를 터치하고 MD 상품 구매나 레스토랑 결제 시에도 매직밴드를 터치한다. 디즈니랜드의 호텔을 이용할 때도 객실 열쇠가 필요 없다. 밴드를 터치해 객실 출입을 한다. 그리고 매직밴드를 터치하면 본인의 사진도 구매할 수 있다. 매직밴드는 디즈니랜드 테마파크 전체 여정을 편리하게 만들어주는 동시에 디즈니 여행을 특별한 추억으로 만들어주는 역할을 한다.

고객은 디즈니랜드 입구 현장에서 일반적인 매직밴드를 구매할 수도 있다. 또한 디즈니랜드 홈페이지에서 커스터마이즈된 매직밴드를 사전에 주문해 계정을 연동하고 호텔 예약이나 패스트패스Fastpass+ 구매 사항 등을 가족별로 연동해둘 수 있다. 사전에 배송되어 온 개인화된 매직밴드는 디즈니랜드 여행을 기다리는 시간도 고객에게 여행의 일부로 만들어준다. 매직밴드 출시 이후 3개월 동안 디즈니의 테마파크 방문객은 7% 증가했고 호텔 객실 점유율은 8%에서 89%까지 성장하는 놀라운 성과를 봤다. 매직밴드가 제공하는 모든 서비스를 즐겨보고 싶은 욕구로 고객들의 디즈니 호텔 예약이 증가한 것이다.[71]

고객 입장에서 매직밴드가 일관성 있는 편리한 서비스 경험을 만들어준다면 기업 입장에서는 어떨까? 매직밴드는 고객의 디즈니랜드 이용 동선과 이용 경험 모두를 데이터화할 수 있게 해주는 사물인터넷 기기다. 이 밴드는 10미터 정도 되는 거리에서도 개별 고객을 인식할 수 있도록 아이비콘을 이용한 저전력 블루투스와 근거리 무선통신NFC를 이용한 무선인식RFID 기술을 장착했다. 고객의 입장부터 고객이 움직이는 모든 동선은 매직밴드를 통해 데이터로 수집된다.[72]

고객이 몇 명의 동행과 방문해서 어떤 놀이기구를 이용했는지, 얼마나 대기했는지, 어디서 무엇을 사고 무엇을 먹었는지 모든 고객의 행동을 기록으로 남겨준다. 개인적인 행동 데이터뿐 아니라 고객들의 위치와 이동 동선의 체크를 통해 각 놀이기구의 현재 대기 인원과 대기시간, 각 놀이기구 이용자수 등 디즈니랜드 내의 모든 운영 관련 정보도

디즈니 매직밴드

Tom's MagicBand

Let's Get This Party Started! Select Your MagicBand.

Filters

| Theme | Color | Price |

(출처: 디즈니투어리스트 블로그)

실시간으로 수집하게 해준다. 게다가 밴드를 이용한 간편 결제 서비스는 신용카드를 꺼내는 불편 없이 구매 단계를 편리하게 만들어준다. 그리고 이는 고객의 결제금액 규모도 자연스럽게 확대해준다. 오프라인 이용을 철저하게 디지털로 전환한 디지털 트랜스포메이션 사례다.

고객에게는 매직밴드가 추억으로 남고 디즈니랜드에는 귀한 고객의 데이터가 남는다. 즐겁고 특별한 경험에 의한 매출의 확대는 덤이다. 디즈니랜드의 매직밴드는 고객의 여행 전체 여정을 연결해주었고 그에 따라 독립적으로 분석했던 각각의 거래 데이터는 고객 기준으로 통합되어 연결되고 분석이 가능해졌다.

대기에서 주문, 서빙, 결제까지 스마트하게 혁신한다

레스토랑의 모든 대면 서비스를 스마트 기기를 통해 편리하게 진행하도록 도와주는 서비스도 있다. 레스토랑인 매드포갈릭, 제일제면소, 더플레이스의 공통점은 각 테이블에 태블릿 기기가 놓여 있다는 점이다. 메뉴판 대신이다. 이 레스토랑에서는 셀프 주문 솔루션인 '테이블 오더' 방식을 도입했다. 메뉴를 확인하고 오더를 하는 프로세스를 자리에 앉은 후 태블릿으로 진행한다.

테이블 오더를 통해 고객이 직접 메뉴를 담고 주문한 내역은 주방의 주문 디스플레이 시스템ODS, Order Display System에 실시간으로 전달된다. 빠르고 정확하게 주문이 들어가고 그 과정에 오류가 생기지 않는다. 더 편리한 것은 식사 중간에 냅킨, 나이프, 김치나 물 등 추가 요청 사항이 생겼을 때다. 다른 레스토랑 같으면 서빙하는 직원을 불러서 김치를 더 달라고 요청해야 하지만 이 레스토랑에서는 태블릿 기기에 있는 냅킨이나 김치 또는 물 버튼을 누르면 된다. 직원들은 손목밴드를 통해 테이블 번호와 요청 사항을 확인한다. 먼저 요청 사항을 확인한 직원이 버튼을 눌러 접수하고 바로 테이블에 요청한 반찬이나 물품을 가져다준다. 고객들은 바쁜 직원들이 어디에 있는지 확인하고 기다리는 수고가 필요 없다. 요청 사항을 누르기만 하면 된다. 직원들의 불필요한 동선 낭비 없이 신속하게 응대할 수 있어 효율적 매장 운영이 가능하다. 포스, 서빙, 주방 등 각 매장 인력 간에 커뮤니케이션 에러도 없어진다.

'테이블 오더'를 이용하는 매장들은 고객 응대 인력을 20% 이상 효율화할 수 있다. 또한 고객이 증가해도 응대에 전혀 문제가 없다. 매장 입장 전에 대기도 태블릿에 고객이 직접 남긴다. 방문 인원과 전화번호를 남기면 대기 번호가 카카오톡을 통해 전달되고 입장이 가능해진 시간에 매장 앞의 디스플레이와 카카오톡을 통해 입장 번호를 알려준다. 그 결과 고객들은 편리한 대기, 주문, 즉각적인 서비스 대응에 의해 만족을 얻는다. 레스토랑은 효과적이고 효율적인 고객 응대를 통해 운

스마트워치
→ 주방 픽업·딜리버리 요청 대응
→ 고객 호출 응대

주문 디스플레이 시스템
: 주방 픽업·딜리버리 요청

테이블 오더
: 고객 호출(직원 호출, 물 요청 등)

직원의 손목 밴드와 매장 주문 디스플레이 시스템 통해 고객의 주문과 요청을 접수한다.
(출처: CJ 올리브네트웍스 홈페이지)

영 인력과 비용 효율화의 장점을 얻는다. 게다가 레스토랑 입장에서는 그간 전혀 확보할 수 없었던 귀한 데이터 자산을 보유하게 되었다.

고객들의 대기, 주문, 매장 운영 데이터가 내부 데이터베이스에 저장이 되고 분석 가능해졌다. 고객이 메뉴를 주문한 후 조리하는 시간, 고객의 식사 시간, 각 매장의 테이블 회전과 관련된 모든 데이터가 실시간으로 저장된다. 실시간 매장 운영 상황을 체크할 수 있을 뿐 아니라 매장 운영 최적화와 효율화할 방안을 데이터를 통해 찾아낼 수 있다. 고객 대기부터 메뉴 주문, 결제, 조리, 음식 서빙에 이르기까지 모든 과정의 디지털 전환은 고객 경험의 혁신, 매장 운영의 효율화, 그리고 전체 운영 데이터의 자산화라는 세 가지의 효과를 거둔 것이다.

연결의 중심에는 항상 고객이 있어야 한다

플랫폼 서비스의 연결과 확장은 플랫폼 자체가 가진 본연의 특징 중 하나다. 디지털 세상 안에서는 기존의 고객과 플랫폼 기반으로 얼마든지 서비스 확장이 가능하다. 연결과 확장을 통해 신규 서비스에 쉽게 진출할 수 있다. 플랫폼 기업이 무서운 이유는 한 번 이용자 기반을 확대하면, 그 이용자들 기반의 서비스 모델 확장을 통해 상대적으로 쉽게 수백만, 수천만의 고객을 가진 비즈니스를 창출해낼 수 있다는 데 있다.

대표적인 플랫폼 기업인 카카오톡은 현재 가장 성공한 인터넷 뱅킹 서비스인 카카오뱅크의 최대 주주이다. 카카오뱅크는 카카오톡과 연동해 서비스를 이용할 수 있게 구조화되어 있다. 카카오뱅크 보다 4개월 먼저 서비스를 개시한 케이뱅크는 누적된 적자와 자금난으로 재무 상태가 악화되어 있다. 반면에 카카오뱅크는 카카오톡 서비스 가입자 기반과 카카오 캐릭터를 활용한 적극적인 마케팅으로 출범 2주 만에 200만 고객, 2년 만에 1,000만 고객을 확보했다. 카카오톡 송금 서비스와 연동해 계좌 개설 및 이용의 활성화가 급격하게 이루어졌다. 카카오뱅크는 출범 2년 만인 2019년 139억의 이익을 달성하였고, 최근 증권 서비스에도 진출하는 등 성공적으로 금융사업을 확장해나가고 있다.[73]

카카오는 이미 금융 이외에 온라인 O2O 서비스에도 많은 부분 진출해 있다. 카카오맵, 카카오택시, 카카오대리 등 교통 서비스, 카카오 뮤직, 카카오 페이지 등 콘텐츠 서비스, 카카오 헤어숍이나 카카오 주문 등의 오프라인 매장 연동 서비스까지 생활 전반의 서비스로 확장을 진행하고 있다. 고객들은 카카오 계정 하나로 카카오 앱의 링크

미국의 오프라인 백화점인 콜스는 2017년부터 아마존과 파트너십을 맺어 시카고 및 로스앤젤레스 매장에 아마존 환불 접수대를 만들었다.

를 통해 모든 서비스의 연동이 가능하기 때문에 서비스 접근성이 높아 지속적인 재구매로 쉽게 연결된다. 서비스의 확장은 데이터의 확장으로 연결된다. 카카오 플랫폼 내에서 이루어지는 모든 서비스 이용은 온오프라인을 가리지 않고 데이터로 연결되고 고객의 확장된 데이터는 카카오에 또 다른 비즈니스 기회를 선사한다. 서비스 네트워크가 확장되고 고객의 사랑을 받을수록 카카오톡 자체의 경쟁력도 강해질 수밖에 없다. 고객이 네트워크 밖으로 나가게 될 가능성이 점점 줄어들기 때문이다.

최근 성공적인 고객 경험의 특징은 스마트 기기를 통한 온오프라인의 연결 또는 플랫폼에서 서비스의 확장 등 연결에서 나온다. 고객 경험은 개별 경험도 중요하지만 고객과 기업이 만나는 모든 접점에서의 행동을 끊임없이 연결해줄 때 더 큰 가치를 준다. 데이터는 일관된 고객 경험을 가능하게 해주고 한 개의 플랫폼으로 연결된 새로운 서비스의 경험은 고객 데이터의 범위를 확장해주면서 해당 기업에 비즈니스 기회를 만들어준다.

연결이 중요한 세상이다. 비즈니스 경쟁력을 확대하고 고객의 방문을 늘리기 위해서라면 적과의 동침도 마다하지 않는다. 미국의 오프라인 백화점인 콜스Kolh's는 2017년부터 아마존과 파트너십을 맺어 시카고 및 로스앤젤레스 매장에 아마존 환불 접수대를 만들었다. 콜스는 이 서비스를 시작한 후 고객들의 방문이 많이 늘어나는 효과를 얻었다. 비즈니스 경쟁력을 높이려면, 고객 방문을 높이려면, 가지고 있는 플랫폼과 데이터는 온라인과 오프라인을 가리지 말고 연결해야 한다. 연결해야 새로운 경쟁력이 생기고 데이터 경쟁력과 가치가 증가한다. 다만, 그 연결의 중심에는 항상 고객이 있어야 한다.

4장

실전!
어떻게 빅데이터를 활용하고
고객 경험을 설계할 것인가

BIG

DATA

1

작은 시도를 반복해
혁신으로 연결하자

『초우량 기업의 조건』의 공동 저자인 톰 피터스Tom Peters 박사는 2016년에 열린 동아 비즈니스 포럼의 기조 연설에서 다음과 같이 말했다. "최고경영자와 경영진 그리고 컨설턴트들은 '전략'에만 집중한다. 하지만 지금과 같은 파괴의 시대에 창조적 혁신을 하려면 전략보다 조직의 '문화'가 훨씬 중요하다." 사람들은 혁신을 하려면 대단한 전략과 함께 위대한 일을 해야 한다고 생각한다. 하지만 톰 피터스 박사는 무엇이든 당장 실행할 수 있고 실패해도 오히려 칭찬받으며 계속 새로운 시도를 이어갈 수 있는 문화가 그 어떤 화려한 전략보다 기업을 성공으로 이끌 수 있다고 강조했다.[1]

작은 혁신에 대한 사례로 톰 피터스는 미국 오하이오주에 있는 '정글짐 인터내셔널 마켓'이라는 슈퍼마켓의 예를 들었다. 이 회사는 스스로를 쇼핑하는 고객에게 즐거움을 주는 '고객 엔터테인먼트 회사'라고 규정한다. 매장의 외관과 내부를 실제 정글처럼 꾸며놨고 다채로운 이벤트를 진행한다. 하지만 이 마켓이 가장 유명해진 이유는 정글

미국 정글짐스 인터내셔널 마켓 화장실

스타일의 매장이 아니다. 고객들은 '화장실을 구경하기 위해' 이 마켓을 찾는다. 미국 최고의 화장실이라는 평가를 받고 있다. 톰 피터스는 이 사례를 예로 들며 "진짜 혁신이란 바로 이런 사소한 것에서 시작한다. 화장실 경험을 하고 싶어서 가는 마트라는 개념 자체가 혁신적이지 않은가?"라고 반문했다.[2]

데이터에 초점을 맞추면 부족한 것만 보인다

중국 최대 인터넷 쇼핑몰 알리바바를 창업한 마윈은 2013년 서울대 초청 강연에서 본인의 성공 비결로 '3무無'를 얘기했다. 그가 말한 3무는 돈, 기술, 전략이었다. "나는 돈이 없어서 한 푼 한 푼 신중히 사용했다. 회사를 운영할 때 돈으로 문제를 해결하려 들기 전에 머리를 쓰게 됐다." 그리고 이어 "기술을 잘 몰랐기에 더 나은 엔지니어를 수소문했고 그들의 말을 경청했다. 전 세계 80% 사람은 나처럼 기술을 잘 모를 테니 최대한 사용하기 쉽고 단순한 기술을 개발해달라고 요청했다."고 말했다. 그리고 마지막으로 "계획이 없었기 때문에 언제나 당시 상황에 맞게 가장 좋은 방법으로 바꿔나갔다."[3]

스탠퍼드대 강연에서도 다음과 같이 얘기했다.

"나의 경쟁자들은 모두 나보다 강했다. 나중에 나는 많은 기업가들이 돈이 없어서가 아니라 돈이 너무 많아서 성공하지 못했다는 것을 깨달았다. 여러분이 돈으로만 문제를 해결하려 한다면 그때부터 진짜 문제가 시작된다. 돈은 문제를 해결하는 수단 중 하나일 뿐이다. 그래서 누군가 '돈만 있으면 할 수 있어.'라고 말한다면 나는 그것을 실패의 시작으로 본다."[4]

마윈의 말은 시사하는 바가 크다. 돈으로 문제를 해결하려고 하는 순간 혁신적이고 파괴적인 아이디어가 나오기 쉽지 않다는 말에 동의한다. 돈은 무엇인가를 해결하는 가장 마지막 방법이어야 한다. 빅데이터도 마찬가지다. 데이터가 없기 때문에 빅데이터를 활용하지 못하는 것이 아니다. 비즈니스 목적 달성을 위해 데이터를 어떻게 활용할지에 대한 고민과 시도가 적기 때문이다. 모든 기업은 그 양과 종류는 적더라도 자신만의 데이터가 있다. 그리고 외부에도 내부 데이터와 결합해서 분석했을 때 의사결정에 도움을 주는 데이터들이 있다.

많은 기업이 빅데이터를 활용하지 못하는 근본적인 이유는 고객의 불편과 고객 경험의 개선에서 출발하지 않고 데이터와 그 데이터를 처리하는 기술에서 출발하려고 하기 때문이다. 그게 오히려 빅데이터 기술 도입과 역량 확보의 걸림돌이 된다. 기술로서의 '빅데이터'는 원유와 같다. 정제 작업을 통해 사용 가능한 기름이 된다. 그리고 그 기름은 항공기나 배나 자동차 또는 모든 공장을 움직이는 동력이 된다. 최종 목적은 무엇인가를 움직이게 하는 것이다. 그 자체로 존재해 최종 가치를 내는 것이 아니다.

기술자와 데이터에서 출발하면 충분한 데이터를 보유하고 있고 제대로 하드웨어와 소프트웨어를 갖추어야 무엇인가를 할 수 있다고 생각하게 된다. 그리고 이미 가지고 있는 데이터보다 가지고 있지 않은 데이터에 대한 아쉬움이 생긴다. 그러다 보면 어떤 데이터가 필요한지, 그 데이터를 모으기 위해 어떤 인프라와 솔루션 투자를 해야 하는지에 초점을 맞추게 되고 결국 그걸 활용해서 무엇을 해야 할까의 단계에 가면 "그래서So what?"로 끝이 나는 경우가 많다. 목적이 없이 기술 관점에서만 시작했기 때문이다.

데이터 기반 의사결정의 습관이 필요하다

최근 나는 모바일 플랫폼을 통해 사업을 시작한 스타트업들과 얘기하면서 왜 그들이 상대적으로 데이터를 더 잘 이용할까에 대해 이해하게 되었다. 상품이나 콘텐츠를 올리고 방문하는 고객들이 생긴다. 별로 많은 구매가 일어나지는 않았는데 어느 날 어떤 상품 또는 콘텐츠 하나가 히트하게 된다. 그리고 그 상품을 구매하려는 고객들이 늘어난다. 해당 상품과 비슷한 유형의 제품을 추가하며 인기 제품들을 늘려나간다. '이 고객이 왜 이 상품을 샀을까?' '언제 샀을까?' '언제 다시 재방문해서 어떤 상품을 살까?'를 데이터를 통해 지속적으로 관찰하게 된다. 그리고 확인한 데이터 기반으로 사업을 점점 늘려나간다. 고객을 보기 위해 데이터를 보면서 데이터 기반의 의사결정을 하는 것이다.

고객들이 점점 늘어나고 취급하는 상품과 콘텐츠가 점점 많아질수록 비즈니스 규모는 커지는데 인력과 시간이 부족하다. 스타트업은 대기업과 달리 의사결정 체계가 미비하고 사업 경험도 부족하다. 그래서 데이터 기반으로 그때그때 의사결정을 할 수밖에 없다. 지금보다 조금 더 나은 방법을 찾기 위해 AB 테스트를 해서 화면을 구성하고 고객 오퍼를 던져본다. 결과가 조금 더 잘 나오는 방법을 선택해서 실행하고 또 다른 AB 테스트를 시작한다. 어떤 고객들이 무엇 때문에 방문해서 무엇을 가장 많이 사는지 궁금해하면서 데이터를 확인한다. 잘 팔리는 상품을 더 잘 팔리게 하는 방법, 덜 팔리는 상품을 더 잘 팔리게 하기 위해 고민하면서 무엇이 문제인지 데이터를 본다.

데이터라고 말하지만 결국 고객의 행동을 보는 것이다. 고객들이 무엇을 샀는지, 고객들이 어떤 상황에서 더 많이 클릭했는지, 고객들이 어떻게 보여주면 더 많이 반응했는지를 보면서 즉시 의사결정해나간다. 데이터 기술자와 비즈니스 담당자가 같이 협의하면서 일한다. 목표는 동일하다. 데이터를 보고 고객들에게 더 좋은 반응을 이끌어내는 방법을 찾아내는 것이다. 다른 경험과 직관보다 데이터 결과를 기준으로 일한다. 모든 의사결정이 데이터 기반으로 이루어질 수밖에 없다. 히트 상품을 고객들에게 더 잘 노출하기 위해 고민하다 보면 가지고 있는 데이터 중에 무엇을 어떻게 활용하면 좋겠다는 아이디어가 나온다. 그럼 일단 해본다. 시도해보고 결과가 나오면 더 빠르게 확산시키고 본격적으로 대규모 투자를 진행해야 하는 시점이 왔을 때 확신을 갖고 의사결정할 수 있게 된다. 그동안의 데이터 기반의 의사결정에서 확신이 생겼고 또한 투자해야 하는 이유가 명확히 있기 때문이다.

스타트업은 데이터를 일상으로 사용한다. 거창한 데이터만을 사용하는 게 아니다. 상품 하나의 판매와 고객 한 명의 매출을 확인해 일단 가지고 있고 볼 수 있는 데이터로 어떻게 고객을 더 많이 모으고 어떻게 고객이 다시 방문하게 할까를 고민하는 것이다. 빅데이터의 출발은 이렇게 시작되어야 한다. 데이터 자체는 목적이 아니고 고객에게 더 나은 서비스를 제공하기 위한 방법을 찾기 위한 수단이다. 아마존도 페이스북도 구글도 다 이렇게 시작했다. 아마존의 제프 베조스가 '데이터가 왕'이라고 선언하고 데이터 기반의 개인화 추천에 집중한 것은 디자인과 감성적인 메시지로 고객에게 어필하는 것보다 개인별 구매 기반 추천에 의한 매출 증가가 훨씬 높다는 것을 테스트를 통해 명확히 검증했기 때문이다. 테스트를 통해 확신을 얻고 난 후 머뭇거리지 않았다.

작은 시도를 통해 학습하고 개선하자

빅데이터 분야는 무엇보다 시도를 통한 학습과 개선이 중요하다. 처음부터 완벽할 수 없다. 데이터란 신기하게도 보면 볼수록 분석하면 분석할수록 더 많은 궁금증을 준다. 그래서 봐도 봐도 끝이 없다. 빅데이터 분석 서비스가 만족도가 높은 이유는 그전에 몰랐던 새로운 사실들을 알게 해주기 때문이다. 그럼에도 아쉬움이 남는 경우가 있다. 그 이유는 분석을 몇 단계로 깊이 해도 여전히 궁금증이 남기 때문이다. 뭔가 부족해 보인다. 궁금증을 해결하는 과정에서 원래 목적하지 않은 많은 것들을 이해하고 얻게 되는 반면에 많은 것을 할수록 더 많은 것을 해야 한다는 것을 알게 된다. 끝이 없다. 하지만 그 과정 속에 혁신이 만들어지고 고객의 경험이 개선된다.

비즈니스의 복잡한 원리, 고객의 관심, 욕구가 구매 전환이나 매출이라는 결과로 이어지기까지의 프로세스는 복잡한 메커니즘이다. 절대 하나의 데이터로 원인 분석이 되지 않고, 절대 하나의 솔루션으로 결과를 개선할 수도 없다. 그야말로 빅데이터 분야는 테스트 앤 런Test & Learn과 기획Plan - 실행Do - 리뷰Review의 반복으로 완성된다. 하루아침에 완성되는 결과물이 아니다. 아무리 투자를 많이 하고 시간을 많이 쏟은 결과물의 알고리즘도 100% 완성도를 가질 수는 없다. 100% 완성했다고 생각하는 순간 시장과 고객이 변한다. 50%에서 시작해서 99.9%를 향해 지속 개선해나가는 과정이다.

그래서 빅데이터는 일단 작게 시작해야 한다. 고객의 불편을 해소하는 일, 고객의 방문을 유도하는 일, 고객의 구매 전환을 높이는 일 등 몇 가지 목표를 세우고 해당 목표를 달성하기 위해 어디가 문제인지 찾아내고 개선하기 위한 시도를 반복해야 한다. 작은 성공의 순간이 오면 서로 축하하고 독려한 다음 더 나은 과제와 더 나은 목표를 향해 달리다 보면, 어느 순간 가지고 있는 데이터로는 분석이 불가능하거나 또는 고객 경험을 개선하기 어려운 순간이 온다. 그때가 되면 추가적인 분석과 개선을 위해 어떤 데이터가 어떻게 활용되면 좋겠다는 아이디어가 생기고 그 기술을 통해 결과적으로 기대할 수 있는 효과의 예측이 가능해진다. 고객과 비즈니스 관점에서 목표와 문제점이 명확하기 때문이다.

작은 하나하나의 개선 과제를 목표로 테스트를 통해 배우고 배운 것을 가지고 기획 - 실행 - 리뷰를 통해 검증하고 확산되는 과정을 거치자. 작게 시작하되 작은 성공들이 모여 결국 큰 시도로 연결된다. 작은 시도들을 통해 쌓은 경험과 역량이 내공이 되어 큰 시도도 가능하게 만든다. 우리가 부족한 게 무엇인지를 명확히 알 수 있다면 필요한 솔루션도 명확히 파악할 수 있다. 그 시점이 되면 투자의 규모와 필요한 전문 기술자의 역량에 대해서도 명확히 할 수 있다.

'계획 – 실행 – 리뷰'의 반복이 성과로 연결된다

기업의 모든 업무는 계획 – 실행 – 리뷰의 반복이다. 빅데이터도 마찬가지다.

'계획'은 말 그대로 어떤 것을 할 때 사전에 계획하는 것이다. 목표를 달성하기 위해 어떤 일을 계획하고 누가 어떻게 언제까지 진행하고 그에 따라 얼마의 비용을 집행해서 어떤 성과를 기대하는지 명확히 하는 것이다. 계획 없이 진행하면 목적도 명확하지 않고 누가 무엇을 해야 하는지 역할과 책임도 정할 수 없다. 투입 비용이나 기대 수준을 명확히 하지 않으면 비효율을 만들어내거나 성과에 대해 잘못된 판단을 내리게 된다.

'실행'은 말 그대로 실행하는 것이다. 계획을 수립한 그대로 책임을 맡은 각 담당자가 각자의 업무를 정해진 기간 내에 정해진 방법으로 수행하는 것이다. 다만 수행 준비 단계나 수행 단계에서는 계획할 때 미처 생각하지 못했던 것들을 보완하거나 변경하기도 한다. 아무리 계획이 잘 세워져 있어도 실행이 제대로 되지 않거나 실행의 품질이 좋지 않으면 결과가 좋지 않을 수도 있다. 또는 내부적으로는 실행이 제대로 되었지만 외부적인 변수에 의해 예상했던 결과가 안 나올 수도 있다. 경쟁사가 우리와 비슷한 상품을 먼저 출시해서 예상치 못한 히트를 했거나 날씨나 외부 환경이 변하면서 기대했던 고객 반응에 차질이 생길 수도 있다.

'리뷰'는 실행을 해서 나온 결과와 계획과의 차이를 비교하면서 전체 프로세스와 결과를 점검하고 평가하는 과정이다. 계획했던 대로 각자 맡은 업무를 제대로 진행했는지의 프로세스 리뷰와 성과가 예상한 대로 나왔는지의 성과 리뷰를 한다. 그 과정에서 계획할 때 예상치 못했던 변수가 어떤 것이 있었는지 환경 리뷰를 해서 다음에 실행할 때는 어떤 것을 더 반영하거나 고려해야 하는지의 개선사항을 도출한다. 리뷰를 통해 얻은 반성, 노하우, 개선된 아이디어를 다음번의 실행에 반영할 수 있도록 다시 계획에 반영한다. 다시 실행하고 그 결과를 다시 리뷰한다.

계획 – 실행 – 리뷰 프로세스는 기업이 지속적으로 성과를 확대하기 위한 기본 프로세스다. 완벽할 수 없어서 실행을 통해 배우는 것이다. 이런 계획 – 실행 – 리뷰 프로세스가 체계적으로 수행되는 조직과 기업은 점점 향상된 성과를 얻게 되고 무엇보다 안주하지 않는다. 빅데이터 영역에서 무엇보다 필요한 프로세스 중의 하나는 계획 – 실행 – 리뷰 프로세스다. 분석도 마찬가지고 활용도 마찬가지다. 인공지능 영역에서 얘기하는 머신러닝은 프로그램 알고리즘이 자동으로 이런 계획 – 실행 – 리뷰 프로세스를 수행하는 것이다. 데이터를 통해 학습하고 정해진 알고리즘에 의해 실행을 한다. 실행의 결과가 예상대로 나온 것도 있고 다르게 나온 것도 있다. 결과를 다시 학습 데이터로 인풋하여 알고리즘 내에서 다시 로직을 계산한다. 개선된 로직으로 다시 실행하고 거기서 나온 결과를 다시 데이터로 학습한다. 무한 반복이다.

인공지능의 핵심은 데이터다. 데이터가 없으면 학습이 이루어지지 않는다. 다만 인간과 다르게 인공지능은 무한한 데이터를 지식으로 넣을 수 있고 인간과 다르게 그 무한한 데이터를 아주 짧은 시간에 계산해 수행할 수 있다. 계산으로부터 결과를 얻고 그 결과를 다시 로직에 반영하는 작업을 24시간 쉬지 않고 끊임없이 시행한다. 사람이 한 번에 몇 가지의 변수만 고려할 수 있다면 인공지능은 몇십 개에서 몇백 개 변수도 동시에 고려할 수 있다. 결국은 인간 두뇌의 엄청난 확장 버전이라고 생각하면 될 것이다. 심지어 인공지능도 반복적인 학습과 실행과 리뷰의 과정을 통해서 성능을 개선해나간다.

계획을 세우려면 업무에 대해 명확하게 이해해야 한다. 알지 못하면 계획을 세우는 것도, 투자 비용이나 기대 수준을 정하는 것도 어렵다. 빅데이터를 활용해서 어떤 분석 결과를 얻거나 아니면 어떤 알고리즘을 적용할 때 처음 시도해보는 업무인 경우 최적의 결과를 얻기는커녕 누가 무엇을 언제 어떻게 해야 하는지의 계획을 세우는 것조차 쉽지 않다. 그래서 빅데이터는 계획 - 실행 - 리뷰 프로세스를 진행하기 이전에 많은 작은 시도를 통해 업무에 대한 이해와 함께 누가 무엇을 어떻게 해야 할지 각자의 역할과 프로세스를 수립해야 한다. 일단 한 번 해보는 것이다. 그러는 동안 필요한 부서와 필요한 역할이 있다면 추가하고 프로세스상에 검토하지 못한 부분들을 추가하면서 얼마나 걸리는지, 어떤 부분이 어려운지, 어떤 걸 먼저 해야 원활한지, 그렇게 해서 고객에게 어떤 효과가 있었는지 등을 알게 된다. 미처 생각지 못했던 것들을 점검하고 진짜 중요하고 어려운 부분이 어떤 것인지를 알게 되는 것이다.

작은 시도는 그 자체로는 작은 결과밖에 얻지 못하지만 가치가 있다. 최소한의 비용과 시간으로 크게 확대해서 시도할 때 생길 수 있는 모든 변수와 위험 요인을 사전에 점검해 위험은 최소화하면서 최대한의 성과를 얻기 위한 노하우를 습득하는 중요한 프로세스기 때문이다. 작은 시도를 통해 얻은 작은 성과는 결과에 대한 경영진의 의사결정과 조직원들의 실행력을 이끌어낼 수 있는 중요한 디딤판이다.

넷플릭스도 아마존도 AB 테스트를 한다

디지털 마케팅에서는 AB 테스트라는 것을 진행한다. AB 테스트는 어떤 것이 더 나은 결과를 도출할지 모를 때 선택 가능한 대안을 놓고 고객들 대상으로 짧은 테스트를 시행해 결과를 미리 확인하는 것이다. 고객들에게 더 좋은 반응을 얻은 대안을 선택해 전체 고객 대상으로 오픈해 성과를 극대화한다.

AB 테스트의 종류는 다양하다. 온라인 배너를 만들 때 또는 고객 대상의 메시지를 정할 때 테스트를 통해 더 많은 클릭과 구매로 연결된 것을 선택한다. 이미지의 크기를 키워 직관적으로 관심을 얻을지, 아니면 고객 전달 메시지를 키워 고객의 이해를 더 쉽게 할지의 판단을 고객에게 맡기는 것이다. 2만 원의 객단가를 가진 고객에게 2만 원에 2,000원 할인 쿠폰을 주는 것이 좋을지, 아니면 3만 원에 4,000원 쿠폰을 줘서 객단가를 올리는 것이 좋을지에 대해서도 100명에서 1,000명까지 쿠폰을 사전에 발행해서 고객의 클릭, 방문, 구매까지의 결과를 보고 최종 판단할 수 있다.

AB 테스트는 특정 고객에게 또는 특정 시간에 잠깐 오픈해서 결과를 분석 후 바로 적용할 수 있다. 그러다 보니 많은 기업들이 도입해서 진행한다. 어느 정도 성과에 대한 결괏값이 쌓이고 확신이 들면 그 부분은 테스트 없이 바로 실행에 들어가도 된다. 전체적으로는 같은 결괏값을 보이지만 나이별 반응이 다를 수도 있다. 예를 들면 10대와 20대는 A안에 높은 반응을 보인 반면에 30대 이상은 B안에 높은 반응을 보인다면 반응률을 고려해 방문하는 고객의 연령대별로 노출 방식을 차별화할 수도 있다.

AB 테스트의 가장 큰 장점은 공급자 관점이 아니라 고객 관점에서 의사결정을 최적화하는 데 있다. 담당자나 임원의 개인적 취향을 최소화하는 것이다. 특히 디자인이나 메시지 방식에 관해서 모든 사람은 본인의 선호 취향을 가지고 있기 때문에 자신도 모르게 본인의 선호에 따라 결정을 하려고 한다. 그것이 색상일 수도 있고 폰트일 수도 있고 메시지를 쓰는 방식일 수도 있고 상품 디자인일 수도 있다. AB 테스트는 어떤 사람의 편향된 선호도와 경험이 아닌 고객의 반응에 따라 최적의 안을 도출하기 위한 디지털 마케팅 방식이다.

넷플릭스도 아마존도 당연히 AB 테스트를 한다. 예를 들면 넷플릭스는 주요 프로그램에 대해 메인 이미지를 결정할 때 가정에 의해 몇 가지 옵션을 준비한 후 실제 고객들의 반응을 본다. 그래서 로그인 여부, 키즈 여부, 사용자의 취향 등 다양한 옵션에 따라 고객들의 클릭 반응을 가장 높게 유도할 수 있는 이미지로 결정하게 된다. 넷플릭스가 오픈한 여러 가지 AB 테스트 중 2013년도에 시행한 테스트에는 여러 가지 콘텐츠의 메인 아트워크로 관람자를 늘릴 수 있는지 알아보려 했고 그 결과는 더 많은 클릭을 유도해내는 아트워크가 있다는 것을 알게 되었다. 이런 실험의 결과로 넷플릭스는 이용자들이 아트워크의 변화에 민감하며 그들이 원하는 스토리 타입을 찾는 데 영향

옵션	옵션 1(대조군)	옵션 2	옵션 3
박스 아트			
	기본 이미지	14% 더 높은 클릭률	6% 더 높은 클릭률

(출처: 넷플릭스 테크 블로그)

을 준다는 것을 알았다.[5]

새로운 시도와 배움을 독려하는 문화가 핵심이다

경영진이 빅데이터에서 해야 할 일 중의 하나는 새로운 시도를 통한 실패와 배움을 독려하여 많은 시도를 하게 하는 것이다. 그리고 성과가 나온 부분에 대해 바로 계획 – 실행 – 리뷰 프로세스로 연결하게 해 좋은 시도와 작은 성공이 사장되지 않게 하는 것이다. 작은 시도가 많으면 많을수록 성공적인 빅데이터 활용 사례가 더 많이 늘어난다. 계획 – 실행 – 리뷰 프로세스를 진행하며 나온 결과에 대해 모든 부서가 함께 리뷰하고 평가해 개선안을 만들어내게 해야 한다.

목표 대비 달성 여부에 집중해 왜 목표를 달성하지 못했는지에 대한 질책을 하는 것이 아니라, 어떤 부분을 더 개선해야 하는지, 어떤 부분을 사전에 고려하지 못했는지, 다음번에는 어떻게 개선하면 좋을지 논의하고 계속 시도하자. 기대를 넘어섰다면 어떻게 하면 더 크게 성공할 수 있을지를 논의하자. 그런 실패와 성공의 경험들이 관련 직원들의 빅데이터 활용 역량과 생각의 폭과 적용의 범위를 키우고 확장해준다.

실리콘밸리 기업들은 핵 데이Hack Day라는 것을 가지고 있다. 넷플릭스도 마찬가지다. 핵 데이가 생긴 이유는 개발자들이 매일매일 하는 일 중 버그를 고치는 일이 상당 부분을 차지하는데 그러다 보면 새로운 기획이나 아이디어가 평소에 나오기가 어렵기 때문이다. 넷플릭스에서는 핵 데이에 가지고 있던 문제점들을 마음대로 자유롭게 얘기할수 있는 분위가 형성된다. 새로운 서비스 아이디어뿐 아니라 일하면서 발생했던 문제점들을 자유롭게 끄집어내어 혁신적인 아이디어로 연결해 제안한다. 회사는 새로운 아이디어에 관심을 가지고 제안하는 활동을 핵 데이를 통해 독려한다.[6]

어떤 일도 처음부터 크게 하려고 하면 엄두가 나지 않고 시작이 어려운 법이다. 무엇보다 작은 일도 제대로 해내지 못하면서 큰일을 해내는 사람은 없다. 천릿길도 한 걸음부터 가야 하고 태산을 옮기는 일도 흙 한 삽에서 시작한다. 지금 가지고 있는 데이터로 지금 진행하는 일에서 먼저 데이터 중심의 의사결정을 하자. 데이터를 기반으로 분석해서 인사이트를 뽑아내고 실행해서 결과를 얻는 것이 패턴이 되면 데이터의 필요성에 대해 조직의 누구나 공감을 하게 된다. 그러면서 아쉬운 데이터와 하고 싶은 일들에 대해 고민이 시작된다. 가지고 있는 데이터에서 해답이 나오지 않는 진짜 궁금한 것, 그리고 그 데이터를 통해 얻은 실행을 해결하는 방법으로 빅데이터를 추진해야 한다. 그렇게 해야 빅데이터를 통해 무엇을 해야 할지 정확히 알 수 있다.

남들이 얘기하는 개념적인 '빅데이터'라는 단어는 잊자. 기업에 필요한 것은 내가 지금 필요로 하는 데이터다. 내가 고객에게 더 좋은 가치를 주기 위해, 더 많은 고객이 방문하게 하기 위해, 방문한 고객이 한 개라도 더 많이 구매하게 하기 위해, 회사의 인력을 보다 효율적으로 운영하기 위해, 진열을 좀 더 효과적으로 하기 위해, 물류 이동을 좀 더 빠르게 하기 위해 구체적으로 필요한 결과를 먼저 명확히 하고 그 결과를 얻는 데 필요한 데이터와 기술을 고민하자.

요즘 세상은 기술의 발전으로 모든 것이 가능하다. 다만 돈과 시간과 사람이 필요할 뿐이다. 문제는 돈, 시간, 사람은 항상 부족하다. 그 돈과 시간을 낭비하지 않으려면 처음부터 관련된 모든 조직 간의 협업을 통해 계획을 잘 세워야 한다. 그 출발이 비록 작더라도 바로 오늘부터 시작하자. 이미 50%는 데이터 기반의 의사결정 기업이 된 것이다. 지그 지글러Zig Ziglar는 이렇게 말했다. "시작하기 위해 위대할 필요는 없지만, 위대해지기 위해서는 반드시 시작해야 한다."

2

목적을 명확히 하고
호기심으로 깊게 파고들자

무작정 데이터 분석을 시작하지 말고 목적부터 정하자. 그렇게 하지 않으면 데이터의 바다에서 오랫동안 헤매게 된다. 어떤 데이터가 있고 어떻게 사용하는지도 모르는데 어떻게 목적을 정해야 하지? 단순하게 생각하자. 이미 앞에서 얘기한 것처럼 빅데이터의 출발은 비즈니스 목적을 달성하기 위한 것이다. 비즈니스 목적인 매출과 이익을 높이려면 우리 상품과 서비스를 이용하는 고객이 많이 사줘야 한다. 그러려면 우선 우리가 타깃으로 하는 고객을 명확히 하고 그 고객에게 우리의 어떤 강점을 어필하여 구매하게 할 것인지를 고민해야 한다.

데이터 분석이든 마케팅이든 실행에 옮기기 전에 목적을 사전에 정해놓는 것은 운전하기 전에 목적지를 설정해놓는 것과 같다. 목적지로 가는 경로는 아주 다양하다. 시간이 빠른 길도 있고, 좀 돌아가더라도 막히지 않는 길도 있고, 통행료가 가장 저렴한 곳도 있고, 운전하기 편한 길도 있다. 목적지가 확정되어 있으면 길을 잠시 잃거나 갑자기 교통이 막혔을 때 다시 그 길에서 내비게이션 안내에 맞추어 최적의

길을 찾아갈 수 있다.[7]

대부분의 리더는 회사에 데이터가 있다는 사실을 알고 있지만 구체적으로 어떤 데이터가 있고 어떻게 활용되는지는 잘 모른다. 당연히 어떻게 해야 할지 아는 경우도 별로 없다. 일단 있는 데이터를 분석해서 무엇을 할 수 있을지 알아보자 하고 시작하는 경우도 있다. 하지만 이렇게 시작하면 데이터를 무한으로 파고들면서 팩트 파인딩Fact Finding만 할 뿐 의미 있는 인사이트와 실행 방안을 도출하기 어려운 경우가 많다.

결국 너무 과도한 분석으로 무엇을 해야 할지에 대해서는 결론을 내리지 못하는 상황이 발생한다. 대부분 기업이 빅데이터를 하지 못하는 이유는 사실 데이터가 없어서가 아니라 의미를 도출하고 인사이트를 발견하여 실행으로 옮길 수 있는 전략을 찾아내지 못하기 때문이다. 문제가 있다는 것은 알겠는데 어디서 어떻게 분석해야 원인을 찾고, 어떻게 활용해야 문제를 해결할 수 있을지 잘 모르겠는 그런 상황이다.

목적이 없이 움직이는 것은 재앙이다

영어 'Disaster'는 우리말로 재앙이다. 어원을 살펴보면 사라진다는 뜻의 'dis'와 별을 뜻하는 'aster'가 결합한 말이다. 별이 사라지는 것이 재앙이라는 말이다. 나침반이 없던 예전 항해 시대에는 북극성을 보고 방향을 짐작해서 배를 운행했다. 날씨 등의 여러 이유로 갑자기 별이 사라지면 어디로 가야 할지 모르게 된다. 그것이 재앙인 것이다.[8]

비즈니스의 목적 달성 관점에서 먼저 질문을 하는 것이 좋은 이유는 고객 관점으로 시작하도록 만들어주기 때문이다. 그리고 데이터와 기술 관점에서의 질문을 차단한다. 빅데이터 관점에서의 질문이란 이런 것이다. "우리가 어떤 데이터를 가지고 있나요?" "그 데이터로 무엇을 할 수 있어요?" "그렇게 하려면 비용이 얼마나 필요한가요?" "그런 분석을 하려면 어떤 인프라와 어떤 인력이 필요해요?" 혹시 해보았거나 들어본 적이 있는 질문인가? 어떤 대답을 들었는가? 어떻게 대답해야 하는가?

이런 질문에서는 좋은 답을 끌어내기 어렵다. 가지고 있는 데이터의 종류는 매우 많고 각각의 데이터로 할 수 있는 것도 많기 때문이다. 모든 방법을 다 나열하는 것이 진정 원하는 답인가? 아니다. 아마기업의 비즈니스에 도움을 주는 중요한 데이터, 데이터 사용 방법, 데이터 활용 방법이 궁금할 것이다. 너무 많은 선택지를 두고 열린 질문을 하면 제대로 답이 나오기 어렵다. 선문답으로 끝날 가능성이 크다.

2012년 『포브스』의 조사에 의하면 빅데이터와 관련해서 CEO들이 가장 궁금하게 생각하는 5개의 질문은 다음과 같았다. 첫째, 빅데이터가 나의 비즈니스에 어떻게 도움을 주는가? 둘째, 얼마의 비용이 들까? 셋째, 얼마나 리스크가 있나? 넷째, 수익을 어떻게 측정할 수 있을까? 다섯째, 성과를 확인하는 데 얼마나 시간이 걸릴까?[9] 이런 데이터 관점에서의 질문은 답을 찾기 어렵다. 어떤 목적으로 무엇을 해야 할지 모르는 데 얼마나 비용이 드는지, 얼마나 시간이 걸릴지, 수익을 어떻게 측정할지 모르는 것이 당연하다.

고객에게서 출발하면 목적이 명확해진다. 목적이 명확해지면 그 목적에 도달하기 위해 알아야 하는 질문들을 도출해낼 수 있다. 방법이다양하더라도 선문답으로 이어지지 않는다. 적어도 그 목적을 달성하는 방법 차원에서의 필요한 데이터와 데이터 분석 방법과 활용에 대해 고민하게 된다. 고민의 범위가 명확해진다. 그러면서 실제 문제해결 관점에서의 분석 방법과 활용을 구체적이면서도 현실적이고 효과적인 방법으로 고민하게 만들어준다.

작은 유통 업체도 빅데이터를 확보할 수 있다

미국의 비즈니스 컨설턴트인 버나드 마Bernard Marr가 미국의 한 작은 패션 유통업체를 대상으로 한 빅데이터 컨설팅 사례를 보자. 그 유통업체는 전통적인 포스 데이터만 가지고 있었다. 사장의 목표는 명확했다. '매출 증가'였다. 하지만 매출에 영향을 주는 고객 행동 분석을 할 그 어떤 빅데이터도 가지고 있지 않았다. 버나드는 해당 업체의 직원들과 함께 매출을 증가시키기 위해 알아야 하는 질문을 먼저 만들어냈다. "얼마나 많은 사람들이 실제 점포 앞을 지나가는가?" "지나가는 사람 중 얼마나 많은 사람들이 멈추어서 얼마나 오래 진열대를 구경하는가?" "그들 중 얼마나 많은 사람이 점포 안으로 들어오고 얼마나 많은 사람이 실제 구매하는가?" 결과적으로 그들이 협의를 통해 만들어낸 질문이다.[10]

고객에 관해 알고 싶은 스마트한 질문들을 만들어낸 다음 그들은 점포 입구에 지나가는 고객들의 모바일폰 신호를 잡아낼 수 있는 작은 기기를 설치했다. 점포 앞을 지나가는 사람들은 당연히 스마트폰을 들고 있을 것이다. 따라서 신호를 체크하는 것만으로도 통행인 숫자 파악을 할 수 있었다. 그 센서는 또한 단순히 통행량을 측정하는 것뿐 아니라 얼마나 많은 사람이 멈추었는지, 얼마나 오래도록 멈추었는지, 그리고 점포로 들어온 고객은 몇 명인지도 측정이 가능했다. 실제 구매 고객수는 이미 내부적으로 가지고 있는 매출 데이터를 활용했다. 그리고 고객의 행동과 전환율을 알게 된 상점의 CEO와 직원들은 발걸음을 더 머무르게 하고 매장 안으로 더 들어오게 하기 위해 쇼윈도의 상품과 진열을 다양하게 시도해보고, 매장 안으로 온 고객에 대한 응대와 매장 내 분위기도 지속 바꾸면서 효과가 좋은 방법을 찾을 수 있었다.[11]

해당 상점의 비즈니스 목적과 실제 매출 확대를 위해 알고 싶은 질문이 명확해지자 확보해야 하는 데이터가 명확해졌다. 매장 앞을 지나다니고 쇼윈도를 지켜보고 매장 안으로 들어와서 구매하는 고객수가 알고 싶었다. 그 결과 가지고 있는 데이터와 가지고 있지 않은 데이터가 명확해졌고 가지고 있지 않은 데이터를 확보하기 위한 가장 쉽고 간편한 방법을 찾아낼 수 있었다. 고객들의 숫자를 셀 와이파이 신호기를 각각의 위치에 다는 것이었다.

답을 얻기 위해 가장 중요한 것은 질문을 잘하는 것이다. 해당 시점에 적합한 질문은 자연스럽게 답을 고민하게 해주고 답을 찾는 과정에서 해결책이 함께 나오는 경우가 많다. 질문이 곧 답을 만들어냈다. 질문은 내비게이션과 같다. 질문을 던지는 것은 목적지 설정을 위한 가장 중요한 과정이다. 우리가 제대로 된 목적을 수립하려면 스스로 비전과 미션을 물어봐야 한다. 그리고 현재의 비즈니스에서 우리가 진정으로 알아야 하는 것이 무엇인지에 대해 질문을 던져야 한다.

비즈니스 상황에 따라 질문을 다르게 하라

"우리의 고객은 누구인가?" "우리의 고객은 왜 우리의 상품과 서비스를 이용해야 하는가?" "우리가 생각하는 고객이 현재 우리의 고객이 맞는가?" "우리는 우리가 제공하려는 가치를 그 누구보다 더 잘 고객에게 제공하고 있는가?" 근본적인 질문과 함께 비즈니스의 문제에 대해 질문을 해보자. 현재의 비즈니스 운영에 가장 이슈가 되는, 그래서 정답을 알고 싶은 그 질문들의 답을 데이터 분석을 통해 찾으면 된다.

이때 각 기업의 현재 비즈니스 성과에 따라 알고자 하는 세부적인 질문이 달라져야 한다. 기업의 매출이 성장하고 있는지, 하락하고 있는지, 시장점유율은 성장하고 있는지, 하락하고 있는지, 이익은 성장하고 있는지, 하락하고 있는지에 따라 질문이 다를 수밖에 없다. 비즈니스 성과가 하락하거나 정체되어 있다면 문제점 찾기 중심으로 질문이 구성될 것이고, 비즈니스 성과가 상승하고 있다면 추가적인 기회와 성장을 위한 질문과 함께 리스크 가능성까지 점검할 수도 있다.

현재의 비즈니스 상황에 맞는 질문을 던지는 것이 필요하다. 질문하는 가운데 목표가 재설정되고 분석에 대한 목표와 분석하면서 확인해야 하는 사항들을 구체적으로 정리하게 된다. 그리고 질문에 대한 답을 찾기 위해 분석해야 하는 데이터를 확인할 수 있고 가지고 있는 데이터, 가지고 있으나 분석이 어려운 데이터, 가지고 있지 않은 데이터를 구분할 수 있게 된다.

분석해야 할 대상의 데이터와 답을 얻어야 하는 질문들이 정해지면 언제까지 누가 어떤 일을 해야 할지의 역할과 일정을 나눌 수 있고 그 데이터를 통해 도출하고 싶은 인사이트에 대해서도 사전에 정의할 수 있다. 그리고 가지고 있지 않은 데이터에 대해 확보할 방법과 수단에 대해 고민하게 된다. 이런 고민의 과정이 바로 빅데이터를 제대로 활용하기 위해 꼭 필요한 과정이다. 현재의 비즈니스 운영에 가장 큰 이슈가 무엇인가? 정답을 알고 싶은 그 질문들의 답을 찾는 것을 데이터 분석을 통해 진행하려고 하면 된다. 빅데이터는 그 답을 알려줄 수 있고, 문제해결을 위한 고객 경험을 만들어가는 데도 도움을 줄 수 있다. 문제를 찾아내면서 자연스럽게 활용 방안까지 연결이 된다.

'좋은 질문'을 하고 '호기심'을 갖고 깊게 파고들자

데이터 분석 결과의 품질은 '좋은 질문'과 '호기심'에서 나온다. 모든 업무가 그렇듯 일을 잘하려면 항상 호기심이 넘쳐야 한다. 왜 그런지를 질문하다 보면 뜻밖의 인사이트나 아이디어를 찾아낼 수 있게 된다. 일을 잘하는 사람의 특징 중 하나는 호기심이 많다는 것이다. 기업의 담당 업무별로 직원에게 필요한 자질과 업무 성격이 다르다. 데이터를 보고 분석하고 관리하는 사람에게는 특히 호기심이 더 많이 필요하다. 호기심이 많을수록 궁금증을 해결하기 위해 데이터의 분석 관점을 다양하게 하고, 분석의 결과로 나온 데이터에서 다시 궁금한 것이 생겼을 때 추가적인 원인을 파악하기 위해 깊숙이 분석해 들어가는 딥다이브Deep Dive가 가능해지기 때문이다.

그런데 이런 딥다이브는 누가 시켜서 하는 걸로는 부족하다. 누군가 분석 리포트를 보면서 계속 질문을 하고 그 질문을 얻기 위해 그 부분만 다시 깊이 분석하게 되면 시간도 많이 가고 그 수준에서 또 멈추기 때문에 진정한 원인을 찾기가 어렵다. 그리고 이미 분석이 업무 루틴이 된 경우, 호기심이 있는 분석가와 호기심이 없는 분석가의 차이는 기존의 분석 업무의 영역에서 더 나아갈 수 있는지 없는지의 차이를 만들어낸다.

다른 업무에서도 호기심은 같은 역할을 한다. 성과가 나오면 나오는 대로, 성과가 안 나오면 안 나오는 대로 왜 그런 결과가 나왔는지에 대해 스스로 궁금해하고 원인을 찾고 더 나은 개선 방향을 고민하는 중에 업무와 성과는 지속 개선되는 것이다. 계획 – 실행 – 리뷰의 확장은 그 반복의 틀에서 얼마나 많은 호기심과 창의성을 발휘하는지에 달려 있다고 해도 과언이 아니다. '왜 이렇지?' '왜 달라졌지?' 하는 담당자 자신의 궁금증과 답을 찾고자 하는 노력 말이다.

데이터 분석가와 비즈니스 담당자의 질문에서 시작된 호기심이 문제 원인 분석에 훨씬 가깝게 접근할 수 있게 만들어준다. 데이터 분석가는 기획하거나 실행한 담당자와 다를 가능성이 크다. 물론 한 사람이 기획부터 실행에서 리뷰까지 같이 담당하는 경우도 많다. 어떤 경우든 장점과 단점이 있는데 업무별로 담당자를 두는 경우의 장점은 전문적으로 해당 업무를 수행함에 따라 업무의 생산성을 올린다는 장점이 있다. 반면에 기획과 실행 단계에서 고려한 요소들이나 담당자의 결정에 대해 정확히 모르기 때문에 깊이 있는 분석이나 향후 개선을 위한 아이디어 도출에 단점이 있다. 기획과 실행과 리뷰를 한 사람이 다 하게 되면 일관성 있는 계획, 실행, 리뷰를 통해 업무의 연속성을 얻을 수 있다. 하지만 담당자의 주관적인 판단에 머무를 여지가 많고 본인의 기획과 실행에 대해 리뷰하기 때문에 객관적으로 성과를 측정하기보다는 관대하고 긍정적인 평가를 하게 되기 쉽다.

기획과 실행과 리뷰 중인 각각의 프로젝트가 동시에 진행되는 경우, 보통은 당장 급한 실행 중심으로 움직이게 될 가능성이 크다. 실행 단계는 그야말로 잡다한 일들이 많고 정해진 일정에 맞추어야 하니 사소하더라도 먼저 하게 된다. 실행에 집중하다 보면 기획이나 리뷰 단계가 상대적으로 소홀하게 될 수밖에 없다. 그래서 데이터를 분석하고 리뷰하는 담당자는 분석 전에 기획 담당자와 실행 담당자와의 협의를 통해 중점적으로 파악해야 하는 부분에 대해 협의해 중요 사항을 놓치지 않아야 한다. 또한 분석 담당자로서의 전문성을 활용해서 데이터를 통해 나타나는 특이점, 문제점, 기회 요인에 대해 찾아낼 수 있어야 한다.

분석이든 새로운 시도든 가설이 필요하다. 가설은 다르게 보면 질문이다. 질문을 하되, 예상되는 답을 만들어놓고 분석을 시작하는 것이다. 분석 결과 예상과 완전히 다른 답이 나올 수도 있고 비슷한 답이 나올 수도 있다. 중요한 것은 가설이 있으면 답을 찾을 때까지 분석을 하게 되고 분석의 깊이가 깊어질 수밖에 없다. 물론 제대로 질문을 만들고 가설을 만드는 것도 실력이다. 질문과 가설을 만드는 실력 역시 반복을 통해 키워진다. 그러다 보면 질문은 계속 깊어지고 넓어지고 의미 있는 질문들이 많아지게 된다. 그리고 그런 질문의 답을 찾는 동안 분석과 새로운 시도의 역량이 자란다. 답 찾는 과정도 빨라진다. 반복의 과정을 통해 이 역시 선순환이 이루어진다.

호기심이 없으면 새로운 발견이 생기기 어렵고 질문의 확장이 없으면 분석의 확장도 없다. 목적이 있으면 질문을 확장하는 것은 상대적으로 쉽다. 이 방식이 맞는지, 이 일을 하는 게 맞는지 모르면 목적으로 돌아가서 질문하면 된다. 이 일이 목적에 맞으면 해야 하는 일이다. 어떤 방법이 더 나은가 하는 선택지에 섰을 때도 목적에 다시 비추어 보면 된다. 분석의 결과를 리뷰할 때도 분석의 목적을 명확히 하면 리뷰가 제대로 되었는지 아닌지 알 수 있다. 결국 목적은 최종 결과물을 얻을 때까지 방향을 잃지 않게 하는 등대의 역할이자 기준점이다.

성공하는 기업은 '무엇'이 아니라 '왜'에 집중한다

영국 런던에서 태어나 현재 미국에서 사업을 하는 사이먼 사이넥

Simon Sinek은 목적과 미션을 명확히 하는 것이 얼마나 성과에 영향을 주는지를 명확히 알려주는 동기부여 전문가이자 리더십 전문가이다. 그는 대학을 졸업하고 마케팅 업무를 하던 중 열정 없이 일하는 본인을 깨닫고 일을 그만둔다. 열정에 대해 고민을 하던 그는 2009년 『나는 왜 이 일을 하는가Start with Why: How Great Leaders Inspire Everyone to Take Action』라는 책을 집필하고 테드TED에서 해당 내용으로 강연을 했다. 사이먼의 강의는 테드에서 가장 많은 조회 수를 기록한 톱 10 중 하나다.

사이먼이 말하는 핵심은 골든 서클Golden Circle이다. 골든 서클에는 각각 안에서부터 바깥쪽으로 왜Why - 어떻게How - 무엇을What의 영역이 있다. 사람들을 움직이게 만드는 것과 그렇지 못한 것의 차이는 이 골든 서클의 안에서 시작하는지, 아니면 밖에서 시작하는지에 따라 다르다. 모든 기업과 조직의 구성원들은 본인의 역할을 안다. 본인이 무엇을 해야 하는지를 안다. 그리고 그것을 어떻게 해야 하는지에 대해서도 정도의 차이는 있지만 알고 있다. 하지만 '왜' 그 일을 하는지에 대해 제대로 답하는 사람은 별로 없다. '무엇'을 하는지가 명확한 이유는 업무와 역할은 눈에 보이는 일이기 때문이다. 하지만 '왜'는 명확하지 않다. 눈에 잘 보이지 않는다. 그렇지만 실제로 사람의 마음을 움직이는 것은 '무엇'이 아니라 '왜'이다. 성과를 만들어내는 것도 마찬가지다.[12]

성공한 기업은 골든 서클의 가장 안쪽에 있는 '왜'에서 시작하는 기업이다. '왜'는 다시 말하면 목적이다. 왜 이 일을 하는지의 목적이다. 바로 사람들을 움직이게 하는 힘이다. '어떻게'는 프로세스다. 목적을 실현하기 위한 일하는 방법이다. '무엇을'은 결과물이다. 목적을 달성하기 위해 해야 하는 과제이고 최종 산출물이다.

골든서클

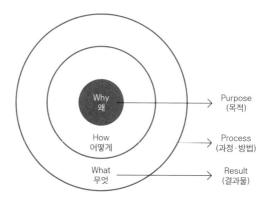

사이먼이 얘기한 '왜'를 실천하는 대표적인 기업은 애플이다. 애플은 물건을 파는 회사가 아니다. '다르게 생각하라'라는 세상을 바꾸는 혁신의 가치를 만들어내고 싶어하는 회사다. 애플은 세상을 바꾸는 방식으로 매킨토시 컴퓨터부터 아이맥, 맥북, 아이팟, 아이폰, 아이패드, 에어팟을 만들어냈다. 애플은 제품의 혁신을 만들어내는 회사이다. 그러자 사람들은 왜 애플에서 그 제품을 사야 하는지에 대해 이상하다고 생각하지 않는다.

애플은 기존에 있던 제품이더라도 그 제품을 기존과는 다른 방식으로 만들어낸다. 애플이 가지고 있는 혁신의 가치를 제품 안에 녹여낸다. 예를 들어 애플이 아니라 델Dell이 PC를 만들다가 MP3 플레이어를 만들고 스마트폰을 만든다면 어떨까? 고객들이 구매할까? 애석하게도 델은 스마트폰을 출시했지만 시장에서 팔리지가 않았다. 델은 고객의 인식 속에 PC를 제조하는 회사이기 때문이다. 애플은 제품을 만드는 회사가 아니고 세상을 다르게 보고 다르게 제품을 만들어내는 회사이다. 그래서 애플이 어떤 상품을 만들더라도 애플이 만들면 뭔가 다를 것이라는 믿음이 있다. 애플과 신념을 같이하고 가치를 나누는 열성 팬들은 그 상품에 호응한다.

사이먼은 고객들이 '무엇'을 보고 구매하는 것이 아니라 '왜' 하는지를 보고 구매한다고 말한다. 그러니 고객들에게 '무엇'을 만드는지를 말하지 말고 '왜' 만드는지를 얘기해라. 고객들이 기업이 추구하는 가치와 신념에 공감하면 그 신념을 나누고 싶어한다. 그들은 제품을 사는 것이 아니라 기업의 신념을 사는 것이다. 기업의 신념에 동감한 사람들이 본인의 신념의 증거물로써 물건을 산다는 것이다. 그리고 이 말은 그대로 직원들에게도 적용된다.

직무에 적합한 사람을 채용한다면 그들은 월급을 받기 위해 일을 할 것이다. 하지만 신념이 같은 사람을 채용한다면 그들은 피와 땀과 열정을 바쳐 일할 것이다. 직원이 회사의 신념에 동의하면 그 신념을 이루어내기 위한 방법과 그 신념을 가장 잘 드러낼 수 있는 '무엇'을 고민하게 되고 그 결과물로써 최고의 제품과 서비스가 나온다. 그리고 그 '무엇'은 어떤 것도 될 수 있다. 다시 말하면 애플이 자동차나 오토바이를 만든다고 해도 아마 애플이라면 무엇인가 멋진, 기존과는 다른 자동차와 오토바이를 만들어내리라는 믿음이 있지 않은가? 사람들과 신념을 공유하고 목적을 공유하면 실제 '어떻게'와 '무엇을'에 대해서는 수많은 옵션 중에 목적에 맞는 것을 찾아내게 된다. 그 목적과 신념에 영감을 받은 사람들이 스스로 움직여 일하고 그 제품을 구매하게 되는 것이다. '왜'에서 출발하면 고객과 직원들을 감동시킬 수 있고, 결국 원하는 행동을 이끌어낼 수 있다는 것이 사이먼의 골든서클의 핵심이다.[13]

빅데이터를 통해 고객 경험을 만드는 것도 마찬가지다. '무엇을'이 아닌 '왜'에 집중해야 한다. 비즈니스 목적 달성을 위한 중요한 질문들로 빅데이터를 시작하자. 그 업무를 담당해야 하는 현업과 마케팅과 빅데이터팀이 IT팀이 신념을 가지고 일하게 하자. '왜'에 공감한 직원들은 '어떻게'와 '무엇을'에 대해 열정적으로 고민하고 몰입하며 일할 것이다. 내가 같이 일했던 많은 마케팅과 IT와 빅데이터 담당 직원들도 그렇다. 답을 찾기 위한 과정에 스스로 몰입하고 답을 찾을 때까지 고민한다. 단, 그것이 의미 있는 목적이 있을 때다. '왜' 하는지 아는 직원은 다르게 일한다. 그 과정이 힘들어도 결국 성취감과 보람을 얻는다.

무슨 데이터를 수집할지, 데이터를 가지고 무엇을 할지에서 시작하면 그 이상의 추가적인 가치를 이루어내기 어렵다. 다만 주어진 그 과제를 할 뿐이다. 수집하라는 데이터를 수집하고, 데이터를 분석하고, 데이터를 활용해서 만들어야 하는 알고리즘과 예측 모델을 만들어낼 것이다. 하지만 그것을 통해 진정으로 추구하려는 목적이 명확하지 않으면 그 과제는 과제로써 끝나고 그 이후의 지속적인 발전은 어렵다. 직원들의 자발적인 개선도 어렵다. 부서 간의 협업도 어렵다. 일단 하기로 한 '무엇'을 완성했기 때문이다.

데이터와 고객 경험의 '왜'를 찾아라. 고객 경험의 목적에서 출발하면 '왜'에 영감을 받은 직원들이 고민을 시작한다. '어떻게'와 '무엇을'의 옵션에 대해 그 목적에 맞는 우선순위로 쉽게 의사결정할 수 있다. 목적을 가지고 전략적으로 데이터를 활용하라. 좋은 데이터 전략은 이미 소유한 데이터나 잠재적으로 수집 가능한 데이터로부터 나오는 것이 아니라 기업이 달성하고자 하는 목표와 데이터를 통해 도달하고자 하는 목적에서 나온다. 데이터는 목적을 달성할 수 있게 도움을 주는 수단이다.

3

플랫폼 기업의 빅데이터
활용 방식을 배우자

이미 빅데이터를 수집하고 분석하고 활용을 잘하는 회사들이 많이 있다. 대부분 많이 알려진 플랫폼 기업들이다. 그리고 각 플랫폼 기업들이 어떤 데이터를 가지고 있고 어떤 방식으로 데이터를 활용하는지 많은 정보가 이미 오픈되어 있다. 그리고 성공한 플랫폼 기업들의 성공 이유에 빅데이터를 통한 고객 경험 혁신이 있다는 것도 잘 알려진 사실이다. 그런데 생각보다 빅데이터 관련해서는 벤치마킹이 잘 이루어지지 않는다.

빅데이터는 부익부 빈익빈이 심하다

빅데이터가 다른 분야에 비해 부익부 빈익빈이 유독 심하다. 데이터를 가진 회사는 거의 모든 데이터를 다 가지고 있으면서도 더 많은 데이터를 모으기 위해 엄청난 투자와 인프라를 지속한다. 그리고 그 데이터를 활용하는 알고리즘을 개발하고 지속 개선하는 데 투자를 아끼지 않는다. 그리고 인프라 구축, 알고리즘 개발, 데이터 수집과 운영 등 관련해서 전문가들도 많이 보유하고 있고 풍부한 데이터와 투자를 기반으로 해당 플랫폼 기업들의 전문가들 역량 또한 지속 확대되고 있다. 이미 가장 큰 성과를 내는 플랫폼 기업들은 더 나은 성과를 이루기 위한 새로운 알고리즘 개발을 진행하고 음성인식과 이미지 및 동영상 등도 인공지능과 결합해 추가적인 데이터 수집과 새로운 서비스 확장을 만들어낸다. 이를 통해 새로운 고객 경험을 만들어가고 추가적인 수익원을 발굴한다. 알고리즘은 그 자체로서 목적이 아니라 고객 경험을 혁신하고 더 좋은 성과와 더 많은 충성 고객을 끌어내기 위한 수단이다.

반대로 기존 기업들은 비슷한 데이터를 가지고 있더라도 전통적인 방식으로 일하는 데 익숙하다 보니 제대로 활용하지 못하고 있다. 데이터가 있지만 제대로 비즈니스와 연결하지 못하고 고민만 하다가 앞서가는 선도업체와의 갭Gap이 확대된다. 데이터 전문가를 뽑고 싶지만 실력 있는 데이터 전문가를 뽑기도 쉽지 않고, 뽑아도 제대로 업무를 발전시키기 힘들다. 기껏 확보한 데이터 전문가는 내부에 데이터에 대해 이해하는 경영진이나 데이터를 제대로 활용할 실무자들이 없는 상태에서 제대로 역량을 발휘하기 힘들다.

그래서 데이터 전문가들은 기존 전통적인 방식의 기업보다 데이터 중심의 플랫폼 기업에서 많은 데이터를 가지고 다양한 시도를 하는 것에 가치를 둔다. 데이터 인력의 플랫폼 기업 쏠림 현상이 심한 이유다. 전문가를 확보하더라도 한두 사람의 힘으로 모든 것을 한꺼번에 이룰 수는 없다. 데이터에 관해서도 굉장히 다양한 전문 분야가 있다. 일단 데이터 분석 업무를 하려면 데이터부터 모으고 정제해야 하는데 데이터 정제는 거의 노동 수준에 가까운 반복 작업과 많은 시간을 필요로 한다. 데이터 분석 사전 작업을 하는 동안 이미 데이터 전문가는 지치기 쉽고 위의 경영진들은 시간이 지나도 결과물이 보이지 않는 것에 실망하게 된다. 기대 수준과 실제 진행하는 속도와 결과물 사이에 간극을 해소하기 어렵다.

글로벌 플랫폼들은 승자독식하고 있다

글로벌 플랫폼 업체인 구글, 페이스북, 아마존, 넷플릭스, 국내 업체인 네이버나 카카오 등 거대한 플랫폼 기업들은 플랫폼과 데이터를 통한 선순환과 누적 효과에 대해 잘 알고 있다. 데이터를 통해 고객이 원하는 것을 더 빠르고 더 편리하게 제공하는 것에 초점을 맞춘다. 고객 경험 개선을 통해 더 많은 고객을 확보하고 고객의 충성심을 얻는다. 더 많은 서비스와 더 편리한 기능의 개선에 재투자하면서 빅데이터뿐 아니라 내부 직원들의 인적 역량과 기술 역량이 발전한다.

플랫폼 기업 비즈니스의 핵심은 대부분 고객을 모으는 것이고 모인 고객을 대상으로 수익원을 창출하는 것이다. 그래서 고객이 원하는 것을 주는 것에 초점을 맞추고 플랫폼 업체들은 그런 성과의 개선에 초점을 맞추고 독려한다. 직원들은 본인의 업무에서 더 나은 고객 경험을 만들고 그것이 데이터 지표로 확인되는 과정을 통해 그런 개선 작업의 선순환을 가속화한다. 플랫폼들은 이미 확보한 고객과 데이터를 활용해 신규 비즈니스로 확장한다.

이미 고객과 데이터가 있는 플랫폼들은 쉽게 새로운 비즈니스를 고객에게 알리고, 이미 가진 기술과 데이터를 통해 고객 경험을 새롭게 창조하는 플랫폼은 새로운 비즈니스에서도 전통적인 비즈니스 모델을 파괴하고 선두에 선다. 그리고 그 새로운 비즈니스를 통해 확장한 데이터를 통해 고객들의 행동과 라이프스타일과 살아가는 방식을 이해한다. 그리고 또 다른 비즈니스로 확장해간다. 플랫폼에 고객이 많아질수록, 비즈니스가 많아질수록, 고객 경험을 개선할수록 더 많은 고객의 데이터가 누적되고 그 데이터들은 연결되어 전체 세상과 고객들을 이해하는 거대한 데이터 창고가 되어간다.

플랫폼을 통해 콘텐츠 공급자와 콘텐츠 소비자 사이의 연결고리가 만들어지고 그 연결고리에서 이용자가 만족하며 플랫폼 이용이 가속화가 되면 사실 다른 플랫폼이 새로 뛰어들기 어렵게 된다. 특히 페이스북이나 카카오톡처럼 사용자 간의 연결성이 핵심인 플랫폼일수록 신규로 진입한 플랫폼이 사용자를 확보하기가 쉽지 않다. 구글이나 네이버처럼 정보 검색 창구로서의 포털은 그 안의 정보의 양과 질이 생명이므로 새로운 플랫폼이 진입해 더 큰 만족을 주기 쉽지 않다.

반면에 아마존과 같은 쇼핑 플랫폼의 경우, 각 사용자가 독립적으로 이용하기 때문에 다른 플랫폼이 가격, 상품 구색, 배송 등 고객이 중요하게 여기는 속성 측면에서 차별화된 경험을 제공한다면 얼마든지 언제든지 자리를 내줄 수도 있다. 실제로도 온라인 유통의 강자는 아마존이지만 아마존 외에 수많은 국내외의 온라인 쇼핑 플랫폼들이 자신의 고유한 고객 경험과 가치를 만들어내고 있다. 즉 아마존 같은 온라인 유통은 포털이나 고객 간의 커뮤니티 플랫폼만큼의 독점적인 경쟁력을 유지하기가 쉽지는 않다. 그래서 아마존이 유통 혁신을 가속화하는 것과 별개로 클라우드 인프라 사업인 아마존웹서비스AWS와 알렉사를 통한 인공지능 시장이나 우주 산업으로 확장할 수밖에 없을지도 모른다.

구글 데이터 센터

구글은 전 세계 24개 도시에 데이터센터를 운영한다. (출처: kinsta.com)

눈에 안 보이는 빅데이터 분야는 벤치마킹이 쉽지 않다

빅데이터 분야가 유독 벤치마킹이 쉽지 않은 이유는 눈에 보이지 않는 역량이기 때문이다. 빅데이터는 눈에 보이지 않는 프로세스와 알고리즘이다. 실제 그 안에서 돌아가는 알고리즘은 밖에서는 정확하게 파악할 수 없다. 빅데이터와 관련해 눈에 보이는 것은 데이터 센터다. 플랫폼 기업들은 엄청난 규모의 데이터 센터를 가지고 있다. 하나의 데이터 센터는 축구 경기장 5~7개에 해당하는 면적으로 짓는다. 이런 데이터 센터를 구글과 아마존은 전 세계에 대륙별로 몇 개씩 가지고 있다. 엄청난 데이터가 저장되어 있다는 걸 데이터 센터 규모만 봐도 상상할 수 있다. 데이터는 눈으로 볼 수 없다. 그리고 그 결과물도 얼마나 차이가 있는지 비교해보기 쉽지 않다. 결과물도 개인화되어 있기 때문이다.

큐레이션이 적용되어 있더라도 다른 사람의 로그인 페이지와 비교하기 전에는 얼마나 개인화된 알고리즘이 작동하는지 확인이 어렵다. 눈에 보이지 않는 것을 벤치마킹하는 것은 쉽지 않다. 특히 그 과정이 눈에 보이지 않는데 투자 효과도 천천히 나오게 되면 더더욱 벤치마킹을 하더라도 제대로 하고 있는지에 대해 확신이 어렵다. 지속하기도 쉽지 않다. 제대로 하는지에 대한 합리적인 의심부터 언제까지 얼마만큼 투자해야 결과가 나올지에 대한 확신이 없기 때문이다. 그리고 빅데이터가 전부는 아니기 때문에 다른 영역에서 문제가 있다면 빅데이터를 통한 고객 경험 혁신이 제대로 효과를 보기 어려울 수도 있다. 어떤 경우는 효과가 나오더라도 효과 자체를 숫자로 검증해서 보여주기 어려울 수도 있다. 이것이 유독 우리나라에서 빅데이터 분야의 벤치마킹과 활용이 더딘 이유다.

아마존의 개인화 알고리즘이 적용된 지 벌써 20년이 넘었다. 하지만 우리나라 온라인 쇼핑몰에서의 개인화 알고리즘 적용은 아직 5년도 채 되지 않았다. 그나마 온라인 플랫폼별로 최근 몇 년 사이에 추천 알고리즘을 조금씩 확대 적용해 나가고 있을 뿐이다. 아마존의 제프 베조스는 처음 추천 알고리즘을 적용했을 때 감성적인 메시지로 고객의 마음을 사로잡는 것보다 데이터를 활용해서 고객에게 필요한 것을 주는 게 훨씬 성과가 높다는 것을 확인했고 데이터 기반의 의사결정에 확신을 얻었다. 그 후 지속적으로 데이터 수집, 추천 알고리즘 확대, 개선에 힘썼다. 아마존의 경쟁력 중 하나가 데이터를 통한 추천 알고리즘이라는 것을 알고 나서도 아주 오랫동안 국내의 많은 쇼핑몰들은 추천 알고리즘 도입 결정을 쉽게 내리지 못했다. 그건 아마존 얘기이고 우리도 그렇게 효과를 볼 수 있을지에 대한 확신이 없었을 것이다. 그리고 어떻게 해야 하는지가 눈으로 보이지 않으니 더 어렵게 느껴졌을 것이다. 또한 알고리즘 도입을 위한 투자금액이 만만치 않은 것도 사실이다. 데이터 정비가 제대로 되어 있지 않다면 더욱 그렇다.

벤치마킹은 조직 모두가 함께해야 한다

사실 모든 기업은 벤치마킹을 통해 성장한다. 최고로 잘하는 기업과 브랜드로부터 배운다. 늦게 시작해도 어느덧 기존의 세계 1위, 국내 1위를 넘어서는 기업들이 많았다. 산업 혁명 이후 GM, 노키아, 소니 등은 모두 벤치마킹 대상이었다. 내가 삼성전자에 입사해서 연수를 마치고 본격 업무에 투입된 1994년에 마케팅, 유통, 개발 주무 담당자들은 소니나 파나소닉 등의 일본 전자기업 벤치마킹을 열심히 했다. 벤치마킹하는 방법도 다양했다. 일본의 유통 매장들을 둘러보고 오기도 했고 일본 기업의 공장을 공식적으로 방문하기도 했고 일본 기업의 프로세스에 정통한 전문가나 교수들을 초빙해서 자문받기도 했고 컨설팅을 받기도 했다. 그런 벤치마킹을 한 번 하고 그만둔 게 아니고 꾸준히 지속적으로 진행했다. 조직의 임원부터 팀장은 물론이고 직원에 이르기까지 업무에 적용해야 했기 때문이다. 그리고 한 부서의 한 명이 한 것이 아니고 상품기획부터 연구, 개발, 생산, 전략, 마케팅, 유통, 물류에 이르기까지 조직의 가치사슬에 있는 모든 부서가 벤치마킹에 참여했다.

적어도 모든 조직의 모든 임직원이 동일한 수준으로 알지는 못하더라도 배워야 할 곳이 어디인지를 아는 것은 중요하다. 그래야 모두가 그렇게 되려고 함께 노력하게 된다. 기업에서는 한 부서만 잘해서는 성공할 수 없다. 한 개의 상품이 만들어지더라도 모든 가치사슬을 통과해야 한다. 그 흐름 중 어느 업무 단위 하나만 너무 잘하는 것은 프로세스로 움직이는 기업의 성과에 큰 도움이 되지 않는다. 오히려 병목이 생기고 조직 간의 시기와 이기심이 발생할 가능성도 크다. 어느 한 업무가 제대로 이루어지지 않으면 기업의 성과에 악영향을 준다. 즉 병목 현상이 발생하고 거기에서 발생하는 비효율이 전체의 생산성과 품질에 영향을 준다. 그래서 모든 기업은 기업이 어디에 속해 있는지에 따라 배우고 싶은 기업, 따라잡고 싶은 기업, 이기고 싶은 브랜드가 있었고 이기기 위해 지속적으로 경쟁사나 벤치마킹 대상 기업이 하는 것들을 눈여겨봤다.

빅데이터도 마찬가지다. 디지털 전환 시대에 빅데이터를 통해 고객에게 적정한 시점에 적정한 오퍼를 제공하는 개인화의 힘을 믿지 않는 경영자는 없을 것이다. 다만 어떻게 해야 할지, 어디부터 해야 할지를 모르는 것일 거라고 본다. 그리고 우리의 역량으로 가능한 것인지, 어느 정도까지 성과를 이룰 수 있을지 의심도 있을 것이다. 그런데 우리는 이미 경험상 알고 있다. 잘하는 브랜드는 잘하는 이유가 있다. 그리고 그 잘하는 이유를 따라 하면 적어도 그 비슷한 수준으로 갈 수는 있다.

구글에서 배울 점이 무엇인가? 아마존에서 배울 것이 무엇인가? 페이스북에서 배울 것은 무엇인가? 네이버에서 배울 것은 무엇인가? 또는 다른 어떤 사이트에서 배울 것은 무엇인가? 지금 내가 하는 비즈니스 영역에서 최고의 결과를 내는 기업은 어디인가? 내가 하는 비즈니스 영역에서 데이터를 가장 잘 활용하는 기업은 어디이고 데이터를 통해 어떤 고객 경험을 창출하고 있는가? 데이터를 통해 어떤 가치사슬을 혁신하고 있는가? 어떤 한 기업으로부터 배울 필요도 없고 사실 같은 업종일 필요도 없다. '삼인행三人行 필유아사必有我師'라는 『논어』

에 나오는 고사성어처럼 세상 어디의 어떤 플랫폼과 어떤 비즈니스에서도 배울 점이 있고 벤치마킹할 부분이 있다.

빅데이터를 통한 고객 경험은 이미 필수 서비스다

무엇을 하는지 자체를 배우는 것도 중요하지만 그것을 왜 하는지 근본적인 개념을 배우는 것이 더 중요하다. 어떤 목적으로 어떻게 활용해서 어떤 가치를 주고 있는지의 개념을 내 비즈니스에 적용하면 우리만의 새로운 고객 경험을 만들어낼 수 있다. 그리고 우리 기업만이 주는 고객 경험이 아니어도 된다. 남들이 다 해서 고객의 눈높이가 이미 올라갔다면 따라하는 것은 그 표준에 맞추는 일이다. 차별화는 아니지만 안 하면 나만 뒤처지는 필수 서비스라는 것이다. 다만, 고객의 취향에 맞게 서비스하겠다는 콘셉트를 배우되 어떤 방식으로 하면 좋을지는 비즈니스의 유형과 규모에 따라 전략이 필요하다.

우리 기업에서 내가 할 수 있는 방법부터 시작하면 된다. 오히려 너무 개인정보를 꿰차고 있는 듯한 초개인화 서비스는 고객에게 불쾌감을 주기도 한다. 원하는 서비스를 찾기 쉬운 정도의 내 서비스에 적당한 큐레이션을 고민해보자. 그 과정에서 데이터를 활용하게 되고 알고리즘이나 개념에 대한 내부적인 역량이 축적되고 내부 프로세스 개선 방식이 작동하게 된다. 그 과정에서 다른 부차적인 개선 사항들을 발견하면서 우리 기업과 우리 브랜드만의 차별화가 생기는 것이다.

이미 검증된 길을 외면하는 것은 바보 같은 일이다. 가장 잘하고 있는 기업들이 하는 것을 보고 받아들이고 대신 그것을 더 멋지게 더 차별화할 방법을 고민하자. 차별화부터 생각하고 남들이 안 하는 것만 찾다가 보면 우물쭈물하는 사이에 다른 기업들이 멀리 가 있게 될 것이다. 다만 이런 빅데이터로 만드는 고객 경험의 벤치마킹은 IT 부서나 전략 부서 또는 마케팅 부서 어느 한 부서의 일이 아니다.

예전에 아날로그 시대의 제조사나 유통회사를 벤치마킹하는 것처럼 기획에서 판매까지 이르는 가치사슬의 전 부서가 같이 벤치마킹하고 각자의 영역에서의 벤치마킹 포인트를 찾아내야 한다. IT 부서나 빅데이터 전문가는 필요한 것을 시스템적으로나 데이터 알고리즘 측면에서 구현할 수는 있다. 하지만 실제 적용하고 활용하는 것은 각 부서 단위에서 일어나야 하는 일이다. 그 안에 협업은 필수다.

"세상에서 가장 최고를 가져와서 더 잘 만들어라. 최고가 존재하지 않으면 새롭게 창조해라Take the Best, Make it Better. When it does not exist, Create it!"홈플러스의 전 CEO인 이승한 회장이 자주 하던 말이다. 지금 빅데이터도 인공지능도 사물인터넷도 마찬가지다. 눈에 보이지 않기 때문에 더더욱 해당 부서의 현업 담당자들 단위에서 업무 단위에서 최고로 잘하는 회사를 찾아내어 배우고, 우리 회사에 맞는 방식으로 더 멋지게 창조해보자. 우리가 벤치마킹해야 하는 회사는 어디인가?

4

고객의 관점에서
다르게 바라보자

고객 경험을 만드는 일은 당연히 고객의 관점에서 출발해야 한다. 새로운 고객 경험을 디자인하고 고객의 데이터를 분석하는 것도 고객 관점에서 바라볼 때 답이 나온다. 고객 관점에서 보기 위해서는 기존에 보던 방식에서 벗어나야 한다. 오히려 고객도 모르는 고객의 마음을 알아보려면 객관적인 시각에서 고객의 행동을 관찰할 필요가 있다. 고객을 사로잡는 완전히 새로운 고객 경험은 기존의 틀을 벗어난 과감한 상상력이 더해졌을 때 생겨난다.

페브리즈는 실패 상품에서 베스트셀러가 되었다

세계적인 생활용품 제조업체 피앤지P&G가 기대에 못 미치는 매출로 실패한 상품을 고객 관점에서 재조명한 후 가장 큰 베스트셀러로 전환한 사례가 있다. 지금은 유명한 페브리즈다. 1990년대 중반에 피앤지는 냄새를 없애주는 페브리즈를 개발하는 데 수백만 달러를 투자했다. 다음의 이야기는 『뉴욕타임스』에 소개된 페브리즈 마케팅 사례.

페브리즈에서 만든 첫 번째 광고는 레스토랑의 담배 냄새에 대해 불평을 하고 친구가 페브리즈를 사용하면 냄새가 없어질 것이라고 말한다. 두 번째 광고는 항상 소파에 앉아 있는 강아지 소피가 주인공으로, 강아지 냄새가 날 때 페브리즈를 사용하자는 광고였다. 엄청난 TV 광고가 집행되었다. 광고가 기대한 작동 원리는 이렇다. 심한 담배 냄새나 퀴퀴한 냄새가 난다면 페브리즈를 써라. 그러면 냄새가 없어질 것이다. 경영진의 기대와 다르게 매출은 일주일, 한 달, 두 달이 지나면서 점점 작아졌고 페브리즈는 존재감이 없는 상품이 되었다. 마케팅팀이 놀라 고객 대상의 심층 인터뷰를 진행한 후 광고를 위한 가설에 문제가 있다는 것을 발견하게 되었다.

피앤지의 페브리즈팀이 9마리의 고양이를 키우고 있는 피닉스 교외의 한 가정집을 방문했을 때였다. 집은 매우 깨끗하고 단정했지만 9마리의 고양이 냄새가 매우 지독했다. 고양이 냄새는 어떻게 하냐고 물었다. 그러자 집 주인은 놀랍게도 이렇게 말했다. "놀랍게도 우리 고양이들은 거의 냄새가 안 나요." 또 다른 방문한 집도 마찬가지였다. 문제는 냄새가 많이 나는 집들은 오히려 냄새에 둔감해진다는 것에 있었다. 그 조사를 통해 페브리즈의 실패 원인을 파악하게 되었다. 냄새를 없애주는 페브리즈의 광고 콘셉트는 실제 냄새 제거가 필요한 고객들에게는 그다지 와닿지 않았던 것이다.

피앤지는 하버드 비즈니스 스쿨 교수에게 의뢰해 페브리즈 캠페인을 분석했다. 페브리즈팀이 각각의 가정을 방문해서 비디오 촬영을 했고 그 촬영 비디오를 보면서 일상의 습관에 페브리즈를 어떻게 연결할 것인지를 고민했다. 스콧데일 교외의 아리즈Ariz라는 40대 여성이 네 명의 아이와 사는 집에 방문했을 때였다. 놀랍게도 그녀는 페브리즈를 엄청나게 사랑했다. "저는 페브리즈를 매일 사용해요."라고 말했다. 그래서 그녀에게 무슨 냄새를 없애려고 사용하는지 물었다. "저는 특별한 냄새 때문에 사용하지는 않아요. 저는 일상적으로 방 청소를 다 마치고 나면 두 번쯤 스프레이해요." 그녀는 모든 청소의 마지막을 페브리즈를 뿌리는 것으로 끝내고 있었다. "스프레이를 뿌리면 청소를 다 마친 후에 뭔가 작은 축하를 하는 기분이에요." 그녀는 2주마다 한 개씩 페브리즈를 사용하고 있었다.

이 인터뷰 후에 페브리즈팀은 광고 콘셉트를 전면 수정했다. 냄새를 없애는 데 초점을 맞춘 것이 아니라, 청소의 마지막 순간에 페브리즈를 뿌리는 것으로 마무리하는 절차를 만들어낸 것이다. 새로운 광고는 성공적이었고 기존의 단순히 냄새를 없애는 데 집중하며 무향이었던 페브리즈는 제조 과정에서 향을 추가하여 기분 좋은 향을 가진 상품으로 변신했다. 페브리즈는 여전히 나쁜 냄새를 제거한다. 하지만 페브리즈 광고는 기분 나쁜 냄새와의 연결고리를 끊고 사람을 기분 좋게 만드는 상품으로 포지셔닝을 바꿨다. 그후 세계에서 가장 성공한 상품 중 하나가 되었다.[14]

고객 경험의 핵심은 현장에서의 불편 해소이다

최근 비즈니스에 디지털 트랜스포메이션이 확대되면서 일반 오프라인 매장에 모바일 또는 디지털 기반 기술 도입이 점차 확대되고 있다. 가장 많이 도입된 기술 중 하나는 오프라인 카페, 레스토랑, 프랜차이즈의 주문 프로세스의 디지털화다. 2014년 5월 스타벅스는 전 세계 스타벅스 매장 중 처음으로 사이렌 오더를 도입했다. 스타벅스 매장에 도착해서 주문하기 위해 줄을 서는 것이 아니라 스타벅스 앱을 통해 주문하게 한 것이다. 고객들로서는 줄을 서지 않고 바로 주문할 수 있어 대기시간이 감소했고, 매장으로서는 포스에서 주문받는 시간을 절약하면서 그만큼 커피 제조에 인력을 투입할 수 있어 효율적인 방식이었다.

또 사이렌오더를 이용하려면 스타벅스 앱을 설치하고 기프트카드를 충전해야 하니 앱 이용자와 기프트카드 이용자 확대에도 도움이 되었다. 이후 매장에 도착하기 전에도 인근 2킬로미터 내에서는 커피 주문이 가능해져 출근길과 점심시간에 미리 커피를 주문해놓고 픽업해가는 패턴이 생기고 있다. 이런 고객 경험도 고객으로 붐비는 아침과 점심시간의 긴 대기줄을 줄이기 위해 어떻게 할까를 고민하던 차에 나온 아이디어다.

그런데 재미있는 것은 실제 스타벅스에서 사이렌오더를 가장 많이 활용하는 상황은 매장에 도착하기 전에 오더하는 것보다는 자리잡기 힘든 스타벅스에서 빈자리를 찾은 후 자리에 앉아 사이렌 오더로 주문하는 것이라고 한다. 어떻게 보면 주문 대기줄보다 고객에게 더 큰 불편사항Pain Point은 늘 손님이 많은 스타벅스에서 자리를 확보하는 것이었다는 말이기도 하다. 어쨌든 사이렌 오더는 다양한 고객의 불편함을 해결해주는 솔루션으로 자리잡고 있다.

최근 많은 레스토랑이나 프랜차이즈가 디지털 주문을 하면서 생긴 또 다른 고민은 주문을 위한 대기선은 줄어들었지만 실제 주문한 메뉴가 나올 때까지 대기하는 시간이 오래 걸린다는 것이다. 예전에는 포스 주문 줄을 보면 메뉴를 대기하는 시간을 가늠할 수 있었다. 하지만 지금은 디지털 주문으로 인해 몇 명이 대기하고 있는지 알기 어렵다. 굳이 줄을 설 필요가 없다. 그러다 보니 포스 앞에 대기자가 별로 없어 보이지만 알고 보면 메뉴 대기하고 있는 고객이 상당수라는 걸 나중에야 알게 된다.

미국의 파네라 브레드Panera Bread라는 베이커리 카페도 마찬가지였다. 2017년 기준으로 다른 레스토랑 체인의 매출 감소에도 파네라 브레드는 성장을 지속하고 있는데 성장의 중심에는 디지털을 통한 고객 경험 혁신이 있었다. 파네라 브레드는 2010년부터 매장 키오스크나 모바일 앱을 통한 디지털 주문 방식을 도입했는데 도입 후 주문시간이 8분에서 1분으로 단축되는 효과를 얻었다. 그런데 주문 대기는 짧았지만 대신 음식을 받기 위해 대기하는 불편함이 지속되었다. 이 문제는 디지털 주문방식을 도입한 다른 스타벅스나 맥도널드도 같은 상황이었다.[15]

CEO인 로널드 사이치는 매장에서 일주일에 100시간씩 머무르며 고객과 매장 전체를 관찰했고 문제의 답을 주방에서 찾았다. 주문이 몰리면서 주방에서 요리사들이 주문 처리에 힘들어하거나 요리가 지연되고 있었던 것이다. 파네라 브레드는 재료와 복잡한 요리과정을 꼼꼼히 검토하여 메뉴와 레시피를 단순화했다. 요리 과정도 실수를 줄이기 위해 접수화면에 음식 사진도 띄웠고 디스플레이에 레시피가 표시되게 해 주방의 업무를 단순하고도 명확하게 변경하여 문제를 해결했다.[16] 현장에 답이 있다. 문제를 찾으려면 고객이 있고 프로세스가 진행되는 현장에서 문제를 파악해야 한다. 포스 대기를 줄이기 위한 아이디어도, 음식 조리 과정을 단순화한 것도 모두 현장에서 문제를 파악했기 때문에 현장 중심의 솔루션이 가능해진 것이다. 이런 현장의 불편 해소는 고객들의 만족스러운 경험으로 연결된다.

정육각과 마켓컬리는 '불신'이라는 고객 불편을 해소한다

또 다른 시각에서의 판매 방식을 바꾼 사례는 온라인으로 돼지고기를 판매하는 '정육각'이다. 온라인 판매에도 불구하고 정육각에서 돼지고기를 판매하는 방식은 동네 정육점 못지않게 고객 지향적이다. 정육각은 '초신선'이라는 마케팅 슬로건으로 도축 후 1~4일 된 돼지고기만 판다. 가장 신선하고 맛있는 고기를 고객들이 먹을 수 있도록 오전에 주문하면 당일 밤에 배송하고 오후에 주문하면 새벽에 배송한다. 가장 맛있는 고기만 가장 신선할 때 배송하는 것만 해도 차별화가 명확하지만 정육각의 특별함은 주문 방식에 있다.[17]

정육각은 선주문을 받지만 결제는 최종적으로 돼지고기를 저울에 단 무게를 기준으로 산정 후 이루어진다. 사전에 썰어서 패키지에 담긴 고기를 파는 것이 아니라 큰 덩어리의 신선한 돼지고기를 고객의 주문을 받은 후에 썰어서 배송하는 것이다. 고객들은 주문할 때 돼지고기의 두께를 11밀리리터, 16밀리미터, 24밀리미터 기준으로 선택해 주문할 수 있다. 고객의 주문에 맞추어 고기를 썰다 보면 당연히 용량을 정확히 맞출 수가 없다. 그래서 정육각은 주문량 기준으로 상품을 제작하고 최종 저울 무게로 가격 라벨을 확정하여 패키지 완료 시점에 결제 프로세스를 진행한다.

정육각은 주문량보다 고기가 적게 배송되는 우려를 해소함과 동시에 주문량을 정확히 맞추기 위해 쓸데없이 버려지는 부위를 없애서 고객 만족과 비용 효율화를 동시에 추구할 수 있었다. 놀랍게도 정육각의 재구매율은 80%에 달한다. 그만큼 상품의 신선도 유지를 위해 변경한 돼지고기 주문과 생산, 배송 방식과 구매, 결제의 모든 프로세스를 통해 고객에게 온라인에서는 주지 못하던 혁신적인 방식으로 만족을 준 것이다.

정육각의 김재연 대표는 맛있는 돼지고기를 찾아다니다가 도축장에서 직접 사서 먹어본 고기 맛을 잊지 못해 돼지고기 온라인 유통에 뛰어들었다. 도축장에서는 25킬로그램 단위로만 팔기 때문에 대량으로 구매한 신선한 고기를 나눠 먹는 개념으로 유통을 시작했다. 온라인으로 고기를 팔면서 정확한 무게를 사전에 확정해서 판매하는 게 가능한가? 하는 의문을 스스로 던졌다. 가공식품도 아닌 돼지고기는 용량을 정확하게 재는 게 당연히 힘들다. 오프라인의 저울 방식을 그대로 가져온 이유이고 고기의 두께를 원하는 대로 써는 것도 고객 관점에서 만들어진 판매 방식이다.[18]

온라인 쇼핑이 이제 오프라인 쇼핑을 누르고 대세가 되었지만 아직도 신선식품은 오프라인 구매가 대세다. 왜 그럴까? 주요 이유는 불신이다. 판매자가 보내는 상품이 '직접 고르는 것처럼 그렇게 신선할까?' 하는 불안이 기저에 있다. 하지만 실제 오프라인에서 구매한다고 모든 걸 눈으로 확인할 수 있는 것은 아니다. 박스로 된 과일을 살 때는 박스 아래 상품이 흠이 있거나 상해 있을까 봐 걱정하면서 사게 된다. 다 열어볼 수 없는 것은 마찬가지다. 결국은 고객에게 얼마나 품질에 대한 신뢰를 줄 수 있는가의 문제다.

최근 마켓컬리 같은 새벽배송 신선 상품이 고객들의 입소문을 탄것은 결국 신선함에 대한 신뢰를 얻은 것이다. 새벽배송 자체는 신선함을 부각하기 위한 고객 경험의 차별화 포인트다. 아무리 새벽배송해줘도 신선하지 않으면 소용없다. 나는 새벽배송을 해주는 제일제당쿡킷을 자주 주문해서 요리해 먹는다. 솔직히 말하자면 한 번도 배송받은 그 아침에 쿡킷의 패키지를 열어 요리한 적은 없다. 주중이나 주말이나 아침에 무슨 정신이 있겠나. 내가 재구매하는 이유는 편리하고 맛있고 신선해서다. 워킹맘인 나에게 새벽배송이 좋은 이유는 아침에 집을 나서기 전 신선한 제품을 받아 냉장고에 보관하게 해주기 때문이다.

고객 관점에서 의문을 갖고 문제를 본다는 것은 고객이 하는 말을 그대로 따르는 것과는 조금 다르다. 즉 고객이 말하지 않는 기저에 깔린 다른 이유를 찾아낼 수 있어야 한다. 드러난 이유와 실제 고객의 심리 깊숙이 숨은 니즈는 전혀 다를 수 있다. 고객에게 단순히 물어보는 것에 그치지 않고 현장에서 관찰하는 이유는 거기에 있다. 고객의 내면을 들여다보고 고객이 말하지 않는 본질을 파악하는 것이다. 지속적으로 '왜 그럴까?'를 질문하는 태도와 현장에서 고객의 행동 관찰은 이런 본질을 찾아내는 데 도움을 준다.

예를 들면 엘리베이터의 속도가 느리다는 불만을 해결해준 '거울'처럼 말이다. 엘리베이터의 속도는 변함이 없지만 거울을 붙이는 순간 고객들은 거울 속의 본인에 집중하면서 속도가 느리다는 것을 잊게 되었다. 실제 본질은 고객이 말하는 것과 다른 경우가 많다. 본질을 찾아내는 방법에 지름길은 없다. 관찰하고 질문하고 관찰하라. 데이터와 현장을 보고 고객의 행동을 지켜보라. 질문과 관찰 속에 답이 있다.

5

고객의 관심사에 집중하자

사람들은 자신이 보고 싶은 것을 보고 자신이 듣고 싶은 것을 듣는 경향이 있다. 본인의 관심사가 아닌 주제에 대해서는 아무리 옆에서 얘기해주고 보여주려고 해도 별 관심을 기울이지 않는다. 2001년에 내가 처음으로 아반떼를 구입했을 때 도로에 나가면 내 눈에는 아반떼만 보였다. 그런데 2007년 내가 그랜저를 산 이후 내 눈에는 그랜저만 보였다. 그때 느낌은 도로를 달리는 차량 세 대 중에 한 대는 그랜저인 것처럼 여기저기서 눈에 띄었다. 나중에 알았다. 내가 가지고 있는 차라 내 눈에 더 특별히 잘 보였다는 것을. 사람들은 자신이 지금 관심 있는 것 위주로 본다. 그리고 자신과 특별한 연관이 있으면 더욱 애정을 가지고 보게 된다. 고객도 마찬가지다. 관심이 없으면 브랜드가 무엇을 얘기하든 들리지 않는다. 기업의 관심사가 아닌, 고객의 관심사를 얘기해야 하는 이유다.

『데일리 레코드』는 구독자수가 주민수보다 많다

댄 히스와 칩 히스가 지은 『스틱』에는 고객의 관심사에 집중하는 것이 얼마나 중요한지에 대해 『데일리 레코드The Daily Record』 사례를 소개했다.

미국 노스캐롤라이나주에는 던Dunn이라는 약 1만 명 정도의 주민이 사는 작은 마을이 있다. 이 마을에는 『데일리 레코드』라는 지역 신문이 있다. 이 신문에는 특별한 점이 하나 있는데 그것은 바로 던에 살고 있는 주민 전체의 수보다 신문의 구독자가 더 많다는 점이다. 마을에 사는 인구 전체 숫자보다도 많은 구독자수를 확보할 수 있었던 비결은 무엇일까? 그 비밀은 그 지역 사람들이 가장 관심 있어 하는 주제에 초점을 맞추었기 때문이다.[19]

『데일리 레코드』는 후버 애덤스Hoover Adams가 만들었다. 그는 제2차 세계대전이 끝난 1950년에 『데일리 레코드』를 만들었다. 처음 『데일리 레코드』를 시작할 때부터 신문의 미션은 보도 범위를 하넷 카운티Harnett County 지역의 소식에 초 집중하는 것이었다. 창업자로서 "신문의 첫 번째 의무는 그것이 봉사하는 지역을 다루는 것이다. 그것이 신문의 존재 이유다."라고 직원들에게 강조했다. 『데일리 레코드』에서는 교회 집회라든가 마을의 동호회 활동 소식 등이 국가적인 선거, 정치

"신문의 첫 번째 의무는 그것이 봉사하는 지역을 다루는 것이다. 그것이 신문의 존재 이유다."
-후버 애덤스, 『데일리 레코드』 창업자

이슈, 올림픽과 같은 국가 행사보다도 더 중요하게 다루어졌다. 그의 친구는 언론 인터뷰에서 설마 랄리에 원자폭탄이 떨어진다 해도 던에 영향이 없다면 『데일리 레코드』는 그 소식을 실지 않을 것이라고 말할 정도였다.[20]

애덤스는 언론과의 인터뷰에서 『데일리 레코드』의 세 가지 성공 비결을 '이름, 이름, 그리고 이름'이라고 강조했다. 지역 중심의 기사를 신기 위해 던에 사는 주민들의 이름을 신는 것을 『데일리 레코드』의 가장 큰 미션이자 가장 중요한 성공 비결이라고 한 것이다. 심지어 지역 주민들의 이름을 신기 위해서라면 마을 전체 주민의 전화번호부도 실을 수 있다고 말했다. 전화번호부에 본인들의 번호가 맞게 실렸는지 보기 위해 주민들이 저녁에 앉아 신문을 볼 것이라고 단언했다.

애덤스의 이름 중심의 전략은 성공했고 그에 따라 지역 주민들뿐 아니라 그 지역의 모든 커뮤니티, 지역 단체, 그리고 지역 주민을 대상으로 하는 모든 상점들까지 『데일리 레코드』를 구독할 수밖에 없었다. 지역 주민을 대상으로 사업하는 사람들에게 지역의 소식은 가장 중요한 소식이기 때문이다. 새로운 점포의 오픈이나 잘나가는 상점 정보를 찾기 위해서는 『데일리 레코드』를 반드시 읽을 수밖에 없었다. 또한 주민들도 이웃들의 결혼, 이사, 아기의 출산이나 생일 파티 등의 소식을 데일리 레코드를 통해 알 수 있었다.

지역 주민의 이름은 구독자의 관심사에 집중하는 방법이자 지역의 주민들이 지역 소식을 놓치지 않기 위해 『데일리 레코드』를 구독해야 하는 이유가 되었다. 물론 주민들은 자발적으로 본인들의 소식이나 주변의 흥미로운 기삿거리를 『데일리 레코드』에 제공하는 제보자의 역할도 했다. 상점들은 자신을 홍보하기 위한 가장 좋은 수단이 『데일리

『데일리 레코드』

Submit your wedding
announcement
Oct 1 at 2:03 PM

Submit a birthday announcement
Oct 1 at 1:29 PM

Submit your engagement
announcement
Oct 1 at 10:59 AM

Submit a birth announcement
Oct 1 at 12:36 PM

(출처: 『데일리 레코드』 홈페이지)
www.mydailyrecord.com

레코드』가 되었다. 이는 구독 수익뿐 아니라 광고 수익의 확대로도 이어졌다. 『데일리 레코드』를 통하지 않고서 주민사회의 구석구석에 도달하기란 사실상 불가능하다.

창립자인 후버 애덤스는 2012년 92세의 나이로 세상을 떠났지만 아직도 『데일리 레코드』는 지역 중심의 가치를 버리지 않고 지켜가고 있다. 데일리 레코드의 홈페이지에는 '뉴스 제출Submit Your News'이라는 메뉴가 있다. 이 메뉴를 통해 이 지역의 주민들은 결혼식, 생일 이벤트, 자녀 출생 관련 소식 등 본인의 뉴스를 신문사에 투고할 수 있도록 하고 있다. 『데일리 레코드』 사례는 고객들이 본인 자신과 본인들과 관련 있는 사항에 얼마나 관심을 두는지, 그리고 고객들의 관심사에 관해 얘기할 때 얼마나 귀기울이고 지갑을 열게 되는지를 단적으로 보여준다.

고객이 남긴 빅데이터는 고객의 관심사이다

각 고객의 관심사는 어떻게 알아낼 수 있을까? 결국 고객이 남긴 흔적인 빅데이터를 통해 예측할 수밖에 없다. 데이터란 고객이 남긴 흔적이라고 했다. 고객이 남긴 빅데이터는 고객이 지금 무엇을 궁금해하는지, 무엇을 사고 싶은지, 무엇에 관심이 있는지, 구매 시 무엇을 가장 중요하게 생각하는지를 그대로 보여준다.

고객이 사이트를 방문하게 된 경로, 검색한 키워드, 조회한 상품, 클릭한 상품, 장바구니 아이템, 구매한 상품 및 카테고리, 그리고 사용 후기 등을 분석하면 고객의 라이프스타일도 파악이 가능하고 앞으로 구매할 것 같은 상품도 예측이 가능하다. 고객은 관심 있지 않은 상품은 검색하거나 클릭하지 않는다. 장바구니에는 더더욱 담지 않는다. 각 고객의 관심사를 점수화하는 것을 '관련성 점수Relevancy score'라고 한다. 고객의 '(구매) 관련성 점수' 또는 '(구매) 적정성 점수'라고 말할 수 있다. 각 기업은 고객이 남긴 빅데이터를 통해 각 상품에 대해 고객이 가지는 구매 관련성과 구매 적정성 정도를 점수화할 수 있다. 그리고 이 점수를 기반으로 고객의 각 카테고리 및 상품에 대한 구매 가능성을 예측할 수 있다.

우리 브랜드에서 제공하는 것과 고객들이 흥미를 느끼고 관심을 가질 만한 것들의 교집합을 찾는 것이 빅데이터의 역할이다. 아무리 고객이 흥미를 갖고 있더라도 우리 브랜드가 판매하는 것이 아니라면 제공할 수 없다. 또한 우리에게 아무리 중요하고 이익을 많이 가져다주는 제품과 서비스더라도 고객이 전혀 관심 없다면 그건 고객에게 의미 없는 것이다. 하지만 만약 지금은 우리 브랜드가 판매하지는 않더라도 우리 고객들이 관심 갖는 것이 우리가 제공해야 하는 제품과

고객의 (구매) 관련성

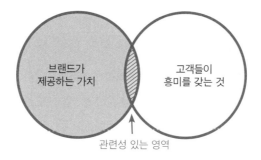

서비스의 영역 내에 있다면 상품이나 서비스를 도입하는 것에 대해 적극적으로 고민해야 한다.

2011년에 내가 처음으로 아마존에서 쇼핑을 시작하게 된 이야기다. 굳이 우리나라 쇼핑몰을 두고 직구를 시작하게 된 이유는 순전히 돌이 되기 직전의 딸 때문이었다. 내 관심사는 머리카락이 거의 없어서 딱 아들처럼 보이는 딸을 공주처럼 보이게 만드는 것이었다. 예쁜 딸을 예쁘게 보이고 싶었다. 기껏 그 어린 꼬맹이에게 스커트까지 입혔는데도 불구하고 나에게 아들인지 딸인지를 물어보는 센스 없는 사람들에게 실망하며 핀과 헤어밴드를 구매했다. 그런데 핀은 너무 헐거워서 얇고 짧은 머리카락에는 고정이 되지 않아 그냥 흘러내렸고 헤어밴드는 아이가 불편해하며 자꾸 벗어냈다. 인터넷 서핑을 하다가 우연히 미국의 한 헤어핀 브랜드가 우리 딸처럼 머리가 짧은 아기들도 사용할 수 있게 흘러내리지 않는 핀을 제작해서 판매한다는 것을 알았다. 그길로 해당 쇼핑몰을 방문해서 해외 직구의 길에 들어섰다. 사소해 보이지만 그때 나에겐 중요한 쇼핑 품목이었다.

헤어핀을 국내로 배송할 방법이 없어 배송대행 사이트를 알게 되었다. 그 배송대행 사이트에 가입해서 정보를 얻다 보니 자연스럽게 아이와 관련된 다른 쇼핑몰들을 알게 되었다. 우리나라에서 엄청 비싸게 팔리는 브랜드의 아기 옷들이 미국 사이트에서는 반값도 안 되는 가격에 팔리는 걸 보고 의류도 구매하게 되었다. 아이의 머리를 좋게 한다는 보드게임도 구매하고 아이의 책을 찾다 보니 아마존도 알게 되었다. 그 후 약 2년간 나는 직구를 통해 아이 간식부터 장난감은 물론 아이 옷까지 엄청 많은 쇼핑을 해외 직구로 했다.

그 이후 아이가 다섯 살이 넘어간 이후부터는 직구 손품을 거의 끊었지만 지금도 가끔 아마존은 이용한다. 그 이유는 아마존은 우리나라에서 구할 수 없는 제품들을 팔기 때문이다. 그리고 내가 관심 있을 만한 것들을 자꾸 보여주니 그냥 어쩌다 들어갔다가 장바구니에 자꾸 담게 되고 결제까지 마치게 되었다. 게다가 원클릭 결제라 침대에 누워 쇼핑을 해도 지갑을 가지러 일어날 일이 없었다. 지금은 우리나라도 간편 결제가 활성화되었지만 몇 년 전만 해도 결제하려면 지갑을 뒤져야 하는 게 워낙 불편한 일이 아니었다. 지금도 나는 온라인 쇼핑몰을 이용할 때 간편 결제가 안 돼서 카드 번호를 입력해야 하면 불편해서 나중으로 미루다가 구매를 잊고는 한다. 내 지갑을 위해서는 감사한 일이다.

그 당시 나의 쇼핑의 80% 이상은 아이와 관련된 것들이었다. 첫 아이다 보니 아이가 자라는 동안 계속해서 그 시기에 맞는 옷부터 장난감과 교육용 교구나 책까지 새로 사야 하는 것들의 연속이었다. 그 당시 나는 내가 무엇을 사야 하는지를 알아서 샀다기보다는 사야 할 것을 자꾸 내게 보여주니 샀다는 것이 맞는 표현인 것 같다. 그야말로 내가 산 아이템과 동일한 카테고리 아이템, 그 아이템을 산 사람들이 많이 조회한 아이템, 또는 많이 구매한 아이템과 내가 산 아이템과 같이 보면 좋은 아이템들을 자꾸 보여주는 사이트의 알고리즘 능력에 거의 백기를 들고 장바구니에 담았다. 게다가 사용 후기를 보면 다 사야 할 것 같고. 가끔은 우리나라에서는 본 적이 없는 아이템들을 제안해오면 또 신기해서 한참 장바구니에 담아놓고 고민을 하곤 했다. 그럴 때면 며칠 후 내가 장바구니에 넣어둔 아이템의 가격이 내려갔으니 와서 구매하라는 메일이 외 있다.

최근의 나의 관심사는 새로 시작한 골프다. 골프 연습은 별로 하지 않더라도 골프 장비나 골프 의류에는 관심이 자꾸 생겨서 시즌별로 쇼핑을 계속하게 된다. 남자는 장비고 여자는 옷이라더니 동감하게 된다. 누구나 마찬가지일 것이다. 낚시를 좋아하는 사람은 낚시 장비를 사기 위해 국내와 해외를 가리지 않고 쇼핑하고, 야구를 좋아하는 내 친구의 남편은 야구 글로브와 배트를 사기 위해 해외 사이트를 뒤진다고 한다. 이런 고객의 관심사는 성별이나 나이나 직업 등의 사회 통계적인 프로필로는 알 수 없다. 하지만 그들이 사는 것을 보면 눈에 보인다.

고객의 관심사에 스코어링을 하는 것이 알고리즘의 핵심이다

고객 맞춤형 제안을 하는 대부분의 온라인 쇼핑몰들은 고객의 조회, 구매, 검색 등의 온라인 클릭 히스토리 기반으로 해당 쇼핑몰에서 판매하는 모든 카테고리와 상품별로 고객의 관여도를 점수로 매긴다. 이때 어떤 카테고리는 방문하는 대부분의 고객들이 구매하는 카테고리가 있을 것이고 어떤 카테고리는 구매하는 사람만 구매하는 카테고리가 있을 것이다. 그리고 어떤 상품은 사용주기가 1주일이지만 어떤 상품은 1개월일 수도 있다. 따라서 관여도를 측정할 때는 단순히 고객이 그 아이템을 구매했는지 여부뿐 아니라 얼마나 자주 많이 구매했는지 절대적인 수치도 점수화하고 평균적인 고객 대비 얼마나 더 많이 또는 덜 구매하는지에 따라 상대적인 점수도 측정한다. 당연히 카테고리 내에서도 상품 종류별로도 관여도 점수를 매길 수 있다. 마찬가지로 각 브랜드에 대한 고객의 관여도도 점수화가 가능하다.

거기에 추가 구매는 하지 않았지만 해당 상품이나 카테고리 구매 고객들의 장바구니 데이터 분석을 통해 동시에 구매할 가능성이 높은 아이템들, 예를 들면 기저귀와 분유, 분유와 이유식, 기저귀와 베이비 크림 등 카테고리 및 제품 간의 구매 연관성에 대해서도 별도 연관 구매 점수를 측정할 수 있다. 각 카테고리와 상품과 브랜드와 고객의 관여도 점수를 측정한 것과 카테고리 간의 연관 구매 점수를 기반으로 각 쇼핑몰은 고객이 로그인했을 때 관여가 큰 카테고리, 상품군, 브랜드를 보여준다. 당연히 고객의 관심과 클릭을 받을 가능성이 크다. 특히 가격까지 저렴하다면 고객은 분명히 장바구니에 넣게 될 것이다. 모든 고객에게 그 고객이 가장 관심 있어 할 만한 상품들을 먼저 보여주는 것이 바로 개인화이고 고객 맞춤 큐레이션의 출발이다. 이렇게 사이트에 방문하는 모든 고객을 대상으로 끊임없이 스코어링을 자동으로 진행하는 것이 바로 개인화를 위한 추천 알고리즘의 핵심이다.

커머스 사이트별로 추천 알고리즘의 방식은 다르고 스코어링을 위한 점수 산정의 기준과 우선순위, 측정 기간과 방식 등은 차이가 있을 수 있다. 그것이 알고리즘의 비밀이기도 하다. 각 플랫폼은 실제 스코어링을 적용해 실제 고객들의 클릭과 구매 전환, 체류 시간 등을 테스트하면서 알고리즘을 지속 개선해 나가게 된다. 스코어링의 종류도 사이트에 따라 얼마든지 추가될 수 있기 때문에 정답은 없다. 얼마나 기발하고 창의적으로 관여도를 측정하고 고객에게 보여주는 방식을 차별화함과 동시에 고객에게 강력하게 어필할 것인지가 결국 비즈니스 담당자와 빅데이터 엔지니어와 알고리즘 로직 개발자의 역량이다.

중요한 것은 고객의 관심사를 지속적으로 수집하고 데이터화해 알고리즘으로 만들어서 적용해보고 성과를 측정하는 계획 – 실행 – 리뷰를 지속 빈복해가는 것이다. 어쨌든 고객은 아무리 저렴해도 필요하지 않은 상품만 보여주는 사이트에는 관심이 떨어지고 금방 떠날 수밖에 없다. 고객이 사이트에 오래도록 머물게 하려면 고객이 관심 있는 카테고리와 관련 상품들을 끊임 없이 노출해야 한다. '개인화'라는 말은 다른 말이 아니다. 바로 그 고객에게 가장 (구매) 관련성 점수가 높은 관련된 상품들을 보여주는 것, 그게 바로 개인화의 출발이다.

우리 플랫폼과 온라인 쇼핑몰에서는 고객의 관심사를 파악하고 있는가. 고객의 관심사 중심으로 보여주고 있는가. 고객의 이름 또는 닉네임은 제대로 불러주고 있는가

고객 경험을 끊임없이 개선하자

우리는 앞에서 빅데이터를 통해 고객 경험을 개선하는 다양한 사례를 살펴보았다. 고객 인사이트를 확보하는 것부터 점포 운영전략, 제품 구매 경험, 가격 결정, 고객 커뮤니케이션, 디지털을 통한 O2O 연결 등 다양한 방식으로 고객 구매 여정을 개선할 수 있다. 이러한 구매 경험 개선은 충성도 높은 고객을 만들어내고 기업의 매출 확대와 비용 개선으로 자연스럽게 연결된다. 간과하지 말아야 할 것은 고객 경험의 개선은 한 번의 디지털 솔루션 구축이나 프로세스 도입과 개선으로 끝나지 않는다는 점이다.

디지털 혁신을 하면 추가적인 데이터를 확보하게 되면서 기존에는 측정할 수 없어서 개선할 생각을 하지 못했던 일을 할 수 있게 만들어준다. 기존에 안 보이던 문제점을 드러나게 하는 경우도 있고, 앞서 진행한 디지털 혁신 덕분에 추가적인 혁신이 가능해지는 경우도 있다. 이런 추가적인 개선 기회는 기업이 끊임없이 혁신할 수 있게 만드는 원동력이 된다.

O2O 혁신에서 봤던 스마트 대기와 테이블 오더 사례를 예로 들어보자. 스마트 오더나 테이블 오더 등을 운영하는 것은 고객의 대기 시

간을 줄이면서도 주문을 받는 인력을 줄여 다른 질 높은 서비스에 집중하기 위한 것이다. 고객 구매 경험도 개선하고 기업의 인건비도 효율화할 수 있다. 특히 스마트 대기 시스템은 고객이 매장 앞에서 번호표를 들고 무작정 시간을 낭비하게 하는 대신 근처에서 쇼핑 등 다른 일을 하다가 본인 차례가 되었을 때 매장에 들어오게 한다. 비용 관점에서민 스마트 대기와 스마트 오더 등의 시스템을 검토하고 구축했다면 솔루션 구축으로 목적을 달성했다고 생각할 수 있다.

하지만 고객 관점에서 보면 스마트 대기와 오더는 고객 경험 개선의 시작이다. 스마트 대기 시스템을 통해 레스토랑은 누가 매장에 방문했다가 대기 시간 때문에 그냥 돌아갔는지, 오더 후 음식이 서빙되는 데 얼마나 걸렸는지, 어떤 메뉴가 주문에서 서빙까지의 시간이 오래 걸리는지 등 추가적인 데이터를 수집해서 분석할 수 있게 된다. 테이블에서 식사를 마친 고객이 평점을 누르게도 할 수 있다. 추가적인 데이터 확보를 통해 레스토랑은 이전과 다른 고객 커뮤니케이션 활동을 할 수 있게 된다.

예를 들면 스마트 대기를 통해 대기하다가 입점하지 않고 돌아간 고객 또는 너무 오래 대기한 고객에게는 죄송하다는 메시지와 함께 다음번 방문 시 혜택이 담긴 쿠폰을 제공할 수 있다. 또는 다음번에 대기하지 않도록 사전 예약할 수 있는 링크를 안내할 수도 있다. 주문 후 음식이 나온 시간의 측정이 가능하므로 너무 오래 기다린 고객에 대해 서비스용 사이드 메뉴를 제공하거나, 대기 고객과 마찬가지로 다음에 이용할 수 있는 쿠폰을 전달할 수 있다. 즉 디지털 혁신은 기존에는 측정 불가능하던 고객의 불편 사항을 측정 가능하게 해주기도 한다. 고객이 브랜드의 제품과 서비스의 불만과 마주하게 되는 순간, 이 순간은 고객을 충성 고객으로 만들 것인지 불만고객으로 만들 것인지를 결정하는 순간이 된다. 불편해했던 고객을 알게 된다는 것은 그 사람의 불편을 풀어주며 마음을 얻을 좋은 기회다. 불편했던 마음을 알아주고 다시 오면 다음번에는 잘해주겠다는 약속을 할 수 있다.

내부적인 프로세스 관점에서도 특히 오래 걸리는 메뉴의 주문에 대해서는 메뉴의 제조 방식을 다시 개선하거나 사전 재료 준비 방식을 개선하는 방식으로 문제를 지속적으로 해결할 수 있게 된다. 고객 지향적으로 일하는 기업과 직원들은 개선된 프로세스를 적용하는 과정에서 발견되는 또 다른 문제들을 그냥 넘기지 않는다. 원인을 파악하고 추가적인 해결책을 찾아낸다. 이런 과정이 혁신의 지속으로 연결된다. 끊임없는 고객 개선이 이루어지는 것이다. 스마트 오더나 스마트 대기 시스템을 만들어내는 것은 누구나 할 수 있다. 따라서 한 번의 혁신은 경쟁 기업 간의 만족도 차이를 크게 만들어내지 않을 수도 있다. 하지만 꾸준한 개선과 혁신이 있는 기업과 1회성의 혁신으로 그치는 기업의 차이는 시간이 갈수록 커진다. 초기의 작은 차이가 혁신의 지속성과 꾸준함을 통해 초격차를 만들어낸다.

한 번의 혁신과 개선에서 멈추지 말고 고객의 불편 사항을 지속적으로 발견하고 끊임없이 개선하라. 고객의 만족과 고객의 충성도로 보상받는다. 고객은 자신의 불편함을 알아주고 먼저 얘기하며 지속 개선하고자 하는 기업과 브랜드에 대해 이해하는 마음과 함께 감정적인 연결고리를 갖게 된다. 고객 지향적인 관점에서의 빅데이터와 디지털 신기술을 도입하는 기업은 프로세스와 인프라 구축 단계에서 무엇을 할 것인가보다 이 기술을 도입하는 이유에 대해 먼저 명확히 한다. 구축해야 하는 무엇은 그 목적을 달성하기 위한 수단일 뿐이다. 고객의 마음을 얻는 일은 한 번으로 끝나지 않는다. 그 차이는 누구라도 금방 따라올 수 있다. 남들이 쉽게 따라오게 하고 싶지 않다면 끊임없이 개선하고 혁신하라. 아마존과 넷플릭스가 세계 최고의 큐레이션을 가지고도 여전히 계속 알고리즘을 개선하는 것처럼 말이다.

출처

1장

1.   존 로스만, 김정혜 옮김, 『아마존 웨이』, 와이즈맵, 2018년

2.   Joseph A. Michelli, 『the Starbucks Experience』, McGrawHill, 2007

3.   정성화 기자, 커피 프랜차이즈 매장수 '이디야' 최다… 매출액 '스타벅스' 압도적, 금융경제신문, 2019. 11. 07

4.   김미란 기자, 더스쿠프, 카페베네로 본 세 가지 실패 방정식, 2018. 01. 26

5.   모바일트랜드HD '2019년 대한민국 쇼핑앱 사용자 분석'

6. 7.   오픈서베이 '모바일 쇼핑 트랜드 리포트 2019'

8. 9.   모바일트랜드HD '2019년 1분기 업종별 모바일앱 사용량 분석(OTT. 쇼핑. 음원)'

10.   EY한영 2019년 신년 보고서 '디지털 플루이드 2.0'

11. 12.   Hartel, Charmine & Russell-Bennett, 『Heart versus mind: The functions of emotional and cognitive loyalty』, Rebekah (2010)

13.   Leaf Van Boven and Thomas Gilovich, 『TO Do or To Have? That is the Question』(2003), Journal of Personalisty and Social Psychology

14.   존 로스만, 김정혜 옮김, 『아마존 웨이』, 와이즈맵, 2018년

2장

1.   박명진, 박천일, 이미나, 원순우, 『화제성 지수와 시청률의 상관관계 연구』, 한국 사회과학 연구 제37권 3호, (2018년 12월)

3장

1.   우종필, 『빅데이터 분석대로 미래는 이루어진다』, 매일경제신문사, 2017년

2.   이윤재 기자, 우종필 교수 "트럼프 승리 적중… 빅데이터는 이미 알았죠", 매일경제신문, 2016. 11. 10

3. 4.   Stephens-Davidowitz, Seth, 『Everybody lies, Big Data, New Data, and What the internet Can Tell Us About Who We Really Are』, DeyStreetBooks, 2018년

5. 6.   Bernard Marr, 『Big Data: Using SMART Big Data, Analytics and Metrics To Make Better Decisions and Improve Performance』, WILEY

7.   우종필, 『빅데이터 분석대로 미래는 이루어진다』, 매일경제신문사, 2017년

8.   신지훈 기자, 싱글족·자취족 홀렸다… '이마트24, 과일 매출 껑충껑충', 아시아타임즈, 2019. 11. 20

9.   김덕호 기자, 식당보다 좋은 편의점 도시락…'편도' 시장 2년 새 2배 성장, 이코노믹리뷰, 2020. 01. 25

10. 차주경 기자, 세븐일레븐 '편의점 폐기↓ 판매효율↑ 라스트오더 하반기 더욱 확대', iT조선, 2020. 03. 25

11. 백봉삼 기자, 월요일, 'e-쇼핑 매출 가장 높은 이유는?', ZD Net 코리아, 2015. 07. 13

12. 최현호 기자, 11번가 모바일 쇼핑량은 '밤 11시'에 가장 많아, 뉴시스, 2018.05.20

13. Marc Bain, ADIDAS A German company built a "Speedfactory" to produce sneakers in the most efficient way, Quartz

14. 임지수 기자, '600명→10명' 직원 줄어든 신발공장… 로봇에 뺏기는 일자리 대책은?, 머니투데이, 2017. 3. 23

15. 장병창 객원기자, 아디다스, 독일 · 미국 '스피드 팩토리' 문 닫는다, 어패럴뉴스, 2019. 11. 22

16. Ochimusya, Have you already tried ZOZOSUIT, the most innovative product in the fashion industry?, ochimusyadrive.com, 2018. 06. 05

17. Alfonso Segura,Zozosuit, 3D Sizing and AI to improve customization in Fashion, https://fashionretail.blog/2019/02/05/zozosuit-3d-sizing-and-artificial-intelligence-to-improve-customization-in-fashion/, 2019. 02. 05

18. 19. 장병창 객원기자, 日 '조조슈트' 사업 중단… 한 발 멀어진 스마트 맞춤 패션, 어패럴뉴스, 2019. 5. 2

20. 21. 장병창 객원기자, 야후 재팬, 온라인 패션 리테일러 '조조' 인수, 어패럴뉴스, 2019.09.16

22. 허지성 LG경제연구원 책임연구원, 알고리즘에 전문가 감각 결합해 대박 난 '스티치픽스', 한국경제매거진, 2017. 12. 04

23. 24. 25. John Ballard(TMFRazorback), Where Will Stitch Fix Be in 10 Years?, ,The Motley Fool, 2019. 08. 24

26. 27. Lawrence Ingrassia, They Changed the Way You Buy Your Basics, The Newyork Times, 2020. 01. 23

28. Halie LeSavage, Why Warby Parker's Introducing Extended Eyewear Sizes (Morningbrew, https://www.morningbrew.com, October 18, 2019.10.18

29. 30. 김하경 기자, AI가 600만 개 옷 중에서 '취향저격' 찾아줘, 매일경제신문, 2018. 12. 25

31. 안옥희 기자, 무신사 조만호, 신발 사진 커뮤니티 몸값 2조원대 '유니콘'으로, 한경비즈니스, 2019. 12. 24

32. 패스트캠퍼스, 아마존 '추천 시스템'의 비밀, 패스트 캠퍼스 블로그, https://blog.naver.com/fastcampus/220778736584, 2016. 08. 03

33. 조영신 SK경영경제연구소 수석연구원, 넷플릭스의 빅데이터, 인문학적 상상력과의 접점, KISDI

34. 35. 이상옥, [빅데이터 알고리즘] 아마존의 추천 시스템 A9, tEchNo 人文學 연구소 블로그, https://m.blog.naver.com/sanny0314/220630765408, 2016. 02. 18

36. 조영신 SK경영경제연구소 수석연구원, 넷플릭스의 빅데이터, 인문학적 상상력과

의 접점, KISDI

37. Alexis C. Madrigal, How Netflix Reverse-Engineered Hollywood, theAtlantic, 2014. 01. 02

38. 이민아 이코노미조선 기자, 넷플릭스 콘텐츠 추천의 비결 '태거(Tagger)', 조선일보, 2019. 05. 12.

39. 박정훈 기자, [크로스오버 랩소디②] '연결'에서 시작되는 창조, www.econovill. com, 2019. 04. 25

40. 장영은 기자, 넷플릭스, 사람이 고른 영화 · 프로그램 추천 서비스 테스트, 이데일리, 2019. 08. 25

41. V-ON Editor, 4억 개의 평가데이터로 넷플릭스에 도전장! 왓챠 플레이, V-on, www.v-on.kr, 2019. 06. 25

42. 2018 SAP 온라인 소비자 성향 보고서 (2018 SAP Consumer Propensity Report)

43. Neel Mehta, Parth Detroja, and Aditya Agashe, Contributors, Amazon changes prices on its products about every 10 minutes, Business insider, 2018.08.10

44. Jennifer Wills, 7 ways Amazon Uses Big Data to talk You, Investopedia, 2020. 04. 22

45. 46. Mike Murphy, Amazon changed the price of the Bible over 100 times in five years, Quartz, 2015. 01. 21

47. 48. 49. 50 Charles Duhigg, How Companies Learn Your Secrets, The Newyork Times Magazine, 2012. 02. 16

51. 서울대 법과경제연구센터, 『데이터이코노미』, 한스미디어, 2017년

52. 페이스북 홈페이지, IR 발표자료

53. 제일기획, 〈2019년 대한민국 총 광고비 결산 리포트〉

54. Tom Peters, 프리젠테이션 'Why Women Rule?'

55. 56. 박지혜 기자, Z세대 인기 화장품 브랜드 1위는?, 프라임경제, 2020. 05. 13

57. Dan Alaimo, Amazon now dominates Google in product search, Retaildive, 2018. 09. 07

58. 홍석윤 기자, 아마존, 검색 광고 시장에서 구글 위협?, 이코노믹리뷰 www.econovill.com, 2019. 04. 06

59. 60. 정진홍 기자, 롯데제과 AI 엘시아, 올해 식품트렌드 'PLEASSANT' 제시, 전자신문, 2020. 03. 19

61. 62. 이방실 기자, 부종완화를 멍치료제로 리포지셔닝 26억건의 빅데이터에서 보물을 찾다, 동아비지니스리뷰, 142호(2013년 12월)

63. 64. 박진아 기자, [TECH meets DESIGN] 세포라의 옴니채널 마케팅 전략 배워보기, 녹색경제신문, 2019. 10. 25

65. 세포라(Sephora)의 성공 요인, http://www.kcii.re.kr, 2017-04호

66. 이종현 기자, 첨단 기술로 진화한 '여자들의 놀이터', 이코노미조선, 253호

2018.06.04

67.   박진아 기자, [TECH meets DESIGN] 세포라의 옴니채널 마케팅 전략 배워보기,
녹색경제신문, 2019. 10. 25

68. 69.   김철수, 『작고 멋진 발견』, 더퀘스트, 2018년

70.   유윤정 기자, "아마존 반품 받아줍니다" 악마와 협업하는 美 백화점, 조선비즈,
2018. 11. 13

71.   도강호 기자, [사물인터넷] "생일축하해" 매직밴드로 맞춤 서비스 착착, 머니투데
이, 2014. 06. 30

72.   조규상 기자, 날개 단 '메기' 카카오뱅크, 인터넷은행 혁신 주도하나, 컨슈머타임즈,
2019. 07. 24

4장

1. 2.   조동성 인천대 총장, 톰 피터스 박사, 김동재 연세대 교수, 정리 고승연 기자, 진짜
로 혁신할 용기가 있는가? 임원진 구성부터 싹 바꿔라, 동아비즈니스리뷰, 216호
(2017년 1월호)

3.   박보희 기자, 마윈 알리바바 창업주 성공은 '돈·기술·계획' 없었기 때문, 이데일
리, 2013. 12. 10

4.   Jack Ma, Ideas & Technology Can Change the World, Youtube Stanford Graduate
school of Business 채널, 2013. 6. 19

5.   넷플릭스의 AB 테스트, 넷플릭스 블로그 netflixtechblog.com

6.   강필주 기자, 엉뚱 혹은 재치… 넷플릭스, 상상력 자극 '핵 데이' 개최, OSEN,
2017.09.01

7.   한근태, 『고수의 질문법』, 미래의창, 2018년

8.   한근태, 『재정의 사전』, 클라우드나인, 2018년

9.   Eric Savitz, 5 Big CEO question on Big Data, Forbes, 2012.06.13

10. 11.   Bernard Marr, 『Big Data:Using SMART Big Data, Analytics and Metrics To Make
Better Decisions and Improve Performance』, Kindle Edition

12.   Simon Sinek, Start with Why: How Great Leaders Inspire Everyone to Take Ac-
tion, Portfolio, 2011년

13.   Simon Sinek, Start with Why, Youtube TEDxTalks, 2010년

14.   Charles Duhigg, How Companies Learn Your Secrets, The Newyork Times Maga-
zine, 2012. 02. 16

15. 16.   Julie Jargon, How Panera Solved Its 'Mosh Pit' Problem, the Wall street Journal,
2017. 06. 02

17. 18.   원부연 객원기자, "돼지고기 마니아, '초신선 푸드테크' 시스템을 만들다" 정육각
김재연 대표, 서울경제, 2020.05.16

19. 20.   댄 히스, 칩 히스, 『스틱』, 엘도라도, 2007년

빅데이터는 어떻게 마케팅의 무기가 되는가

초판 1쇄 발행 2020년 9월 11일
초판 11쇄 발행 2025년 1월 3일

지은이 윤미정
펴낸이 안현주

기획 류재운 **편집** 안선영 김재열 **브랜드마케팅** 이민규 **영업** 안현영
디자인 표지 최승협 본문 장덕종

펴낸곳 클라우드나인 **출판등록** 2013년 12월 12일(제2013-101호)
주소 우) 03993 서울시 마포구 월드컵북로 4길 82(동교동) 신흥빌딩 3층
전화 02-332-8939 **팩스** 02-6008-8938
이메일 c9book@naver.com

값 18,000원
ISBN 979-11-89430-86-3 03320